激活创新之源

海淀大众创业万众创新路径探析

刘尚高 / 著

HAIDIAN

ACTIVATE THE SOURCE
OF INNOVATION

AN ANALYSIS OF THE PATH OF INNOVATION
IN HAIDIAN PUBLIC VENTURES

经济日报出版社

图书在版编目（CIP）数据

激活创新之源：海淀大众创业万众创新路径探析 / 刘尚高著. -- 北京：经济日报出版社，2018.6

ISBN 978-7-5196-0065-5

Ⅰ. ①激… Ⅱ. ①刘… Ⅲ. ①创业-研究-海淀区 Ⅳ. ①F249.271.3

中国版本图书馆 CIP 数据核字（2018）第 127237 号

激活创新之源——海淀大众创业万众创新路径探析

作　者	刘尚高
责任编辑	张　丹
出版发行	经济日报出版社
社　址	北京市西城区白纸坊东街 2 号 A 座综合楼 710
邮政编码	100054
电　话	010-63567684（总编室）
	010-63538621　63567692（发行部）
网　址	www.edpbook.com.cn
E-mail	edpbook@sina.com
经　销	全国新华书店
印　刷	北京建宏印刷有限公司
开　本	710×1000 毫米　1/16
印　张	13.75
字　数	270 千字
版　次	2018 年 6 月第一版
印　次	2018 年 6 月第一次印刷
书　号	ISBN 978-7-5196-0065-5
定　价	48.00 元

前　言

2013年9月30日，习近平总书记在主持学习时指出，面向未来，中关村要加大实施创新驱动发展战略力度，加快向具有全球影响力的科技创新中心进军，为在全国实施创新驱动发展战略更好发挥示范引领作用。[①] 2015年5月7日，李克强总理到中关村创业大街视察，[②] 与创业者座谈交流，提出真正知道社会需求的是大众，这正是大众创业的精髓所在。意在推动“大众创业、万众创新”，为中国经济“双中高”发展打造“新引擎”。2015年3月11日，国务院办公厅印发《关于发展众创空间推进大众创新创业的指导意见》，提出八个方面的重点任务。进一步明确了支持创新创业公共服务的要求。中央对中关村发展的一系列重要指示，为我们做好创新创业公共服务工作提供了基本遵循。

海淀区是我国第一个国家自主创新示范区——中关村国家自主创新示范区核心区在这里开创，在科技创新和支持大众创业服务方面取得了一些成效，培育了2万多家新技术企业，就业人员超过150万。面对新常态新要求新挑战，传统企业需要转型升级，这就需要充分发挥政府职能作用，运用市场化手段，进一步完善服务创新发展的政策体系，推动众创空间服务集聚区建设，提升服务质量，推进大众创新创业。

一、坚持政策创新聚焦服务。支持“大众创业、万众创新”服务工作，政府首先要做的就是加快改革步伐，清理不合时宜的“条条框框”，适应创新创业发展新要求，进一步完善支持公共服务的政策体系，用创新的政策引领创新创业服务规范发展，维护公平竞争的市场环境。党的十八大以来，各级围绕以

---

① 2013年9月30日，中共中央政治局在北京中关村以实施创新驱动发展战略为题举行第九次集体学习，习近平在主持学习时明确指出：实施创新驱动发展战略决定着中华民族前途命运。要充分认识科技创新的巨大作用，敏锐把握世界科技创新发展趋势，紧紧抓住和用好新一轮科技革命和产业变革的机遇，把创新驱动发展作为面向未来的一项重大战略实施好。

② 2010年12月21日，中共中央政治局常委、国务院副总理李克强在北京市中关村国家自主创新示范区考察。2015年5月7日，中共中央政治局常委、国务院总理李克强先后来到中国科学院和北京中关村创业大街考察调研。他强调，推动大众创业、万众创新是充分激发亿万群众智慧和创造力的重大改革举措，是实现国家强盛、人民富裕的重要途径，要坚决消除各种束缚和桎梏，让创业创新成为时代潮流，汇聚起经济社会发展的强大新动能。

法治国新要求，已经清理了一批不合时宜的制度规定，但新的政策制度还没有完善起来，有的还存在与形势跟不上、与创新要求差距大的问题，有的对中央和上级的政策理解不够准确，落实措施不够具体有效。这种情况在一定程度上影响到创新创业。当下，要对现有的支持大众创新创业公共服务政策进行全面的梳理，结合实际情况，抓紧研究出台新的政策。以政策创新促进大众创新、万众创业的规范发展，以政策创新促进服务的精细化。海淀区在支持服务创新创业方面抓住政策创新、制度创新这一关键环节，利用中关村先行先试政策，进行顶层设计，整合形成了加快核心区自主创新和战略性新兴产业发展的意见、优化创新创业生态环境支持办法、激发科技创业活力扶持办法、提升企业核心竞争力支持办法等新政策，海淀区每年统筹20亿元左右财政资金，支持企业自主创新和战略性新兴产业发展，形成了资金聚焦度更明晰、政策支撑方向更明确的政策体系。

二、整合创新要素便利服务。加快发展大众创新创业公共服务，必须在盘活全社会创新创业服务资源、挖掘服务空间上下功夫，通过要素集中激发亿万群众创造活力，适应和引领经济发展新常态，打造经济发展新引擎，发挥创新要素的领头羊作用。遵循“政府引导、市场化运作”的总体思路，联合社会资本探索街区运营管理新模式，积极引导和发挥街区自治组织的作用，全力打造完整的服务链条，努力营造良好的创业生态环境。推行集中办公制度，成立“一站式”服务大厅，尽可能地减少审批权限，更多地强调为创业者发展提供服务、针对众创空间集中办公等特点，要简化住所登记手续，为中小型企业工商注册提供便利。海淀区按照打造“一城三街”的创业区域发展构想，结合创业大街已有车库咖啡、3W咖啡等创新型孵化器聚集的趋势，从梳理空间资源、加快业态调整升级入手，投入大量人力财力，启动建设中关村创业大街。截至目前，累计投入近亿元资金用于街区硬环境建设，引入高端创业服务机构，着力降低创业成本，现已吸引汇聚十余家创业服务机构进驻。同时，分南北两步走。南部，在中关村大街、知春路和学院路地区建设中关村科学城。北部，在原有园区的基础上，增加产业用地，建设北部科技新区。南部挖潜，北部拓展，从而使大众创新、万众创业的发展空间得到了保证。

三、搭建创新平台对接服务。创新公共服务平台建设，是构建区域创新系统、解决大众创新创业面临困境和问题的关键环节。通过服务平台有效对接科技资源、经营场所、人才等诸多创业信息，加大创业交流、培训辅导、投融资等服务力度，更好地发挥多层次资本市场和社会力量作用，为大众创新创业提供全方位服务。一是把政府部门中属于中介服务机构中的职能划出，转移到专业服务机构，减少和避免政府管不了、管不好问题的发生，让专业的中介服务机构发挥作用。二是扶持现有的中介服务机构提升服务能力，通过项目支持、人才引进、业务培训等方式，支持中介机构提升业务开展和服务创新创业的水平。三是借鉴国内外先进中介服务机构的创设办法和经验，创新中介服务平台建设，造就更多创新创业服务机构。积极探索和引导中介服务机构发展创新，吸引和聚集管理咨询、创业辅导机构、研发服务、广告制作和发布等各类中介服务组织，实现了规模化、专业化发展。以社会力量为主构建市场化的众创空间。对传统的孵化器、科技园等创新创业服务机构，引导其运用互联网思维，优化和完善运营机制和业务模式，实现转型升级。支持举办创业沙龙、创业大讲堂、创业训练营、创新创业大赛等活动，培养专业创业辅导师、创新创业人才，挖掘优秀的创业项目及团队。海淀区已经有中国技术交易所、PE 大厦等机构纷纷入驻中关村西区，中关村国际标准大厦落户，一大批专业中介服务机构入驻首都中介大厦。核心区协会组织、专业服务机构、孵化器数量达到 400 多家，初步形成了聚集咨询服务、技术平台、行业组织、要素资源配置、科技孵化等各类机构较为完善的中介服务体系。

四、提升创新能力跟踪服务。随着创新创业活动的开展，对公共服务的要求越来越全面、越来越高。这就要求既积极打造场地、设施、设备等方面的“硬实力”，也要着力增强组织、协调、服务、辐射带动等方面的“软实力”。一是强化激励引导，确保有动力。引导各类服务主体拓宽服务视野，创新工作方法，针对不同人群创业特点，开展针对性服务，加强对不同行业的分类指导。支持各类新型孵化器系统梳理在孵项目和团队资源，全程跟踪、培育、挖掘面向新兴前沿的早期项目，构建全链条的创业支持体系，培育区域创业土壤和原创思想，改进技术和商业模式，加强对众创空间的统计监测，及时掌握行业发展情况，做好对行业发展的分类指导。二是强化融合服务，确保服务质量。建立健全区域融合、开放共享的服务模式，推动新城与旧城、城镇与农村服务资源的联合融合，形成服务场所、资源的高效配置。以区域融合发展为特色，坚持海纳百川、融合发展的理念，把政府服务延伸到大院大所，焕发驻区单位参与地区创新发展的活力和积极性，变服务为合作，变合作为融合，促进优势互补、资源共享、共赢发展。三是强化机制保障，确保服务见实效。强化主体责任，明确落实督导的具体措施和责任追究办法，把支持大众创新创业公共服务作为政府工作绩效的一个重要内容，加大分值权重。四是把信息科技引入到公共服务体系之中，提升服务工作的现代化水平。运用先进的信息网络技术，建设“数字园区”电子政务系统，探索政府信息化管理和服务新模式，为营造良好的创新创业环境提供保障。找准创新需求，以网络化信息化综合服务为支撑，构建体系化、常态化的创新供求服务体系，推动存量创新资源释放，提升增量创新能力。海淀区通过跨区域合作推进创新创业联调联动发展。充分发挥核心区创新示范带动作用，主动融入京津冀协同发展。积极推广合作模式，探索品牌换空间、合作共建园区等新型合作模式，完善跨区域合作创新的利益共享机制，探索与合作地区联合设立创新发展基金、科技服务平台、产业转移协调机制等，拓展与全国高新区之间的交流，扩大产业转移合作园区，搭建政府间畅通的沟通桥梁，不断探索产业转移和利益共享模式，加强引导有转移需求的企业到合作园区寻找拓展空间，推动园区产业有序转移，促进跨区域协同创新发展。

目　录

文献综述

人类的创新创业活动由来已久，创新是促进社会变革、经济发展的原动力，创业是社会将技术、信息转移到产品、服务中去的实现机制，是经济中各种时间和空间无效率问题的发现和解决机制。[①] 国内外学术界很早就围绕创新创业领域的相关问题展开分析和研究。2014 年6 月 17 日时任美国总统奥巴马在美国白宫举办创意嘉年华活动，提出了推动大众创新的整体措施，推进“美国制造业的群众文艺复兴”。2015 年，李克强总理在《政府工作报告》中提出“大众创业万众创新”的概念，并明确提出将“大众创业万众创新”打造成经济发展的新引擎，这开辟了创新创业的新篇章。“大众创业万众创新”被国内外学术界广泛关注，成为创新创业领域中的重要组成部分。

第一节　国外学者关于大众创业、万众创新的相关研究

创新是国家、民族强盛和社会进步的不竭动力。创新的主体是人，人是创新的发出者、实践者、享用者和评价者。本研究的出发点和归宿是人的创新活动，是与创业紧密相关的人的创新活动。所以在概念上认同 Robbins（2001）对创新的界定，即组织的成员将创意转变为一个有用的产品、服务和工作方法的过程，创意可以是组织内新产品、过程或服务的构想，以及管理程式或政策里的任何新构想。

熊彼特（Schumpeter）是目前文献中可查最早强调新产品重要性的经济学家之一，1912 年他首次提出“创新”概念，并认为新产品可以刺激经济增长，强调新产品所带来的竞争力远比改变现有产品价格更重要。[②] 1939 年和 1942 年他分别在《资本主义、社会主义和民主主义》和《经济周期》两部专著中对其创新理论进行了完善，形成了独特的创新理论体系。熊彼特认为，

---

① 陆园园，张红娟．中国创业问题研究综述［J］．管理世界，2009（06）：158.

② J. A. Sehumpeter. The Theory of Economic Development［M］. Cambridge，MA：Harvard University Press，1934.

创新是经济发展的本质，创新的过程实际上是一种不断打破经济均衡的过程。因此，经济研究的重心不在于如何实现均衡，而在于如何打破均衡，均衡的破坏就是创新。亚伯南西和阿特贝克（Abernathy 和 Utterback）认为任何产品的兴起阶段，首先会出现产品创新，之后是过程创新和渐进式创新。有关创新的理论主要有四个：一是熊彼特创新理论；二是新古典学派创新理论，其代表人物有 Solow、Lucas、Romer 等；三是制度创新理论，以 Davis 和 North 为代表人物，他们运用了比较静态均衡的新古典经济学分析方法和一般均衡理论进行阐述，认为制度创新决定了技术创新；四是国家创新系统理论，代表人物是 Lundval、Freeman 等人，注重研究制度和组织结构对创新的作用。目前关于创新的相关研究可以概括为以下几个方面。

一、关于创新的相关研究

（一）有关创新领域的相关研究

有关创新领域的相关研究，比较有代表性的有 Drucker（1974）的研究认为企业创新的领域可以分为产品创新、社会创新和管理创新；[①] Daft（1978）认为创新可以分为管理创新和技术创新两种类型；[②] Holt（1983）认为创新的领域主要有技术的创新、管理的创新、社会或组织的创新还有规律型创新。[③] Tushman 和 Nadler（1986）提出了微变型创新、综合性创新和跳蛙型创新。[④] Nord Tucker（1987）提出了技术的创新、管理的创新、社会组织的创新。20 世纪 90 年代之后，Henderson 和 Clark 提出了推进式创新和渐进式创新。[⑤] Schuman（1994）则进一步提出了创新矩阵的观点，认为在组织中的创新活动可以按照创新性质进一步分为九大类，主要包括产品创新、过程创新、程序创新、渐进式创新、独立性创新、突破式创新。[⑥] Tushman（1997）进而提出了渐进式创新、构筑式创

---

① Drucker, P. F. Management: Tasks, Responsibility, Practices [M]. Big Apple Tuttle - Mori Ageney, Inc, 1974.

② Daft, R. L. Adual - core model of organization innovation [J]. Academy of Management Journal, 1978, 21: 193 - 210.

③ Holt, K. User - oriented Product Innovation - Some research Findings [J]. Technovation, 1983, Vol. 3 (3), pp. 199 - 208.

④ Tushman, N. L. and Nadler, D. A. organizing for innovation [J]. California Management Review, 1986, 28, 74 - 92.

⑤ Henderson , R. M. and Clark. B. Architectural innovation : the reconfiguration of existing product technologies and the failure of established firms [J] Administrative Seienee Quarterly, 1990, 35, 9 - 30.

⑥ Schumann, P. A. , Prestod, D. C. , Tong, A. H. andVanston, J. H. Innovate: Straight path to quality customer delight & competitive advantage [M]. MeGraw - Hill, NewYork, 1994.

新和不连续型创新。[①] Lynn 和 Akgun（1998）按照市场和技术因素又将创新分为市场创新、非连续创新、渐进创新和进化的创新。

通过对创新领域的相关分析，越来越多的人认识到创新并不仅仅拘泥于产品、技术、工作方法和工作流程方面。随着工业化、信息化的不断发展，社会经济条件的不断变化，创新所涉及的领域也会越来越广阔，例如社会服务的创新、客户服务的创新、组织文化的创新等。

（二）影响创新的因素分析

有关影响创新的影响因素，目前形成的一致性意见可以分为外在影响因素和内在影响因素，前者是从外在环境的角度寻找原因，后者主要是从个体本身寻找原因。

关于外在影响因素，目前比较有代表性的观点有：Scott 和 Bruce（1994）认为领导、工作团体、创新的心理气候与个人的性格，其中领导包含领导者与成员的互动、领导者的角色期待，工作环境主要包括团队与成员互动，创新的心理气候主要包括创新支持和资源供给等。[②] Wolfe（1994）提出了影响人创新的四个因素，主要有人员特质、组织结构、组织创新环境与文化以及周围的环境等。[③] 2003 年新加坡国立大学的 Ong、Wan 和 Chng 等人针对新加坡的一家日资企业开展调查，调查结果显示，影响创新的因素有九个，分别是员工所属的阶层、部门间的良心互动与沟通、知识与咨询的吸收与分享、员工之间的良好互动、判断力、专案的实现、主管管理的风格、组织支持与否、工作是否具有挑战性等。另外，还得出结论，个人的层级越低创新越低，组织的因素对人的创新有很大的影响。[④] Robbins（2001）认为影响创新的因素有组织结构、领导者的任期长短与领导模式、组织资源的丰富性、单位之间能否良好沟通，他进一步认为集权化程度低的组织有利于创新行为的发生，组织的弹性对人的创新有很大的影响，领导任期越长越不利于组织成员的创新，组织资源越充足成员的创新能力就会越强，同时，组织内部各个单位成员的良好沟通，也会极大地促进创新。除此之外，还有比较普遍性的结论认为，个人的控制认知能力、克

---

① Tushlnan, Miehael L. & 0. Reilly, C. A. Winning through innovation: apraetiealgu 1detoleadin gorganiza tional" hangeandrenewal [M]. Boston, Mass.: HarvardBusinessSehoolPress, 1997.

② Scott, S. G., &Bruce, R. A. Determinents of innovative behavior Apath model of individual innovation in the work place [J]. Aeademy of Management Journal, 1994, 37 (3), 580 – 607.

③ Wolf, R. A. Organizational Innovation Review, Critique and Suggested Research Directions [J]. Journal of Management Studies, 1994, Vol. 31, No. 3, pp. 405 – 430.

④ Ong, Wan 和 Chng. Factors affecting individual innovation: An examination within a Japanese subsidiary in Singapore [J]. Technovation, 2003, 23 (7): 617 – 631.

服障碍的能力等因素也会影响人的创新。[①] 另外，关于创新的研究，形成了多种量表，目前普及率比较高的有 Scott 和 Bruce 的个人创新量表、West 针对团队成员的角色创新构建的量，该量表主要包括设定工作的目标，决定达成工作目标的方法，决定与何人协商完成任务，发展创新的方法完成任务等，另外 Kleysen 和 Street 的多层面创新量表也颇具代表性。Howard Rush（2011）设计了包括技术创新的前瞻性、企业核心竞争能力、企业战略决策能力、组织学习能力、技术创新能力及运作能力等具体指标对创新能力进行评价。[②]

关于内在影响因素，多数学者将研究的重点投向对个人创造力的研究之上，对人的创造力的研究从单一的、对人的创新能力的分析，逐步转为从多种向度多种能力的交互作用的发展来研究。马克斯·韦伯在《新教伦理与资本主义精神》一书中就谈到个人文化价值和信仰的差异对创业行为有着非常大的影响。例如 Amabile（1983）提出人的创造力是领域内的相关技能、创造力的相关技能和工作动机三者相互作用的结果。[③] Bharadwaj 和 Menon（2000）等人通过对 634 家企业的调查研究得出结论，创新源于个人的努力和组织所建构的适应于人的创造力发挥的系统。目前比较一致性的意见认为，人的创造力和人的智力、独立性、自信、风险承担和内控人格有着紧密的关系。[④] Guilford（2005）认为不具有弹性、具有强烈的外在动机、缺乏能力和经验、缺乏社交技能等特质会阻碍人的创新能力的发展。Simonton（2007）研究了社会历史因素对人的创新能力的影响，认为优秀人物作为角色典范的示范效应对人的创造力的发挥有极大的推动作用。Csikszentmihalyi（1997）则从演化的观点出发，认为人的创新能力与人的社会阶级、宗教信仰和早期的生活经验有关，人发现问题越敏锐越可能拥有更多的创意。[⑤] Alfred Marshal（2012）认为，创业者必须具备预测生产趋势、消费趋势的能力和领导驾驭全局的能力。

（三）创新效率的相关研究

有关创新效率的研究源于内生增长理论的兴起，Szakonyi（1994）明确提出研发效率与研发生产率是不同的概念，前者指研发投入和研发产出的比；后者

---

① Robbins, S. P. Organizational Behavior [M]. Prentice Hall International., Upper Saddle River, New Jersey, 2001.

② Howard Rush, John Bessant, Mike Hobday. Assessing the Technological Capabilities of Firms: Developing A Policy Tool [J]. R&D Management, 2011, 37 (3): 221-236.

③ Amable, T. M. The social psychology of creativity [M]. NY: Springer-Verlag, 1983.

④ Bharadw S., and Menon A. Making Innovation Happen in Organization: individual Creativity Mechanisms, Organization Creativity Mechanisms, Organizational Creativity Mechanisms or Both? [J]. J PROD INNOV MANAG, 2000, 17: 424-434.

⑤ Csikszentmihalyi, M. Creativity: Flow and the psychology of discovery and invention [M]. NY: Harper Collons, 1996.

指研发行为对经济增长的贡献率。Criliches（1994）强调，加强研发对生产率影响的研究并解决相关的数据质量问题是尤为重要的。Hans Jiirgen（1997）通过对英国两百多家企业的实证研究得出结论：研发对生产效率提高的回报率非常高。Marc（2006）等人通过比较欧洲与美国公司的专利产出量，认为制度和行为是生产率提要的重要原因，进而建议欧洲国家应该从非技术创新的角度去思考改进。Nasierowski（2003）提出影响创新效率的因素主要有国家规模、技术储备、人文素养、生产效率、文化因素（不确定性避免、权力差距、个人主义、男性化）等四方面因素。Hakyeon（2009）通过对比分析了六个不同国家的研发项目，从立项选择、运作管理、基金制度等方面给出了提高研发项目的效率的解决方法。

（四）创新途径的相关研究

Hiber（2015）通过长时间对美国联邦技术转移推进法案的研究发现，创新的重要途径就是推进技术管理和转让，在加强知识产权保护的同时，积极推动科研机构或者大公司把一定份额的研究成果转让给创业公司。[①] 荷兰学者 Stephenson（2015）通过对中小企业创新制度的研究发现，政府通过创新奖励券制度对创业者进行扶持，从知识产业化项目数量、知识转换项目规模、知识产业化速度等方面详细论述了荷兰政府是如何通过创新奖券制度支持社会创新与创业的，[②] 给了相关研究者很大的启发。

二、关于创业的相关研究

马克思说："任何一个民族，如果停止劳动，不用说一年，就是几个星期，也要灭亡，这是每一个小孩都知道的。"正是人类的劳动唤醒了自然历史进程赋予人的肉体、精神的潜能素质，使人和动物区别开来。创业的本质就是人类的劳动实践，更确切地说是人类的创新劳动实践。创新劳动实践是人类自产生以来一直在从事的活动，是人类历史向前发展的不竭动力。西方学者关于创业的研究相当早。有学者考证，早在 18 世纪中期就有西方学者对创新创业现象进行研究。[③] 目前的一般性结论是，在第二次世界大战之后，美国哈佛商学院成立了研究小组，以企业为研究对象，探讨创业问题，之后因为在创业是否能够推动社会创新等问题存在分歧，研究小组在 20 世纪 50 年代解散。在此之后的很长一段时间，研究者们将关注点集中在大型企业，很少有人专门研究小微企业

---

① Hibert. Promoting Effects of Technology Transfer in Entrepreneurship [J]. System Innovation in America, 2015, (15): 223 - 227.

② Stephenson. Annual Innovation Policy Trends and Appraisal Reports in Netherlands. Europen Trend [J]. Charton Innovation, 2014, (08): 21 - 24.

③ 刘军．我国大学生创业政策体系研究 [D]．济南：山东大学，2015 年．

的产生和发展问题。

自20世纪60年代开始，有学者将目光投向小微企业，开始从小微企业入手探究创新创业问题。最具代表性的事件是1970年在美国普度大学召开的创业学术会议，不同学科的学者在大会上发表了关于创业的研究观点。自此，创业研究会议开始制度化，成为管理学、经济学研究的新领域。当时的研究重点在于探讨创业的意义，其目的在于将人们的研究视野转移到创业上来，吸引更多的人研究创业。

自20世纪80年代开始，随着大公司、大企业面临的危机加剧，小微企业的不断兴起，人们开始认识到创业对经济社会发展的意义，越来越多的人加入到研究创业的队伍中。在此期间，最有代表性的事件是在1987年，创业被美国管理学会作为一个独立的分研究领域纳入到管理学学科体系中，[①] 同年，《管理学刊》（Journal of Management，简称JOM）开辟创业研究专题。舒马赫撰写的《小的是美好的》给了人们很大的启发意义，给相关学术研究带来了全新的思考方向。学术界对创业行为的研究日益增多，创业成为管理学研究的一个全新领域也是一个重要领域。

20世纪90年代，随着互联网的普及，创业的门槛日益降低，创业群体在不断地扩大，选择创业的年轻人越来越多，创业激发了社会的创造力，给社会发展注入了新的活力。对中小微企业的相关研究越来越多，与之相伴随的是创业研究也取得了重大进展，成为学术热点问题之一。对创业的研究从创业的意义，逐步转向对创业者的个性特征、创业过程、创业内外环境等方面的研究。2001年SMJ出版以策略创业（strategic entrepreneurship）为主题的特刊，收录10篇创业相关议题的论文，包括：价值创造、国际创业、社会资本、智慧资本与核心能力以及网络与联盟等主题。2003年JOM出版创业研究特刊，收录创业研究回顾、创业教育、创业机会、公司创业、个人创业、创业组织模式、创业网络镶嵌以及创业策略等8篇文章。

2006年，陈钦虹在其博士论文中对创业理论的流派进行了归纳和总结，认为创业理论学派有很多，主要有8大学派，一是风险学派，以Cantillon和Knight为代表，主要观点为企业家专业于承担风险或不确定性；二是领导学派，以Say和Marshal为代表，主要观点是创业者是生产过程和企业组织的领导者；三是创新学派，以Schumper为代表，主要观点是创业者就是创新者；四是认知学派，主要代表为Kirzner、Casson和Shackle，主要观点为创业者的心理特性对创业有较大的影响；五是社会学派，代表人物有Saxenia和Woodward，主要观点是微观和宏观社会环境和社会网络影响创业；六是战略学派，代表人物有

① Shane S. A. Who is publishing the Entrepreneurship Research?［J］. Journal of Management, 1997, 23: 83-95.

Hitt、Bhide、Camp 和 Zashra 等人，主要认为创业的过程可以概括为初创企业或者现有企业在成长中进行战略管理的过程；七是管理学派，以管理学大师德克鲁为代表，认为创业是管理的一部分，教育和培训可以促进个人创业；最后是机会学派，代表人物有 Shane 和 Singh，其观点是创业机会的识别和利用是创业研究的核心问题。

截至目前，关于创业的研究领域主要包括以下几个方面：

（一）创业模型的相关研究

关于创业模型的研究早期比较有代表性的成果有 Galbraith 模型和 Churchill 和 Lewis 模型。近期有关创业模型的研究相当之多，大致可以分为两类。一种是要素匹配模型，比较有代表性的有蒂蒙斯（Timmons）创业模型、萨尔曼（Sahlman）创业模型和加特纳（Gartner）创业模型，他们共同的特点是强调影响创业的各要素之间需要保持平衡，只有这样才能保证创业的良性成长和健康发展。另一种是要素主导模型，比较有代表性的是克里斯蒂安（Christian）创业模型、威克姆（Wickham）创业模型、Zahra – George 创业模型以及 Jain 创业模型。这一类模型的特点在于强调各影响要素的常态动态平衡，短期的平衡不能保证创业的良性效果。

（二）创业影响因素的相关研究

关于影响创业的因素，不同的学科、不同的学者对此有不同的看法。普遍性的结论是认为影响创业的因素主要有两大类。一是外部因素，主要包括经济、政治、文化等大的环境因素；二是内部因素，主要是从个体自身层面来讲，主要包括知识水平、冒险精神、性格气质等。另外，还有一种比较具有普遍代表性的观点是认为创业机会是创业的核心要素。例如，Busenitz 等（2003）提出机会、个人与团队、组织模式和环境是创业研究的四大主题，其中又以创业机会最为关键，它有助于将其他三项主题连结起来，因此，未来的创业研究应该集中在创业机会及相关领域的开拓上。[①] 也有学者认为，在众多影响因素中，创业政策起到非常关键的作用，西方学者史蒂文森（Stevenson）很早就注意到创业政策对创业动机、创业发展起到非常关键的作用，认为“创业政策是为激励一国或地区经济主体的创业精神并提高其创业活动水平而采取的政策措施。……创业政策的本质在于刺激企业”[②] 还有学者进一步将创业政策细化，从税收、金融等方面的创业政策入手，分析创业政策对创业行为的影响，比较

---

① Busenitz, LW, WestIII G P, Shepherd D, Nelson T, Chandler G N, Zacharakis A. Entrepreneurship Research in Emergence: Past Trends and Futere Directions [J] . Journal of Management, 2003, 29 (3): 285 – 308.

② Stevenson L, Lundstrom A. Entrepreneurship Policy for the future [M]. Swedish Foundation for Small Business Research, 2001.

有代表性的有 Baumol 提出，创业者的创业决策在很大程度上取决于相关经济制度中的奖励机制。制度和规则的变化会影响创业资源的配置，这不仅会影响创业者的数量，而且还会改变创业者群体的内部结构。① Lim 则认为包括法律、金融系统、教育系统以及信任关系等在内的制度环境会影响企业安排和发展意愿，而最为显著的是对创业者创业决策的影响。②

（三）创业环境的相关研究

近些年来，学者们对创业环境展开了较为深入的研究，取得了一些成果，得出了一些颇具启发意义的结论。其中，比较有代表性意义的观点有 Scott Shane（2001）的研究认为创业环境主要包括经济环境、政治环境和社会文化环境，在不同的国家和地区三者发挥的作用有所不同。③ 加特纳（Gartner）认为创业环境由资源的可获得性、周边的大学和科研机构以及政府的干预和人们的创业态度等因素构成。④ 全球创业观察 GEM 对影响地区创业活动的创业环境需要具备的条件作出了明确的界定，认为影响创业环境的条件主要包括以下几个方面：金融支持、政府政策、政府项目、教育和培训、研究开发转移、商业环境和专业基础设施、国内市场开放程度、有形基础设施的可得性、文化及社会规范等。Henri（2010）的研究认为创业活动外部的影响因素可以分为感性环境要素和理性环境要素。⑤

（四）创业作用的相关研究

关于创业对社会进步发展的作用，目前学术界已经达成了一致的结论，认为创业是激发个人创造力、社会创造力的有效方式，创业对推动社会经济、政治、文化发展都有不可估量的作用，创业是人类社会不断向前发展的引擎。Rajshree A udretsch（2008）强调了创业的作用，认为创业是一国经济发展的原动力，市场主体多元化可以极大地促进创新和技术进步，提高经济增长率。创新和创业之间有着良性的互动关系，创业会极大的激发个人创新活力。⑥ Baumol W. 认为对发展中国家而言，只有不断创业创新才能逐步扩大市场，追赶发达

---

① 赵都敏，李剑力．创业政策与创业活动关系研究评述［J］．外国经济与管理，2011（3）．

② Lim，MorseEA，Mitchell RK，SeawrightKK. Institutional environment and entrepreneurial cognitions：A comparative business systems perspective. Entrepreneurship and policy environment［J］．Federal Reserve Bank of St. Louis，2006，88（2）：95－111．

③ Scott Shane. Where is Entrepreneurship Regions of the New Millennium，Singapore，June 28 － June30，2001．

④ William B. Gartner. A conceptual framework for describing the phenomenon of new venture creation［J］．Academy of Management Review，1985，10（4）：696－705．

⑤ 蔡莉，崔启国，史琳．创业环境研究框架［J］．吉林大学学报（社会科学版），2007（1）．

⑥ Rajshree，Audretsch. Does Entreneurship Captcal Matter?［J］．Entrepreneurship Theory and Practice，2008，28（5）：419－429．

国家的经济发展速度。[①] 另外，还有学者认为创业能够极大促进技术转移，推动科学技术的不断进步，其中比较有代表性的观点有 Fare，R. 提出网络资料包括模式，认为生产过程是由许多次生产技术构成，并将次生产技术视为子决策单位。[②]

自 1963 年管理期刊开辟创业研究专刊文章开始到 2000 年之后，创业研究逐渐获得一般管理领域学者的重视，发表在主流管理学期刊上的创业研究成果日益增多，研究领域在不断的扩展，目前的研究重点集中在创业影响因素和创业环境等方面。互联网的出现使得万众创业成为可能，国外学者关于个人创业、小微企业的相关研究也在逐步增多，并且在激发个人创业活力，培育创业生态环境等方面取得了一些成绩，而且逐步影响到一些国家和地区的法律、政策，逐步上升为国家政策。

第二节　国内学者关于大众创业、万众创新的相关研究

相比西方学者对创新创业问题的研究，国内对相关理论与实践问题的研究起步比较晚。国内学者关于创新创业的研究始于 20 世纪 90 年代，当时的背景是大学生就业从国家分配转向了市场化，大学生找工作成为社会的难点和热点问题。创新创业作为解决大学生就业路径之一被提出来，成为人们关注的热点，许多学者从不同的学科背景出发研究创业问题，主要包括对创业意愿、创业动机、创业能力、创业动机、创业环境、创业资源等问题的研究。

近些年来，特别是互联网带来的信息化革命之后，国家对创新创业活动越来越重视，许多学者开始借鉴国外相关研究成果，结合我国创新创业的实践，从不同的角度研究人的创新创业活动，相关研究成果日益丰富。但真正将这项研究推向高潮标志性事件是李克强总理 2014 年 9 月 11 日召开的达沃斯论坛开幕式上提出：中国永远做开放大国、学习大国、包容大国。从中国国情出发，努力建设成为一个创新大国。要借改革创新的“东风”推动中国经济科学发展，在 960 万平方千米土地上掀起“大众创业”“草根创业”的新浪潮，形成“万众创新”“人人创新”的新态势。同年 11 月，在首届世界互联网大会上，总理再一次提出要“促进互联网共享共治，推动大众创业万众创新。”在 2015 年的政府总理报告中，李克强总理提出：“把大众创业万众创新打造成推动中国经济

---

① Baumol W. Entrepreneurship: Productive, Unproductive and Destructive [J]. Journal of Political Economy, 1990, 98 (5): 893 - 921.

② Fare, R. Grosskopf, S. Net work DEA [J]. Socio - Economic Planning Sciences, 2000 (34): 35 - 39.

继续前行的双引擎之一。”“大众创业万众创新”成为当代中国的实践主题和理论热点。笔者2018年以“大众创业、万众创新”作为主题在中国知网上搜索到的文献达到8771篇，其中学术论文537篇，硕博论文263篇，其研究热度可见一斑。具体说来，对于“大众创业万众创新”的相关研究包括以下几个方面。

一、大众创业、万众创新的内涵

安德森在《创客：新工业革命》中将大众创新定义为：人们在自由组织和参与虚拟社区或实体空间里通过线上线下交流互动，共同创意、研发、制作产品或提供服务的自组织创新创业活动。国内有学者将大众创新定义为热爱创新的大众在互联网平台上实施创新并在线展示或出售另一些大众搜寻、获取和利用。① 不少人认为“大众创业、万众创新”是一场改革，是要通过改革将创新时代的热潮作为解决经济和社会发展困局，驱动新一轮发展的战略红利。对“大众创业、万众创新”的理解需要厘清其所处的历史背景，从国际形势上看，一方面受国际经济情况不容乐观局面的影响，世界经济发展放缓，国际经济形势不稳定，国际市场需求减弱，传统产品国际竞争压力进一步增大，我们必须增加国内市场需求来促进经济稳定发展。从国内形势来看，一方面经济下行压力还在加大，国内市场需求有待进一步开发，经济发展环境“硬约束”进一步加强，那么，我们就必须走集约发展、高科技含量发展、高附加值发展的道路，因此，我们必然要通过“大众创业，万众创新”来推动经济的转型发展；另一方面全面深化改革要全面深入推进，就必然要要通过增强经济内生动力来支撑和促动体制和机制改革，因此，我们必然要通过“大众创业，万众创新”来增强全面深化改革的动力和活力。

关于大“大众创业、万众创新”的内涵，目前学术界已经达成共识。“大众创业、万众创新”的目的是推动经济良性良好发展。② 打造大众创业、万众创新和增加公共产品、公共服务的双引擎，推动发展调速不减势、量增质更优，实现中国经济提质增效升级。一方面，通过万众创新，才能创造出更多的新技术、新产品和新市场，也就才能提高经济发展的质量和效益；另一方面，只有通过大众创业，才能增加更多的市场主体，才能增加市场的动力、活力和竞争力，从而成为经济发展的内在源动力引擎。关于“大众创业、万众创新”之间的关系，不少人进行了梳理，一般性的结论是：“大众创业”与“万众创新”是相互支撑和相互促动的关系。一方面，只有“大众”勇敢的创业才能激发、带动和促动“万众”关注创新、思考创新和实践创新，也只有“大众”创业的市场主体才能创造更多的创新欲求、创新投入和创新探索；另一方面，只有在

① 刘志迎．众创空间：创客与众创模式［C］．中国技术管理学术年会，2015．

② 天津经济课题组．大众创业 万众创新［J］．天津经济，2015（5）：29．

“万众”创新的基础上的才可能有“大众”愿意创业、能够创业、创得成业，从某种意义上讲，只有包含“创新”的创业才算真正的“创业”，或者说这种创业才有潜力和希望。①

李海涛（2015）在《创业保障推动“大众创业、万众创新”》一文中对“大众创业、万众创新”做了深层次的解读，认为“我国以往的经济发展是靠出口和投资来拉动，但我国想要真正成为一个经济强国，只能依靠科技创新，而科技创新不是依靠几家大型企业进行投资就可以完成的工作，最主要是依靠市场的调节。”② 国家发改委研究所所长宋立认为：“过去靠出口拉动和投资驱动发展告一段落，下一段更加需要我们靠科技创新。不是靠几家大企业就能完成的，要靠发挥市场的作用，要大众创业、万众创新。发挥市场在资源配置中的作用的时候，政府的作用也要积极发挥，政府更多是做好公共服务、提供更多的公共产品，这两个结合起来使得中国经济转型更加顺利。”其实质是在讲，大众创业、万众创新本身是一种经济行为，是催生经济社会发展的新动力，政府和市场在其中要各司其职，市场要发挥主要作用，政府要起到引导和支持的作用。

二、大众创业、万众创新的意义

在过去的30年，“世界工厂”的模式，让中国经济突飞猛进，但是这种制造业模式不能继续引领中国经济继续向前发展，“中国梦”的实现和未来中国经济的中高速发展需要新的生产模式，需要根本性的技术进步，需要创新驱动。大众创业、万众创新的顺利开展对中国经济、社会、文化发展都具有非常重要的意义。

一是推动中国制造业转型升级。李克强（2016）认为：改革开放30多年来，中国制造业规模迅速扩大，成为世界第一制造大国，但是中国制造业大而不强，产品附加值低，自主创新能力不强。当前中国不仅要实现工业4.0而且还要在工业3.0和工业2.0上补课。因此，中国必须要加深对新一轮经济技术革命和生产力发展的宏观思考。生产力的提升源于两个方面，一是生产工具的革命性变革；二是生产方式和组织模式的创新。目前，新一代信息技术与制造技术的融合为大众创业、万众创新（也称“双创”）创造了条件，众创、众包、众扶、众筹应运而生。双创通过体制、机制创新，推动了生产模式和组织方式的变革，有力的推动了制造业的转型升级。③

吴迪（2016）通过中国各省份2000－2014年全要素生产率及其分解变化率

① 天津经济课题组．大众创业 万众创新［J］．天津经济，2015（5）：29.

② 李海涛．创业保障推动“大众创业、万众创新”［J］．经济管理，2015（26）：92.

③ 李克强．催生新的功能 实现发展升级［J］．管理论坛，2016（2）：1－3.

的分析，采用空间计量模型，研究了大众创业对技术进步的影响，发现大众创业极大的提升了全要素生产率，显著的影响了技术进步效率和纯技术效率，中国实现产业转型升级的关键在于技术创新，大众创业、万众创新是实现技术创新的有力推动力量。① 雷德雨（2016）认为，大众创业、万众创新是创新驱动发展战略的抓手，有力于推动全民创新，提高全要素生产率，转变经济发展方式，保持我国经济中高速增长，实现两个百年的奋斗目标。②

二是有利于实现人的自由全面发展。实现人的自由全面发展是马克思主义理论的最高诉求，是马克思毕生的追求。大众创业、万众创新就是要极大的激发人的创造力，将人从依赖于物、依赖于人的生存现状中解放出来。李克强总理在国家科技战略座谈会上谈到：推动“双创”可以激发蕴藏在人民群众之中的无穷智慧和创造力，实现“机会公平、权利公平、人人参与又人人受益的包容式增长方式”。雷德雨（2016）认为大众创业、万众创新最终就是要实现人人自由全面的发展，是中国特色的众人创富的发展路径。李海涛（2015）认为大众创业、万众创新的根本追求在于为人们提供一个实现自我价值的发展渠道，让自主发展的自利精神在人民的心中留下烙印。

三是有利于建立一个公平正义的社会机制，促进社会的进步与发展。李海涛（2015）提出大众创业、万众创新是对现有社会制度的改革，实现了社会资源的自由流动，有利于社会财富的公平分配，给每个人自由发展的空间，极大的激发了个人创造的活力，也激发了整个社会的活力，有利于形成公平的竞争环境，实现社会向服务型社会的转变。③ 中国科协（2016）“关于推进大众创业、万众创新”政策措施落实情况的评估中提到，“双创”激发了社会公众的创造热情和创造活力，多层次“双创”政策支持体系初步形成，激发了社会活力，促进了社会的进步和发展。

三、大众创业、万众创新的影响因素

顾旭东、王继福（2010）在对中国全民创业现状分析的基础上，采用定量研究方法，对影响创新创业的因素进行了探究，结果发现创业者权益保障机制和政府对创业者的扶持力度是影响中国全民创业活动的进程的重要因素。④

李小康，胡蓓（2013）从社会心理学角度探讨了集群环境对创业微观行为的影响因素和作用机制。⑤ 在对创业机会作出反应的过程中，感知个人意愿、

---

① 吴迪．大众创业对技术进步的影响研究［J］．技术经济与管理研究，2016（8）：45－49．

② 雷德雨．推进“大众创业、万众创新”的难点和对策研究［J］．经济参考研究，2016（10）：21．

③ 李海涛．创业保障推动“大众创业、万众创新”［J］．经济与管理，2015（09）：92－94．

④ 李小康，胡蓓．产业集群内创业影响因素模型研究——基于创业意图视角［J］．2013（21）：45－49．

⑤ 顾旭东，汪继福．全民创业影响因素分析及政策建议［J］．郑州大学学报（哲学社会科学版），2010（10）：90－93．

感知社会规范、感知自我效能感和感知集体效能感对创业意图产生影响并最终导致创业行为的产生，它们受到了集群环境中的外部经济性、共享文化和价值观、机会与需求、信息与知识溢出及本地社会网络等因素的影响，据此提出假设并建立了因素模型，对在集群环境下更容易产生创业行为的现象给出了新的解释并提出了政策启示。

吴志攀（2015）通过对北京大学部分青年校友创业情况的观察与初步分析，回答了“大众创业、万众创新”的局面形成的条件：一是政府的扶持大大扩展了创业空间，中国政府在“双创”中扮演了重要的角色，通过简政放权为小微企业的形成与发展创造了宽松的环境。二是互联网的发展与普及为创业者构建了全新的社会网络，传统时代到网络时代最大的改变是企业构建的社会网络的变换，互联网时代的社会网络具有更快的蔓延速度，更加简便的建立方式和更加细致入微的服务等突出特点。三是独特的本土资源，实现了对不完善市场机制的补充和完善。中国的社会结构同西方存在很大的差异，不是一捆柴而是同心圆，在这其中“人情”“关系”“面子”等非正式关系是解释各种社会行动的重要因素，甚至政府也在这样一种社会结构之上，形成了“家国同构”的社会组成方式。很多创新创业者正是抓住了这一点，充分利用自身的资源，实现自身的梦想。①

张辰琛（2016）认为大众创业、万众创新活动的实施和推进离不开地方政府的支持，地方政府要创新理念，建立服务和引导机制，提高自身的创新能力和服务能力，进而更好地推动“双创”活动的顺利开展。②

郭铁城（2015）在《迎接大众创新的时代》一文中认为新经济提供了大众创新的基础条件，一是劳动力资源的知识化，即高等教育的大众化和全部劳动力即时学习；二是科研硬件的共享化，科研硬件获得了向所有人开放的分享机制；三是互联网的广泛化，大众发生了即时的交互联系，是创意能够聚集和定型，使资金变得丰富、便宜，生产变得简单、直接，市场变得具体确定。③

陈雪，张志彤（2016）通过分析广东新型科研机构的发展背景和特点，认为新型研发机构是推动大众创业、万众创新发展的新生力量，具体表现在带动激发创新活力，调动科研人员的热情和信心，提高创新创业成活率和成长质量，打通上下产业链，形成新的产业经济增长点，带动战略性新兴产业发展，培养创新人才等方面。④

---

① 吴志攀．“大众创业 万众创新”的局面何以形成？——对北京大学部分青年校友创业情况的观察与初步分析［J］．北京大学学报（哲学社会科学版），2015（3）：212－218．

② 张辰琛．“大众创业、万众创新”政策的政府支持与实现路径［J］．人民论坛，2016（06）：45．

③ 郭铁成．迎接大众创新的时代［J］．红旗文稿，2015（7）：19－20．

④ 陈雪等．新型研发机构在助推“大众创业、万众创新”中的作用及发展思考［J］．科技管理研究，2016（22）：87－89．

牛冲槐，温雅钰（2016）通过ISM方法构建了山西省大众创业影响因素的递阶结构模型，从个人、市场、政府三个主体维度全面分析了影响全民创业的因素，进而认为政府政策与政府项目因子在大众创业进程中具有基础性作用；个人因子、市场条件因子与政府因子在大众创业过程中均发挥着重要作用；个人自身基础因子是引起大众创业活动的直接原因。①

四、大众创业、万众创新存在的问题

首先，从全国范围看，创新创业活动存在区域不平衡问题。陈晓红，王慧民（2009）通过对中国东部、中部、西部和东北四个地区的实地研究，比较分析了四个地区的创业动机、创业支持性基础设施、创业成长关键因素和创业管理风险与障碍，结果发现创业活动在四个地区的分布及其不均衡，东部地区创业的活跃程度远远高于中西部地区。

其次，当前政策、体制中存在的一些障碍性因素影响到大众创业、万众创新的顺利开展。蒋同明（2015）分析了当前科技体制中存在的问题有投入多、产出少，投入与产出不成正比，科研成果转化率低，科研经费管理混乱。这些问题直接影响到万众创新的活力，因此深化科技体制改革是当前促进大众创业、万众创新的重中之重。② 中国科协（2016）“关于推进大众创业、万众创新”政策措施落实情况的评估中提出当前“双创”工作中要重视的几个问题，一是政策遍地开花，精耕细作还不够；二是政策执行中不同程度存在上面踩油门、中间挂空挡、基层不松刹车的现象；三是体制改革之后的刚性约束明显，政策难以有效落实；四是草根创业踊跃，“双创”主力军缺位；五是政策因人、因企、因制而异化现象比较普遍，普惠性差；六是面向全球创业竞争的政策准备不足。栾福明，王雨佳（2016）等人认为现行支持大众创业税收政策中存在以下问题：创业所得双重征税增加创业者税收负担；现行政策尚未切实给予创业者激励；劳务收入的税收政策不合理；当前税收政策的激励对象受限于特定人群，不利于大众创业目标的实现。③ 雷德雨（2016）认为推进大众创业万众创新遇到的难点有：创业服务体系不完善；创业创新的金融支持不足；创业创新的财税政策存在“短板”；机会型创业率低；创新创业平台支撑不足。

第三，当前创新创业文化氛围不够浓厚，尚未形成本土创客文化，影响到“双创”的长远发展。李华琴，罗英（2015）认为尽管“大众创业 万众创新”

---

① 牛冲槐，温雅钰．基于ISM的大众创业影响因素层次结构研究—以山西省为例［J］．科技进步与对策，2016（7）：28－32.

② 蒋同明．深化科技体制改革 激发万众创新活力［J］．宏观经济管理，2015（10）：22－23.

③ 栾福明，王雨佳，韩平飞．完善支持大众创业的税收政策探讨［J］．经济纵横，2016（02）：48－49.

提出已有一年之余，但是与社会关注度高形成鲜明对比的是，民众创新创业热情并没有得到显著提升，一个重要的原因在于社会没有形成良好的创新创业文化氛围。中国在2015年召开的“大众创业、万众创新”背景下的科学文化国际学术研讨会上，来自国内外十余名学者对当前科学文化发展的特点和趋势做了主题发言。不少学者谈到了当前“双创”遇到的问题和挑战，其中清华大学李正风教授谈到了作为双创主体的创客得以形成的重要条件之一——创客文化，他认为创客文化源于西方的车库文化、黑客文化和DIY文化，这样的文化基因一方面可以促进中国创客运动更为迅速的转为创业和创新，但是可能对社会持续创新能力的维系和发展带来挑战。

最后，缺乏创新创业人才制约“双创”健康有序发展。李华琴，罗英（2015）认为：创新创业的主体归根结底是人才，青年是创新创业的主力军，尤其是受过高等教育的大学生，可是当前的大学生普遍缺乏创新意识和创业能力无法胜任“大众创业、万众创新”的重担。①

五、推动大众创业、万众创新的对策

当前，关于推动大众创业、万众创新的对策探究主要集中在政策方面、创新平台建设、培养创新创业人才等方面。例如肖海阳（2015）认为要通过简政放权、小企业减税、教育驱动等方式以及借鉴国外的模式来推动我国大众创业、万众创新的进行。② 李春华（2015）认为推动大众创业万众创新的关键在于创新环境的建立，推进和保护创新、促进科技资源开放共享，加快众创空间的建设，才能更好的促进大众创业和万众创新。③

第三节　关于“大众创业、万众创新”相关制度政策研究

李兴山（2015）通过对浙江大众创业、万众创新的实践研究，认为建立必要的法律法规制度是激励和保护大众创业、万众创新的重要保证。④ 周琳（2015）认为，政策是政府发挥作用的载体与依据，是大众创业、万众创新的重要来源。⑤ 曾红颖（2015）认为推动大众创业、万众创新的关键在政策的进

---

① 李华琴，罗英．基于大众创业万众创新制度设计研究［J］．科学管理研究，2015（6）：17.
② 肖海阳．大众创业万众创新—时代的引擎［J］．天津经济，2015（5）：28－35.
③ 李春华．为大众创业万众创新营造良好环境［J］．今日科技，2015（3）：5－7.
④ 李兴山．从浙江发展看大众创业、万众创新［J］．经济观察，2015（05）：31.
⑤ 周琳．基于创新驱动发展战略的创业创新绩效研究［J］．经济问题，2015（05）：124－129.

一步细化，要着力破解创业服务供给匹配的错位与缺口难点，注重个性化解决方案，营造更好的市场环境，改进社会传播策略与方法，营造长效创业氛围，大力发展咨询、开发、设计等嵌入式服务。① 中国科协（2016）“关于推进大众创业、万众创新”政策措施落实情况的评估中认为要聚焦“双创”生力军，加大政策的精准支持；加强政策协同，把政策措施落实的重点放在基层，建设互联互通的国家“双创”公共服务平台。② 胡志强（2015）认为当前推动“双创”的重点在于创造公平创新的环境，政府要从制度上和政策上努力，面向所有的创新主体，建立更为广泛、便捷、能够响应所有创新主体需求的公共知识传播基础设施。

2015 年，国家工商总局局长张茅在《深化商事制度改革 推进大众创业万众创新》一文中谈到商事制度改革是稳增长、促改革、调结构、惠民生的重要举措，要进一步深化商事制度改革，加快推进“三证合一”改革，简化和完善企业注册流程，积极探索事中事后监管新模式，加大对小微企业发展的扶持力度，特别针对众创空间等新型孵化机构集中办公等特点，鼓励各地结合实际，简化住所等级手续，为创业提供工商注册便利。③

范云鹏（2016）通过对山西省煤炭、纺织、制药、钢铁、食品等五个行业实地调查研究，提出政府创新政策的着力点在于：一是继续加大大众创业、万众创新相关政策的整体推进力度；二是重点加强环境政策的培育和完善；三是注重大众创业、万众创新政策协调性与倾向性。④ 牛冲槐，温雅钰（2016）通过对山西省太原、临汾、运城等 11 个地级市的问卷调查研究，提出个人、市场、政府在大众创业过程中均发挥重要作用，并对此提出相应的对策建议：政府应建立完善创业扶持的相关政策，处理好个人、市场和政府之间的关系。郭曼，郭雷风（2016）认为要重视大众创业生态体系建设，注重大众创业政赏的落实和完善，发挥财政资金的引导作用，注重产业集群化发展和创新孵化模式对青年创业者的引导作用。郭铁城（2015）认为，自主创新不是少数人的事业，必须调动和激发大众创新的积极性，要系统解决大众创新带来的政策挑战，建立与大众创新匹配的政策体系，同时要通过政府采购支持大众创新，促进大众创新与实体经济的融合，将大众创新机制引入国家创新体系。⑤

---

① 曾红颖．“双创”的实施进展与建议［J］．宏观经济管理，2015（12）：21.

② 中国科协“关于推进大众创业、万众创新”政策措施落实情况”第三方评估课题组：“推进大众创业、万众创新”政策措施落实情况的评估［J］．科技导报，2016（10）：61.

③ 张茅．深化伤势制度改革 推进大众创业万众创新［J］．人民论坛，2015（05 下）：8－10.

④ 范云鹏．创业政策对大众创业、万众创新影响的实证分析—以山西省为例［J］．经济问题，2016（9）：91.

⑤ 郭铁成．迎接大众创新的时代［J］．红旗文稿，2015（7）：21.

（一）关于创新创业文化建设的相关研究

目前，有不少研究成果分析了创新创业文化对创业的重要作用，辜胜阻（2007）认为积极的创业文化是创业者的精神动力和发动机，具有凝聚、导向、约束和激励的功能，对创业活动产生重大的潜移默化的作用。中国科协书记处书记王春法（2015）认为，推动科学文化发展，就是要促进科学文化与传统文化的有机融合，让科学的价值注入传统文化的机体，催生富有理性、活力和创新意识的全新文化形态。袁江洋（2015）认为我们必须把科学文化发展过程看做一种普遍的理性主义的价值系统和各种本土文化相融聚的过程。郑念（2015）认为，科学文化建设是推动大众创业、万众创新向着健康方向发展的重要条件之一，科学文化建设是一个不断形成并传播扩散的过程。当前科学文化建设要与中国传统文化相结合；建立和完善科学文化教育体系；建设社会化的科学文化宣传网络；加强科教基础设施建设，为受众提供良好的学习资源；推动科学精神与科学文化社会主流价值构建；重视对于基层科学文化建设。董亚峥（2015）提出要建立一个以“科学共同体”为中心的科学文化测评体系。[①] 中国科协“关于推进大众创业、万众创新政策措施落实情况”第三方评估课题组（2016）提出要聚焦“双创”生力军，加大政策的精准支持，在政策的细化和深化上下功夫，同时要加强政策协同，把政策措施落实的重点放在基层。加大部门间的协调力度，增强系统性，构建统一开放的政策空间和制度空间。

（二）发挥创业平台在创新创业中的作用

中国科协“关于推进大众创业、万众创新政策措施落实情况”第三方评估课题组（2016）提出要建设互联互通的国家“双创”资源分散重复、封闭孤岛、碎片化等问题为突破口，按照开放、协同、融合共享的原则，建立服务全社会的创新创业公共基础设施。[②] 陈雪，张志彤（2016）在《新型研发机构在助推“大众创新、万众创业”中的作用及发展思考》一文中，系统论述了新型研发机构在“双创”中的作用。要注重新型研发机构的推动作用，进一步明确新型研发机构的优势功能，扬长其创新孵化作用，为科技创新提供取之不竭的“新能源”；重视借鉴各地的先进做法，丰富新型研究机构的支持方式，形成带动和集群效应；做好新型研发机构的顶层设计工作，引导研发机构健康发展；采取更加灵活的方式支持新型研发机构的创新发展，推进新型研发机构创新发展，发挥其在大众创业、万众创新中的重要作用。

候珺然（2012）认为要重视完善大众创业载体环境建设，从总体情况看，

---

① 张利洁，董亚峥，张楠．“大众创业、万众创新”背景下的科学文化国际学术研讨会综述［J］．科普研究，2015（06），109．

② 中国科协“关于推进大众创业、万众创新政策措施落实情况”第三方评估课题组．推进“大众创业、万众创新”政策措施落实情况的评估［J］．科技导报，（10）：68．

我国企业的创新创业能力还不强，要改变这种状况，除了企业自身的努力之外，政府要营造更加良好的创新创业环境。[①] 天津经济课题组（2015）提出要抓好产业集聚区、专业园区、农民创业园、创新创业综合体等各类载体平台建设，在城市打造出鼓励科技研发成果产业化的高端创新产业链条，形成创新创业的浓厚氛围。

（三）关于培养创新人才的对策研究

李克强（2015）在《催生新的功能 实现发展升级》一文中提到："有人说，美国的创客和极度痴迷于创新的极客，1/3 在高校，1/3 在自家车库，1/3 在孵化器。中国有 9 亿多劳动力，目前全国高校在校总人数达到 3500 多万（包括高等职业学校等），每年有 700 多万高校毕业生，这是独一无二的资源，如果能够投入创新，力量难以想象。"因此，大众创业、万众创新健康顺利推进的关键在于创新人才的培养。

李兴山（2015）认为大力发展教育和科技事业是促进和保证大众创业、万众创新的坚实基础，要在办学方针上注重规模扩张向注重质量提高转变；在培养目标上，实行由注重学分、学历教育向注重素质、能力教育转变，在教学改革上，要实行由注重招生办法改革向注重教学方式改革转变。辜胜阻等人（2008）提到要提升创业教育的地位，提供改进创业教育教学内容，改变创业教育模式，从而加强对学生的创业教育，提升大学生的创业意愿和创业技能。[②] 王玉帅等人（2009）主张要在中小学教育中强化自信、独立、创新精神的教育，在高等教育中普及创业教育，调动社会组织的力量举办提升创业技能的各类培训，形成完善的创业教育政策支撑体系。[③] 杜刚（2015）认为在"大众创业万众创新"的背景下，高校的人才培养模式要同时进行创新，要注重理论教学和实践教学的结合，完善创业救援系统，鼓励学生迈向社会，加强学校和企业的合作，为学生争取更多的创业机会。[④] 天津经济课题组（2015）认为未来打造"大众创业、万众创新"经济引擎必须发挥教育驱动的作用，培养创新型人才，没有创新的教育是不可能完成的。因此，要将创业教育纳入高校教育，切实推动专业与产业对接，专业课程内容与职业要求对接，通过教育改革和教育创新培养创新型人才。雷德雨（2016）认为地方政府可以创立新兴产业创业投资引导基金和科技成果转化基金，以及支持大学生、科研人员、留学归国人

---

① 候珺然．日本产业竞争力研究：战略创新与新的经济增长点［J］．日本问题研究，2012（4）：21－24．

② 辜胜阻，肖鼎光，洪群联．完善中国创业政策的对策研究［J］．中国人口科学，2008（1）．

③ 王玉帅，黄娟，尹继东．创业政策理论框架建构及其完善措施——创业过程的视角［J］．科技进步与对策，2009（10）．

④ 杜刚．"大众创业 万众创新"背景下高校创业人才培养模式研究［J］．时代金融，2015（5）：174－175．

员、农民工回乡创业等相关基金，开展创客教育，支持大学生创业创新，提高科研人员待遇，完善科研人员科技创新激励机制，促进各类创新要素自由充分流动，鼓励国有科研机构和大学科研人员到企业兼职，推动科研成果同市场接轨，强化产学研结合平台建设。

研究述评通过对国内外有关创业创新文献的回顾和梳理可以发现，学术界很早就开始开展对创新创业的研究，管理学、经济学、社会学、教育学等学科针对创新创业的内涵、影响因素、路径、对策等方面开展了研究，对于创新创业的分析框架、实施模式、评价体系提出了很多观点和见解，成果相当的丰富，研究方法和研究手段趋于多元化，目前的一致性结论是创新创业是未来经济社会发展的趋势，是激发社会、个人活力的重要手段，对人类社会发展有着重要的意义，各个国家和地区都要培育创新创业的环境，鼓励大众创业、万众创新。在此过程中，政府相关政策至关重要，特别是对于发展中国家而言，要针对创新创业实施商事制度、税收政策、知识产权保护等相关方面的政策改革和法律、法规制定。创新创业文化的培育至关重要，当前西方的车库文化、黑客文化、DIY 文化、硅谷文化是创新创业文化的基因，各个国家要结合本国文化实际，培养孕育适合本国发展的创新创业文化，形成科学文化科学精神。另外，要重视平台建设，打造各类创新创业平台，特别是创客空间、孵化器、众筹空间等直接为创新创业服务的各类基础平台建设。当然，人是创新创业的主体，人的发展是创新创业的关键，教育要承担起对创新型人才培育的重担，企业、科研机构也要加大对人才的扶持和培养力度，创造创新型人才发展的良好环境。这些研究成果都给本研究提供了理论基础和研究思路。值得注意的是，相比国外，我国关于创新创业的研究还处于起步阶段，至今还没有形成完善的创新创业研究理论体系，存在如下问题和不足：

第一，在研究方法上，国内的研究成果多数采用经验描述法，对创新创业研究的模型推导比较少。尽管有不少人针对创业创新开展了一些实证调研，但是实证分析方法单一，对创新创业的定性研究比较多，为数不多的研究采用了问卷调查方法和简单的统计描述，个案研究、定量研究相对比较欠缺，提出新的研究方法和理论框架比较少。研究领域和对象存在碎片化的问题，因此提出的对策可操作性不强。

第二，在研究内容方面，国内学术界主要侧重于对创新创业的影响因素的探索，认识到创新创业政策的重要性，但是在政策体系的整体性、综合性和针对性方面研究比较匮乏，关注的问题主要是创新创业过程中存在的具体问题，研究内容相对比较狭窄。而且，针对某一具体区域的研究较少，多数属于宏观性研究，研究对象不确定，针对性不强。

第三，在研究视角上，突出整体性研究，忽略创新创业的区域不平衡性，并且鲜有成果从综合性的视角、从体系和整体上分析大众创业、万众创新在某一区域的实践过程。从现实的情况看，创新创业过程涉及到多个环节，每个环节都对创新创业有着直接和间接的影响，最终影响着创新创业的成功与否，因此，对创新创业的研究要针对不同区域展开，不能一刀切，而对某一区域的研究要有整体性，从动态发展的过程探究发展策略。

基于创新创业研究现状，本文拟要解决的问题是，深入分析大众创业、万众创新在北京市海淀区的实践现状和问题，就如何构筑海淀区大众创业、万众创新蓬勃发展提出对策和建议，从多个角度发现目前海淀创新创业取得的成果以及当前制约海淀创新创业发展的因素，力图从整体上描绘出海淀创新创业的图景，探究海淀创新创业的路劲，为海淀区委、区政府有效地推动大众创业、万众创新提供有价值的理论成果。

第一章　海淀推动大众创新创业历史发展

1947年国民党北平市政府决定将郊区分为八个区，海淀南部分属十六、十七、十八、十九区。1949年1月，当时的十七、十八区成立中国共产党区级组织，1949年7月设置单一行政区域，当时称“北平市第十六区”。后两次更名，于1952年9月1日命名为“海淀区”。1955年4月16日，海淀区人民政府改组为海淀区人民委员会。1963年海淀现辖区域形成，延续至今。70年代末起，在海淀区辖域内陆续设置了若干具有特殊形式的街道办事处，即“大院”街道办事处。2002年11月，海淀区机关由临时驻地皇苑大酒店迁至位于长椿桥路17号的新办公大楼。海淀在不同的发展阶段，提出并实施了促进经济社会全面发展的战略目标，这些战略目标的形成与实施，为海淀的发展理清了思路，明确了方向，有成功经验也有战略规划上的不足和教训。推进海淀在新的起点上有新发展，必须深刻总结历史经验，着眼新定位新要求，制订更加科学的发展战略，引导海淀实现全国科技创新中心核心区的目标。

第一节　推动创新创业发展的主要阶段

第一阶段（1949至1978年）：建立与科教之区相配套的设施，为大众创新创业提供条件

背景：解放前，海淀地区基本是农村，只有少量的现代建筑，石砌、柏油路稀疏狭窄。桥梁多为木桥，城乡基础设施不完善，市政管理几乎没有。北平解放不久，中共北平市委市政府开始考虑首都建设总体规划，邀请专家进行多方面研究考察和论证，形成了《北京市将来发展计划的问题》报告，提出把今海淀地区初步定为西效文教区。在此阶段，海淀建立新政权，恢复农业生产，完成土地革命、扶持工商业发展，国民经济逐渐恢复、发展。从20世纪50年代开始，海淀按照首都城市规划和科教文化区的定位，在万寿路、永定路、八里庄、北太平庄等街道范围内，先后建成众多中央和国家机关、部队机关，高

等院校以及省市驻京办事处办公用房及其附属设施。中国科学院、北京工业学院（今为“北京工业大学”）、航天学院（今为“北京航空航天大学”）、钢铁学院（今为“北京科技大学”）等八大学院落户海淀。同时，海淀城乡建设摆上议事日程，开始治理泄水湖，建设城市大院民居，改善城乡卫生、道路条件和邮电通讯设施。

实施情况：1949 年 3 月，中共中央和人民解放军总部进驻香山，以后中央党政军许多领导机关入驻海淀。在北京市委领导下，海淀进行土地改革、镇压反革命、抗美援朝、“三反”“五反”等运动，巩固新政权，并完成了农业、手工业、资本主义工商业的社会主义改造。1950 年海淀确定为“文教区”，开始大规模建设，一大批科研院所和高等学校入驻，到 50 年代末形成了中关村科学城和高校集中区。这一时期海淀发展战略的重点在农村，全区农业基本生产条件得到改善，蔬菜生产基本满足城市需求。但是，由于受到文化大革命的冲击，海淀一度成为运动的“重灾区”，政治、社会、经济秩序混乱，发展受到很大影响。1971 年 4 月，中共海淀区委恢复，全区广大党员、群众在实践中逐渐觉醒，对“左”的错误进行抵制和斗争，海淀发展战略在曲折探索中取得进展。1977 年海淀农村总收入 13152 万元，工业总产值 14132 万元，财政收入 4689 万元。

第二阶段（1978 至 1988 年）：工作重点从农村转向城市，实施科教兴区战略

背景：经过 30 多年建设，海淀初步改变了以农业为主、贫穷落后的城乡面貌，1980 年，海淀从实际出发提出了建设一个经济繁荣、社会安定、文化发达的美丽整洁的海淀区和以菜为主、农林牧副渔全面发展的农工商综合经营的首都副食品基地构想。1981 年，北京确定海淀区由近郊区改为城区。

目标：两区一基地发展。1984 年 11 月，海淀区第四次党代会提出“坚持改革、发挥优势、服务首都、繁荣海淀”的发展方针，确立“两区一基地”发展战略，即：建设舒适方便的文化旅游区，智力技术密集的新技术、新产业开发区，服务首都、富裕农民的稳定的副食品基地。1987 年中央书记处书记芮杏文、中央办公厅主任温家宝组织相关人员对中关村电子一条街进行了调查，并写出专题报告，提出创办中国第一家新技术产业开发区设想。在空间布局上以“南北中经济社会发展”为战略，是指海淀区准备用 5 ~ 10 年时间，在现有基础上，逐步形成南部以北京西客站为中心的商业、服务业经济区，中部以上地信息产业基地和白颐路沿线高科技为中心的高科技经济区，北部以山后致富工程为中心的新农村经济区。

实施情况：突破体制束缚，简化行政审批手续，改革利益分配方式，探索“知识报国、产业报国”路径。民营科技企业实行“不要国家编制，不要国家投资，自筹资金、自由组合、自主经营、自负盈亏、自我约束、自我发展”的

“两不六自”原则。这一原则打破了当时计划经济时代科学技术发展的枷锁，使科技人员开始能支配一部分科技转化的财富。党的改革开放政策为中关村通往世界打开了大门。1978 年和 1980 年，中国科学院组织代表团到美国考察，陈春先作为考察成员在参观中发现，中关村与硅谷在人才密集度上极为相似，设想利用中科院的资源搞“中关村科技特区”作为新技术扩散的开发试验区。1982 年中央领导肯定了陈春先的探索设想，改革的热情空前高涨，柳传志、王洪德、陈庆振、王殿儒等人纷纷走出科研院所创办科技企业。中关村规模最大的公司为四通、信通、科海、京海公司等，“两通两海”公司迅速发展，科技与经济进一步融合。20 世纪 80 年代，中关村高科技企业面临资金缺乏、市场需求不明朗、技术水平落后等问题，代理国外公司产品成为解决这些问题的首要选择。当时大多数中关村高科技企业利用作代理商的机会，逐步壮大自身的力量，开始涉足高新技术产品的生产加工、技术研发等活动，开创了“贸工技”商业模式。四通集团将日本三井物产的日文打字机汉化为中文打字机，被业内专家称之为“中国文字处理的一次革命”，开“二次创新”之先河；1985 年联想汉卡研制成功，解决了在电脑中使用汉字的难题，奠定了计算机在我国普及和应用的基础；1987 年，北大王选教授开发的汉字字模式信息压缩技术，被应用到北大方正激光照排系统的核心部件的开发中。1987 年海淀农村总收入 100639 万元，工业总产值 92746 万元，财政收入 27754 万元。

第三阶段（1988 至 1999 年）：以中关村开发试验区建设为重点，推进大众创新创业

背景：1988 年 5 月，“北京市新技术产业开发试验区”成立，对外开放进一步扩大，把“引进来、走出去”作为产业发展的重要目标之一。把四通等 11 家合资公司引进来。从此，中关村的发展迈入了新阶段。越来越多的企业采取引进与创新相结合或在自己的技术专长领域自主创新的形式创新技术与开发产品。中关村作为我国第一个国家级高新技术产业开发区，成为推动“科教兴国”战略实施，实现两个根本性转变的综合改革试验区。

实施情况：这一时期，中关村诞生了一批璀璨的技术创新成果。1988 年，华海新技术开发公司研制 HCS－I 型多功能微机核子秤填补了国内空白；1992 年，联想 ERSA486/50 微机及测试系统获国家科技进步一等奖；1993 年，联想推出我国第一台 586 微机，为我国计算机产业的腾飞夯实了基础；1997 年，新奥特推出我国第一台多媒体非线性编辑系统 NC97；1989 年，试验区制定了《北京新技术产业开发试验区 1989－2000 年发展规划纲要》，加大对生物技术、新材料等产业支持，其中生物技术与新材料产业销售额平均增长速度均超过 20%，光机电发展成为试验区第三大高技术产业，产值占试验区总产值的 14% 左右。形成了电子信息、新材料、生物工程、光机电等多个产业共同发展的格局。王码、华讯、太极等一大批具有自主创新能力的科研院所、高校、留学生

创办的科技企业在这里崛起。老一代中关村企业也取得跨越性的发展，引领中关村发展大步向前。1998 年，海淀农村经济总收入实现 79 亿元，工业产值 327 亿元，财政收入 17 亿元。

第四阶段（1999 至 2009 年）加快核心区建设步伐，激发创业活力

背景：1999 年 6 月，根据国务院《关于建设中关村科技园区有关问题的批复》精神，北京市政府决定将“北京市新技术产业开发试验区管理委员会”更名为“中关村科技园区管理委员会”。试验区更名为中关村科技园区海淀园，面积扩大为 217 平方千米。2000 年北京市人大通过对《中关村条例》的审议，明确“法无明文规定不为过”“企业设立时可以不限制经营范围”“为引进人才突破了制度障碍”“对政府‘不作为’的法律责任进行了明文规定”。中关村又陆续出台了《有限合伙管理条例》《中关村科技园区投诉办法》《中关村科技园区发展专项资金使用管理办法》等条例配套文件，使中关村高科技企业有了一个发展、创新的特殊制度环境。

实施情况：建立产业公共平台、联合实验室及人才流动机制，使区域内大学、科研院所、企业之间的联系日益密切。形成了包括中关村创意产业联盟、TD－SCDMA、闪联、AVS 等在内的以市场为导向的十多个产业联盟和技术联盟，各类创新主体协同创新的局面初步形成，有效地促进了园区企业自主创新能力以及区域整体创新能力的提升。2007 年，海淀园出口创汇 27 亿元，同比增加 8.7%。中关村通过积极承接国际服务外包转移，打造了文思创新、软通动力、博彦科技、用友软件等一大批软件外包企业，成为我国承接国际软件外包的核心区。2008 年，全区完成区级财政收入 136.22 亿元，同比增长 17.8%。区级财政支出 171.37 亿元，增长 11.4%。

第五阶段（2009 至 2013 年）推进海淀区新一轮创新发展，提升创业水平

背景：2009 年，经国务院批复，同意在海淀园建设中关村国家自主创新示范区核心区。海淀北部生态科技新区率先提出建设中关村创新中心区（CID），按照产城融合理念，以创新产业驱动城市繁荣。2009 年 7 月，海淀区政府发布《关于加快推进中关村西区业态调整的通告》，拉开了西区业态调整的序幕。2011 年 5 月，《中关村西区业态调整规划（2011 年—2015 年）》正式实施。

功能区发展：2010 年 12 月，中共海淀区委十届十二次全会将中关村国家自主创新示范区核心区建设写入“十二五”规划建议，全区划分为北部研发服务和高技术产业聚集区、中部研发与技术服务、高端要素聚集区、西北部高端休闲旅游区、南部商务服务和文化创意产业区。2013 年 12 月把四个功能区调整为北部生态科技新区、南部中关村科学院城、中部“三山五园”历史文化景区。

实施情况：这一阶段，海淀区明确了产业集群的发展目标、发展路径和具体支持措施，规划了七大战略性新兴产业近中期发展目标。设立核心区国际创

新发展基金，以资本为纽带与国际知名园区、知名机构合作，引进全球领先技术。建立了面向全球的产业技术联合研发机制，支持产业联盟牵头建设国际化产业技术开发研究院，开展跨国技术研发、技术转移和成果转化。中关村西区业态逐步升级，海龙、鼎好（微博）、亿世界调整为高端创新业态形式，逐步成为高科技产品的发布、展示、体验、销售和售后服务一体化的展示区。并通过有效管理和专业培训，提升了从业人员水平，提高电子产品销售的服务质量。2013 年全区实现地区生产总值 3835.2 亿元。

第六阶段（2013 年至今）建设全国科技创新中心核心区，营造创新创业良好环境

背景：海淀区发布《进一步加快核心区科技创新发展实施方案（2013－2015）》以及《海淀区“6＋1”战略性新兴产业技术路线图》，制订《海淀区优化创新创业生态环境支持办法》《海淀区激发科技创业活力扶持办法》《海淀区提升企业核心竞争力支持办法》《海淀区促进重点产业发展支持办法》和《海淀区技术创新项目市场化评价实施细则》，明确了产业集群的发展目标、发展路径和具体支持措施，规划了七大战略性新兴产业近中期发展目标。方案和路线图的发布是率先打造中国经济升级版的行动指南，是助力实现中国科技强国梦的加速器。按照《实施方案》的规划，海淀区核心区高新技术产业总收入将达 1.6 万亿元，占示范区总收入超过 40%；围绕导航和位置服务、下一代互联网和移动互联网、集成电路设计、云计算、新能源和环保等将形成 2～3 个千亿级产业集群，40 家百亿级行业领军企业，100 家十亿级特色企业，境外上市企业规模总数将达到 55 家，新增跨国公司地区总部和研发总部 20 家。高新技术企业 R&D 占总收入比重将超过 6%，年发明专利授权量将达 1.7 万件，依托龙头企业、产业联盟掌握一批产业关键核心技术，主导和参与制定一批国际标准，转化一批带有颠覆性和国际影响力的科研成果和产业化项目，聚集一批占据世界科技和产业前沿的顶级研究团队和高层次人才，抢抓新一代信息技术、智能制造、节能环保等战略产业技术价值链高端，发挥核心区制度创新引领示范作用。2014 年 2 月 26 日，习近平总书记视察北京工作并发表重要讲话，指出北京建设“四个中心”就是政治中心、文化中心、国际交往中心和科技创新中心，“一个目标”则是建成世界一流的宜居城市。2014 年 7 月，北京市委明确海淀区“实际上承担着首都功能核心区、科技创新中心核心区的职能”。区委十一届八次会议明确了建设全国科技创新中心核心区的奋斗目标。全国科技创新中心核心区是中关村国家自主创新示范区核心区的继承和发展，以前所讲的“核心区”是海淀一部分，现在的“核心区”指的是海淀全区。目前全国仅此一家，责任重大，使命光荣。

实施情况：李克强总理两次来到中关村，具体指导中关村创业大街工作，北京市主要领导深入海淀调研，明确海淀发展的工作思路和工作重点。区委区

政府先后多次召开会议研究部署建设全国科技创新中心核心区工作，明确具体任务，深化先行先试，加大中关村创业大街建设，在疏功能减人口的同时，促进大众创业创新和京津冀协同发展，推动管理体制改革和各项改革政策的精准落地，相关方案计划有序展开。据统计，2013 年，北部新区有 50 个共 310 万平方米的产业项目实现开复工，11 个项目实现竣工投产。软件园二期已全面开工建设。落户海淀北部的科技企业有 700 多家，从业人口达 8 万余人。2015 年海淀区实现区级一般公共预算收入 357. 5 亿元，同比增长 13. 1% 。城乡居民人均可支配收入 6. 2 万元，同比增长 7. 6% ，高于地区生产总值增速。2017 年上半年，地区生产总值 2568. 6 亿元。

建立军民融合科技创新工作机制。搭建军民融合服务平台，组织专门力量，对接市经信委、中关村管委会，加强与军方和军工集团的联系。加快推进军民融合产业基地建设，形成创新能力强、产业聚集度高、优势突出、竞争力强的军民融合产业集中区。设立产业专项基金，支持军工科技成果向民用产品转化，鼓励开展军民两用技术成果转化和产业化应用。

探索企业国际化发展促进机制。总结软件园中以创新发展基金经验，推广设立核心区国际创新发展基金，聚焦“6 + 1”重点产业领域，以资本为纽带与国际知名园区、知名机构合作，引进全球领先技术，为园区企业国际化发展提供增值服务。建立面向全球的产业技术联合研发机制，支持产业联盟牵头建设国际化产业技术开发研究院，整合全球技术创新资源，开展跨国技术研发、技术转移和成果转化，主导或参与制定国际标准，增强国际话语权。建立国际市场联合开拓机制，支持龙头企业和产业联盟发起成立国际性行业协会、产业联盟，整合产业链上下游企业抱团开拓国际市场。

有序转移和京津冀一体化发展。围绕首都科技创新中心定位，统筹国家战略要求和区域自身发展，聚焦核心区具有发展基础和竞争优势的增材制造(3D/4D 打印)、合成生物技术、纳米新材料、机器人技术，制定支持先进制造技术创新转化的专项行动计划，抢占先进制造技术发展的战略制高点。采取品牌换空间、合作共建园区等有别于传统“飞地经济”的新型合作模式，坚持企业需求导向，与符合条件的地区开展合作，推进核心区产业有序转移。积极探索分园区、分阶段、分项目的多元化的利益共享机制，实现输出地、输入地和企业三方共赢。2015 年海淀区实现区级一般公共预算收入 357. 5 亿元，同比增长 13. 1% 。城乡居民人均可支配收入 6. 2 万元，同比增长 7. 6% ，高于地区生产总值增速。

第二节　创新创业推动发展形成“升级版”

一、促进了政府体制改革和管理创新

海淀一批富有开拓精神的知识分子，率先把科技与经济结合起来，促进了技术市场的开放，探索出一条适合中国的有利于科技发展的大道。科技企业的创办，打破了旧的科研管理方式，初步建立起产学研相结合的更有成效的科研模式。

二、促进了经济结构优化和高新技术企业的发展

海淀民营企业的创办原则、发展模式，推动了技术与市场的有机结合，改变了传统企业的计划经营方式，释放了科技创新的巨大能量，为以计算机、电子技术、新材料、医药生物工程为主的高新技术支柱产业发展开辟了路径。第三产业中信息传输、计算机服务和软件业以及金融保险业等新兴行业迅速发展，成为经济增长新动力。海淀区产业结构升级进程一直在全市乃至全国处于领先水平，产业高端化发展的特点日益突出，成为支撑海淀区经济稳定增长的重要因素。

三、改变了海淀的社会经济发展格局

改革开放前，海淀是北京的近郊区，是一个以农业为主业的区域。通过核心区建设和带动发展，海淀区完成了从农业经济向高新技术产业、知识经济的“华丽转身”。30 年前仍然停留在“刀耕火种”的中关村，今天已变身为海纳 2 万多家高新技术企业的中国“硅谷”。

四、推动了服务型政府的建立

在电子一条街和核心区建设过程中，中央和北京市给予了大力支持，中共海淀区委区政府敢于担当，率先进行政府职能转变的创新探索，取得了行政体制改革的突破性进展。一是坚持党政部门不干涉民营科技企业的经营活动，使他们成为真正的创业者、生产者和经营者，最大限度保护企业自主权。二是积极主动为企业经营创造条件。在计划经济时期，中共海淀区委区政府就采取一事一议和“碰头会”方式，解决企业面临的实际困难和政策瓶颈。园区成立了“一站式”服务大厅，尽可能地减少审批权限，更多地强调为企业、产业发展提供服务；率先运用先进的新信息网络技术，建设“数字园区”电子政务系

统，探索政府信息化管理和服务新模式；中关村管委会与海淀园管委会[①]出台了“中关村科技园区专利促进资金”、《中关村创业投资引导资金种子资金投资管理办法》、“绿色行动”等一些列政策措施，促进了园区科技成果产业化。

五、培育了中关村创新创业文化

中关村的创新是全方位的，不仅涉及人事管理、企业登记、工商税务等制度政策的改革，而且更多是表现为技术创新，推动高新技术产业的形成和发展。同时，也培育出创新创业的文化精神，凝聚创新力、生产力，引领中关村一步步探索发展、做大做强。这种文化是一种敢为人先的品质、勇于探索的精神、敢于担当的使命意识和宽容失败、融合发展、鼓励创业的氛围。这是中关村创新发展的新台阶。

六、带动辐射全国发展

海淀以其健康、持续、高速发展的态势，创造着中国高技术产业开发区的奇迹。目前，发展为一区十六园。中关村海淀园还与唐山市北区政府进行了对接，推进双方在产业方面的合作交流。以秦皇岛、溧阳、齐河三地为基础，海淀园正加强与天津、河北等环渤海地区合作，拓展与全国高新区之间的交流，推动园区产业有序转移，促进跨区域协同创新发展。

第三节 海淀推动大众创新创业的启示

一、责任担当是创新战略实施的核心

强烈的责任心和事业心是战略付诸实践的核心。海淀区历届党委班子在制订和推进发展战略实施过程中，不辱使命，勇挑重担，各级领导干部勇于担当、当好表率。在没有政策没有先例的情况下，以区域发展和人民利益为基本遵循，敢创敢试，敢于承担责任，敢于走他人没有走的路，改体制、改制度、改传统。坚持高位部署、高效率推进改革，打破固有工作模式，在全国率先推出了一系列创新举措，有力地促进了各种创业活动的展开，受到了中央和全国的高度关注，走出了具有海淀特色的创新创业发展模式。

---

① 海淀园为中关村国家自主创新示范区“一区十六园”总体布局的核心区，是中关村科技园区的发源地，是中关村战略性新兴产业策源地，是中关村人才特区、国家级科技与文化融合示范基地、国家级科技金融创新中心。2012 年，海淀园管委会与海淀区科学技术委员会合署办公，为海淀区政府统一领导协调海淀园建设管理工作和区科学技术工作的工作部门，海淀园全面进入跨越式发展新阶段。

二、找准定位是创新战略谋划的前提

战略定位是科学发展、全面发展的基础和前提。海淀发展战略始终围绕科教兴区这个主线，充分发挥区域高校多、知识分子多、科研机构多的优势，不断挖掘和整合资源，紧紧扭住科技、教育、文化这个重点，调整优化战略方案，精准定位，把握发展方向，少走或不走弯路，始终保持海淀各项工作在正确的轨道上前行。

三、政策先行是创新战略推进的根本

政策具有指向性和根本性的特点，是引领战略实施的重要一环。在改革开放的关键阶段，区委区政府抓住机会，出台政策支持民营企业发展，比如："两不六自"政策、1 +6 政策体系等，引导科技创新不断向更高层次迈进。站在新的历史起跑线上，海淀坚持先行先试，探索园区发展新模式，积极营造创业生态、培育创新环境。特别是在金融危机、国内外市场受到严重冲击时，区委区政府通过完善市场机制，改善企业发展环境，扶持和依靠市场推动更多优秀企业转型升级，为海淀的率先发展发挥了重要作用。

四、科技强区、知识经济是创新战略优势的支撑

海淀发展中不断深化科技体制改革，充分发挥众多大学、科研院所聚集的资源优势，积极推动企业与高校、科研院所联合，不断完善以企业为主体的政产学研合作机制，技术创新日趋活跃，创新能力显著提升，在许多领域取得了突破性进展。日益强大的知识创新能力使得海淀成为我国应用基础研究的重要基地，大量科技创新成果的产出缩小了我国与发达国家之间的前沿领域的科技差距，成为体现我国国家创新能力的重要标杆。

五、融合发展是创新战略目标的重点

海淀在推进发展战略进程中，注重包容发展、协同发展、开放发展、科技发展。提出共建共享共荣共赢，统筹区域资源，以园区带动、科技引领周边和全国发展，增强中心园区的集聚力和辐射力；与驻区单位协手开展横向联合经济融合，大力推动实施校地合作、军民融合、企业互助、资源共享和技术转化，促进不同单位、不同行业和城乡协调发展，以区域一体化为统领，使各片区目标定位、功能布局、产业发展、基础设施等与城市发展战略全方位对接，加强联动协作，实现良性互动、共赢发展。

六、依靠人才是创新战略保障的关键

中关村核心区的崛起与兴盛，最关键是有一大批知识精英和企业管理人才

从事市场经济。从20世纪90年代开始，海淀区聚集培育了一大批优秀产业人才，吸引海归人才8000余名。实施“千人计划”“海聚工程”“高聚工程”“海英计划”等重大工程作为人才工作的重中之重，从科技金融、知识产权、人才服务、技术交易、产品展示、科技中介等方面，为人才创新创业提供全方位支持。当前的工作重点是完善措施，打破常规，把人才留住用好。

七、国际化视野是创新战略提升的基石

思想引领行动，理论指导实践。瞄准世界先进目标，紧盯创新发展潮沉，不断开阔眼界开拓发展路径是海淀发展最为重要的一个方面。不仅善于学习成功地区的经验，更加善于在理论上进行总结和提炼。追赶先进地区，就必须首先在理论上超前，在思想上领先。着眼国际化发展新要求，推进企业走出去和重点项目引进来，做好国际化服务政策、制度的出台和落地工作，努力在关键项目关键领域取得新突破。

八、政治指导是战略发展的方向

服从大局、服务首都、保障中央是海淀发展战略得以不断推进和成功的一条主线。看工作首先从政治上标准衡量，坚定政治站位和政治定力，保持清醒的政治头脑，强化“四个意识”，高举中国特色理论的伟大旗帜。

九、坚持党的领导是战略成功的根本保证

党的领导与中国道路密不可分，在中国道路必须坚持党的领导。海淀三十年发展的事实证明，科技强区战略及实施是全区广大人民在党的领导下开创的，坚持和发展核心区战略也离不开各级党的坚强领导。中关村核心区最本质的特征是中国共产党领导、最大优势也是中国共产党领导、最根本的保障就是坚持中国共产党的领导。实现海淀新的发展必须依靠各级党的组织制定正确的发展战略和政策措施，进行科学的顶层设计；依靠党团结、带领和动员全国人民齐心协力、共同努力，把这些发展战略和政策措施很好地贯彻落实，把蓝图变成现实。

附：海淀推动创新创业指导思想

时间	名　称	内　容
1954年	北京市第一期（1954—1957年）城市建设计划要点	提出在西北文教区兴建扩建一批院校，开始在中关村建设科研机构。
1956年4月	中共北京市海淀第一次代表大会	对农业、手工业、资本主义工商业进行社会主义改造，实施大跃进和人民公社化。
1971年4月	中共北京市海淀第二次党代表大会	错误坚持“无产阶级专政下继续革命”。

续表

时　间	名　称	内　容
1980 年 10 月	中共北京市海淀第三次党代表大会	建设一个经济繁荣、社会安定、文化发达的美丽清洁的海淀区和以菜为主、农林牧副渔全面发展的农工商综合经营的首都副食品基地，更好地为中央服务、为首都人民生活服务、为旅游服务，并尽快使农村进一步富裕起来。依据城市近郊区的地位作用，提出全区四化建设的三年规划和利用科技教育优势发展海淀的方针。
1984 年 2 月	北京市城市建设规划管理暂行办法	明确海淀“山前”大部分地区为市区，提出“旧城逐步改造，近郊调整配套，远郊积极发展”的建设方向。
1984 年 11 月	中共北京市海淀第四次党代表大会	建设“两区一基地”（即适合首都特点的文化教育发达、环境优美、商业繁荣、服务优良、舒适方便的文化旅游区；智力技术密集的新技术、新产业开发区；服务首都、富裕农民的稳定的副食品基地）的经济发展战略目标。提出“坚持改革、发挥优势、服务首都、繁荣海淀”的十六字发展方针。
1987 年 10 月	中共北京市海淀第五次党代表大会	继续坚持“两区一基地”战略和十六字方针，力争全面完成“七五”计划。
1991 年 3 月	中共北京市海淀第六次党代表大会	使“两区一基地”战略再上新台阶，提出“解放思想、拓展优势、依靠科技、协调发展、促进稳定、实现小康”的指导思想。
1994 年 1 月	中共北京市海淀第七次党代表大会	提出“教育为本，科技为先，深化改革，加快发展”的方针，并在“两区一基地”战略基础上，制定了“三区”战略。到 20 世纪末，把海淀初步建设成为城乡协调发展的高新技术产业区，环境优美的文教旅游区，繁荣、安定、民主、进步的文明区。
1999 年 1 月	中共北京市海淀第八次党代表大会	发展知识经济，建设中国“硅谷”，力争用 20 年左右的时间，把海淀基本建成最具活力的知识、技术创新基地，世界一流的科技工业园区和设备先进完备、环境优美宜人、管理高效规范、社会文明进步的首都国际化现代新区。
2004 年 1 月	中共北京市海淀第九次党代表大会	建立“四型海淀”。分别为：发展富裕型海淀——力争到 2008 年实现人均地区生产总值 11000 美元、区级财力过百亿。居民生活质量接近中等发达国家水平。构筑知识型海淀——充分发挥海淀教育、科技和人才智力密集的优势，实现经济与社会协调发展。打造生态型海淀——使海淀成为生态经济、生态环境与生态文化相协调、人与自然和谐发展的典范之区。服务型海淀——挖掘整合统筹区域资源，创新现代服务业发展思路，着力提升功能型服务业，大力发展知识型服务业，延伸发展生产型服务业，打造以文化、教育培训、

续表

时间	名称	内容
2004 年 1 月	中共北京市海淀第九次党代表大会	金融、旅游、体育、物流、中介服务等产业为主的具有海淀特色的现代服务业体系，进一步增强“四个服务”的能力和城市的活力。以群众事务呼叫中心为平台，通过一口受理、一口回复、分拣转办、实时监督的方式，整合区长信箱、城管广播、便民电话、行政投诉热线和其他有关便民热线，为群众提供方便、快捷、全天候、高品质的政府服务。
2009 年 1 月	中共北京市海淀第十次党代表大会	“新跨越、新海淀”战略构想顺应全区人民的意愿，符合海淀的实际，同时随着时代发展也要赋予新的境界和内涵。“新跨越”就是要使海淀发展全面纳入又好又快的科学发展轨道，努力实现从全面小康向现代化的跨越；“新海淀”，就是要在建设“四型海淀”、构筑“六地框架”的基础上，努力把海淀建设成为富裕民主文明和谐的首善之地。面对新的征程，全区上下必须同心同德、再接再厉，在具有灿烂历史和优良传统的海淀大地上，谱写新篇章，铸就新辉煌。
2011 年 12 月	中共北京市海淀第十一次党代表大会	把率先形成创新驱动发展新格局、率先形成城乡一体化发展新格局、率先形成社会管理服务创新新格局、率先形成文化大发展大繁荣新格局，作为建设具有全球影响力的科技创新中心目标的载体和抓手，努力实现战略性新兴产业策源地示范引领作用进一步增强、综合经济实力进一步增强、人民生活幸福安康、生态环境更加优美宜居、文化发展软实力进一步提升、社会更加和谐的奋斗目标。
	中共北京市海淀区“十一五”规划纲要	海淀未来发展，关键在农村，基础在城市，优势在区域。要从海淀现代化建设的全局出发，下大力气统筹城乡、区域协调发展，以新的视野推进新农村建设和市化，树立现代化城市功能拓展区的形象，建立优势互补、良性互动的区域协调发展机制。
	中共北京市海淀区“十二五”发展规划(2011—2015 年)	建设中关村国家自主创新示范区核心区，实现海淀经济社会新的历史性跨越、深度战略性转型，未来五年海淀将围绕这一战略重心，彰显高标准发展、创新发展、协调发展、服务发展的新时期特色。 以科学发展为主题，以加快转变经济发展方式为主线，以推动科技创新和深化改革开放为动力，以更高标准保障和改善民生为根本出发点和落脚点，着力提高“四个服务”水平，举全区之力加快建设环境优美、和谐宜居的高科技核心区，初步建成具有全球影响力的科技创新中心，在建设“人文北京、科技北京、绿色北京”中作出表率，为首都打造国际活动聚集之都、世界高端企业总部聚集之都、世界高端人才聚集之都、中国特色社会主义先进文化之都、和谐宜居之都和建设中国特色世界城市作出重要贡献。

续表

时间	名称	内容
2015 年 12 月	海淀区“十三五”规划纲要	牢牢把握首都中心城区功能定位，大力推进“大众创业、万众创新”，积极探索中关村国家自主创新示范区与全国科技创新中心融合发展的有效途径，加快建设环境优美、和谐宜居的全国科技创新中心核心区，加快推动经济提质增效升级，全面建成小康社会。 创新创业对经济发展的贡献不断提高。到 2020 年之前实现地区生产总值和城乡居民人均收入比 2010 年翻一番。海淀园总收入年均增速达 10%，高新技术产业增加值占地区生产总值 65% 以上。 疏功能减人口取得突破性进展。全区常住人口总量控制在 312.6 万人以内。 公共服务和民生保障更加有力。“四个服务”水平进一步提高。社会更加和谐稳定。人民群众共建共享的获得感进一步增强。 城市生态环境质量明显改善。污水处理率大于 99%，生活垃圾无害化处理率达 100%，城市绿化覆盖率达 53%。 城市文明程度显著提升。市民综合素质明显提高，崇德向善的社会风尚更加浓厚，以改革创新为核心的中关村精神广泛弘扬。
2016 年 12 月 9 日	中共北京市海淀区第十二次代表大会	深入学习贯彻习近平总书记系列重要讲话精神，坚决贯彻中央和市委的决策部署，围绕“五位一体”总体布局和“四个全面”战略布局，全面落实五大发展理念和首都“四个中心”城市战略定位，深入实施《京津冀协同发展规划纲要》和《北京加强全国科技创新中心建设总体方案》，以提质增效升级，强化创新能力为中心，以“减人、添秤、服务”重点工作格局为支撑，统筹推进各项事业发展，举全区之力加快全国科技创新中心核心区建设，为建设国际一流的和谐宜居之都和创新型国家作出更大贡献。

第二章　推动大众创新创业主要路径

第一节　以园区建设带动大众创新创业

一、科学定位中关村核心区科技创新发展方向和目标

明确的功能定位是中关村核心区发展的前提，世界各国自贸区功能根据其时其地环境状况的改变而不断调整，从而解决区域经济发展不平衡问题。海淀按照中央和北京市要求，秉承面向世界、辐射全国、创新示范、协同发展、引领创业，适应国际化信息化发展趋势，创新形式，根据区位特征和经济发展基础，引进国内外优势产业、高新行业、龙头企业和著名品牌，培育壮大特色优势产业，推进中关村核心区创新创业快速发展。重点确立“深化改革先行区、开放创新引领区、高端要素聚合区、创新创业集聚地、战略产业策源地、环境优美宜居地”的战略定位，明确服务首都建设世界城市，力争到2020年，中关村核心区示范区创新环境更加完善，创新活力显著增强，创新效率和效益明显提高，总收入达到15万亿元的目标，努力在机器人产业、智能芯片、软件及信息服务、生物医药、新能源新材料等领域中形成3～5个拥有技术主导权的产业集群，培育出一批国际知名品牌和具有较强国际竞争力的跨国企业，形成若干世界一流大学和科研机构，培养和聚集一批优秀创新人才特别是产业领军人才，建成具有全球影响力的科技创新中心和高技术产业基地，成为大众创业、万众创新的示范区。

二、完善支持创新创业的政策体系

中关村核心区内经济活动开放自由，必须有核心区特殊管理的政策作保证，利用先行先试的政策优势，制定海淀独有的政策，以地方性法规的形式赋予中关村核心区高科技的区域性质，统一管理机构和职能，确保其对主要功能、管理体制、税收政策、金融外汇管理、人员出入、货物监管、检验检疫等方面有

法可依，从财税政策、融资便利、产业扶持、政府服务和招商引资等方面，出台更多让企业受益的优惠政策。围绕构建以企业为主体，以市场为导向的产学研用协同创新体系，形成了中关村“1+6”、新四条、科技金融、人才特区等先行先试政策，评估、梳理、完善海淀产业促进政策体系，深入实施核心区“创新聚变”等五大工程，支持企业加大研发投入，支持政产学研开展协同创新，着力增强企业自主创新能力。在继承优良传统和借鉴国内外创新创业经验的基础上，广泛听取不同规模、不同行业、不同商业模式企业及协会组织、专家学者的意见，梳理原有政策范围，研判产业和国家政策的最新发展，对企业为主体的创新、中小微创新能力建设、优化创新创业环境、培育发展战略新兴产业、完善人才发展机制、促进科技金融结合、加强知识产权创造运用、推进产学研用创新体系建设、加大科技资源开放共享和市场配置等主要政策有了明确的改进思路，对“1+10”政策体系（核心区自主创新和产业发展政策体系，包括1个若干意见、1个资金管理办法、10个支持办法）进行完善。出台更为具体的政策，从政府服务、环境营造、资金投入方面较好地体现了地方政府对科技创新的投入和扶持。围绕国家战略新兴产业，确定重点支持最具原始创新和自主创新能力的移动互联网与下一代互联网、云计算、集成电路设计、生物医药、节能环保等细分产业领域，打造“5+1”专精特新产业集群。在促进创新创业项目落地的同时，积极引进公共技术、公共测试、公共服务平台类项目，促进创新资源开放共享，推进区域内以企业为主体的创新创业体系建设。在软件园企业落地的同时，预留自持空间，打造若干个孵化——转化和交易平台；会同国家工信部、市经信委等部门在软件园共同打造云服务公共平台和项目投资平台；在温泉产业园引进国家软件与集成电路测试中心和国家电信研究院产业研发平台，引导大唐电信在提供的产业用地内建设开放服务的芯片卡测试平台，推动北斗星通开放导航国家实验室。为北部形成的产业集群提供产、学、研、用协同创新创业的环境氛围。推进以企业为主体的多元化多模式协同创新创业，完善提升企业创新能力和效率。协调国内知名天使投资人设立工作室，为创新工场、车库咖啡、智造大街等一批新兴创业服务业态协调拓展新址，提供集中办公区、工商注册及后期监管服务。与市科委共建国际技术转移中心，与北大、清华、中科院北京分院共建产业技术研究院，探讨中关村发展集团等政府平台资金进入大学科研院所前端合作方式。协调市属部门联手支持英特尔公司设立中关村物联网产业技术研究院，促使其面向中关村物联网产业联盟接受委托开发，共享研发成果知识产权。

三、在培育和打造创新创业集群上实现新突破

深入落实中关村先行先试系列政策和核心区产业促进政策，制定加快核心区创新创业的工作方案，出台发展战略性新兴产业、科技服务业和促进文化科

技融合发展的行动计划，新增国家高新技术企业400家，总数达到5000家，实现总收入1.5万亿元，增长19%；科技服务机构总数超过1300家，科技服务业收入增长18%以上。加快建设国家科技金融创新中心，完善科技金融功能区建设的规划布局，出台支持互联网金融发展的工作意见，新增各类金融机构130家，上市挂牌企业总数达到300家以上，占全市70%。围绕发展战略性新兴产业和科技服务、互联网金融、文化创意产业的实施和行动计划，推动文化旅游商务等传统服务业态升级，依托三大功能区、“一城三街”“一镇一园”等载体，加快产业结构调整，加快建设国家战略性新兴产业集聚区、技术转移中心、科技金融创新中心、文化与科技融合发展示范基地。按照中央提出的“强化城市间专业化分工协作”的要求和市委市政府的部署，主动服务“一区十六园”、京津冀首都经济圈一体化发展，深化跨地区的产业合作，完善产业有序转移和利益共享机制，引导高科技产业向周边地区转移辐射，促进人口疏解，带动周边地区重污染产业提升与退出。

四、整合资源，着力推进科技与文化融合发展

海淀区文化资源富集，科教创新资源密集。为充分发挥文化科技资源优势，区委区政府始终坚持自主创新引领发展的工作要求，围绕“海纳百川、融合发展”的思路，成立海淀区文化发展领导小组、文化和科技融合专项工作组，统筹指导、实施文化和科技融合工作；设立区文化发展促进中心，成立文化创意产业协会及其他细分行业协会30余家，实现了文化企业、文化项目和产业资本间的有效对接与联动服务。围绕加快推进中关村核心技术应用于文化产业的关键环节，组织实施了“数字圆明园”等一批国家级高新技术转化于文化产业的示范模式，出台支持文化创意企业优先发展的产业政策体系，形成了以联想、新浪、中科大洋、完美时空等为代表的智能终端产业、网络媒体产业、文化装备产业、网络游戏产业集群，规模以上文创企业2800余家。海淀区文化创意产业发展规模一直稳居北京市十六区县首位，成为首批国家级文化与科技融合示范区。完善支持融合措施。作为2012年国家首批文化和科技融合示范基地的中关村核心区，海淀区委区政府出台了《进一步加快核心区科技创新发展实施方案（2013—2015）》以及《海淀区战略新兴产业技术路线图》，并在一年多的示范基地建设过程中取得明显成果，尤其在促进和培育产业集群方面成效显著。各项校地、院地、军地合作协议得以有效落实，完善“政府引导、社会资本参与、市场化运作”的科技成果转化机制，通过建立产业化引导基金、搭建技术转移服务平台、共建新兴产业技术研究院和特色产业园等形式，打破阻碍技术成果转化的瓶颈，打通创新人才合理分享创新收益的渠道，激发创新创业活力，推动了一批具有自主知识产权、有市场潜力的高科技成果就地转化。深化与清华、北大、北航、中科院北京分院等区域单位的融合发展与协同创新，通过建

立引导基金、搭建对接平台等方式，畅通技术转移和科技成果转化渠道。制订《关于率先形成文化大发展大繁荣新格局的实施意见》和海淀区文化与科技融合行动计划，改革金融、财税和文化产业落地奖励办法，明确把文化产业作为战略性新兴产业给予重点支持。统筹全区支持企业资金20亿元，撬动和引导社会资源200亿元有效参与文化和科技整合建设。文化科学技术研发创新和国际合作取得新进展。2013年发明专利授权18000件，技术合同交易额1191亿元。文化创意产业收入4000亿元。海淀园开展国际文化产业合作研发项目4项，涉及11个国别和地区。"十二五"期间，海淀区文化与科技融合产业每年增加500亿元，占北京总量的42%，推进了文化产业和科技创新。

五、推进体制创新，为创新创业提供制度保障

创新政府服务模式，破除束缚企业发展的体制机制障碍。推进简政放权，进一步释放市场活力。成立全面深化改期领导工作组织，建立快速、高效的核心区治理结构机制，进一步解决好市、区和园区管理职能交叉、机构重叠、责任区分不够明确等突出问题，进一步理顺园区管理关系。开通包括政务公开、投资审批、网上办事、政民互动、效能监察等功能模块的海淀区网上办事大厅，各委办局积极做好网上办事大厅录入服务事项工作，实现全流程网上办理，并向下延伸，建成覆盖区、镇、社区三级的网上审批服务大厅。

清理行政审批项目，营造规范、高效、透明、廉洁的政务环境。对全区各委办局的行政权力和便民服务事项进行标准化梳理，在确定全区40个委办局共1037个政务服务事项的基础上，建立健全海淀区行政职权和便民服务事项管理目录，实现各事项标准化运行，动态更新，推进行政权力公开、透明运行，进一步推进上下联动、服务高效、分工有序的三级政务服务体系构建。

第二节　以政府机构改革促进创新创业

海淀区在推进大众创新创业发展中的一个重要方面就是不断推进政府主导下的组织机构创新，以组织机构的改革和模式创新推进社会管理、企业发展和科技创新政策的全面落实。紧紧围绕城区管理和服务综合化、高效化、专业化和信息化要求，打破传统的组织和服务模式，探索建立了园区管理、金融、科技和法律、文化服务等多种新型组织机构，有效促进了大众创新万众创业活动的深入开展。

一、推动政府机构创新的主要因素

建设服务型政府机构是我国当前城市政府改革的重要目标。党的十七、十

八大报告明确要求要加快行政管理体制改革，建设服务型政府。即政府职能向创造良好发展环境、提供优质公共服务、维护社会公平正义的根本转变；政府组织机构及人员编制向科学化、规范化、法制化的根本转变；行政运行机制和政府管理方式向规范有序、公开透明、便民高效的根本转变。城区政府机构改革创新作为行政管理体制改革的重要组成部分，也是海淀区在创建创新型城区过程中的核心内容。改革开放以来，尤其是近些年来，面对复杂多变的国际国内经济环境，海淀区坚持以科学发展观为指导，全面实施经济转型升级和城市化带动战略，经济、社会、城乡、行政等各领域改革取得新的进展，政府机构重点领域和关键环节的改革实现新的突破，为经济社会又好又快发展提供了坚实的体制保障。

（一）政府机构体制机制进一步优化

改革开放以来，海淀区扎实推进平台攻坚，全面实施机构服务创新行动计划，区域一体化发展的新型体制机制初步建立，完成区域内行政区划调整和撤乡设镇，初步形成城乡一体的管理新模式。实行新的财政管理体制和运作模式，形成资金运作新路子。国家自主创新示范区核心区建设全面启动，大力发展高新技术产业。

（二）要素配置改革取得重大突破

工业用地招拍挂制度全面建立，探索建立集约节约用地机制。各类金融机构和准金融组织不断集聚，大中型银行分支机构总数不断增加，保险公司分支机构、证券期货营业机构、小额贷款公司、政策性担保公司、金融仓储公司、租赁公司、典当寄售行等相继设立。设立政府支持企业专项资金，增强重点企业生产资金保障和资金链正常周转能力。大力实施人才强区战略，实施吸引杰出人才、新世纪人才培养工程。

（三）行政管理体制改革进展明显

行政审批制度改革积极推进。全面清查行政许可项目和非行政许可项目，审核确认一批行政权力事项，公布了非行政许可事项。各镇街建立招投标中心和办事服务中心。出台企业投资项目审批制度改革试行方案，企业办理项目的平均时间大大缩短。全面实施政府投资项目管理办法，落实企业投资项目核准和备案制度。建立政府民主决策和权力阳光运行机制，加快电子政务建设，政府信息公开和管理方式不断创新。阳光政务大厅，网上行政审批系统、行政处罚系统、公共资源交易系统、专项资金管理系统建成并投入使用。

（四）改革协调工作机制初步形成

党委统一部署、政府直接领导、改革部门协调指导、职能部门共同参与的改革工作机制初步形成。今后海淀继续深化经济、城市、要素配置、开放、民生、社会、文化、政治、行政和党建等领域改革任务。出台统筹协调全区体制改革工作的措施，提出要逐步建立改革工作年度计划、改革项目储备、重大改革事项协调论证、重大改革项目后评估以及改革工作分工负责、分类实施和督促检查等制度。

（五）加快转型发展的现实要求

传统的“大进大出”、粗放型增长模式将越来越难以为继，必须通过经济结构调整和发展方式转变，促进经济增长尽快转入内需主导、创新驱动的良性轨道。下一步经济有可能会面临能源和原材料涨价、建设用地紧缺、节能减排约束加强、人民币升值和劳动用工成本上升等困难。因此，为适应扩大国内消费需求、逐步降低经济增长对外部市场过度依赖的要求，我们必须统筹推进各相关领域改革，着力解决投资与消费、资源约束与需求增长、环境承载力与经济发展的矛盾，迫切需要我们通过体制改革和制度创新，加快推进经济转型。新的历史时期，城乡居民消费结构将加快升级，人民群众的公共服务需求将快速增长，社会事业将加快发展。因此，有效调节国民收入分配格局，推进基本公共服务均等化，不断提高公共服务的质量和水平，着力保障和改善民生，促进社会公平正义与和谐稳定等，都对改革提出了新要求。适应这一趋势，必须加快推进社会事业体制改革，创新公共服务体制，提高公共服务供给能力，促进城乡、区域间基本公共服务均等化。

（六）推进城市化进程对深化改革的新挑战

随着核心区建设的持续推进，城乡发展的关联度将进一步加大，城市文明将加快向农村辐射，城乡居民物质文化需求的多样性和差异性显著增加，公共服务、社会事业和社会管理将提升到新的水平。这就要求我们必须推动政府社会管理从传统的城乡“二元”模式向城乡统筹发展和现代城市社会管理转变，加快建立促进城乡经济社会一体化发展的各项制度，加强城市承载能力管理制度建设，提高城市管理水平。然而，随着环境的变迁，计划经济条件下政府机构的设置难以适应市场经济条件下企业发展的需要。行政事务的复杂和多样客观上导致政府机构的增加，基层政府、地方政府和中央政府以及同级政府之间在机构设置上的竞相效仿，导致政府机构数量呈几何级数的增长，“上下对口”原则最终又造成区政府机构职责和规模的膨胀。其次，20 世纪 80 年代开始的机构改革与国企改制将大量下岗分流人员从“单位人”还原为“社会人”，同时，这一时期城市化进程的加速直接带来城市居住人口的激增，区政府机构目前负责的城市管理、社会治安、社会保障、人口计生等事项无一不与居民生活息息相关，原来的工作服务模式必须进行改革才能适应新的任务需要。

二、主要创新做法

按照中央和北京市的部署要求，海淀区加快行政管理体制改革，优化、整合了十五个政府机构及有关管理机构的职能；调整了街道内部机构设置；实施了撤乡设镇和建立地区办事处的工作；深化行政审批制度改革，主要在办理企业设立审批、固定资产投资项目审批、高新技术企业认定以及人力资源服务等进行改革探索。承接了市级职能部门部分审批权限下放，同时对区属职能部门、审批事项进行了整合，推动了“一科制”改革，转变企业服务模式。通过建设“数字海淀”电子政务系统、成立“一站式”服务大厅、设立综合性企业事务呼叫中心等途经，整合政府公共服务资源，创新政府服务模式。

（一）设立“一站式”服务大厅

海淀一站式服务，是在核心区的企业发展中形成的。核心区创立初期，虽然有相对独立、相对集中的管理职能，但企业仍然面临从确定创办到工商登记、税务登记等过程时间长、效率低的问题。在这种情况下，核心区领导和管理部门提出“一条龙服务”的建议。于是，就专门在核心区办公楼中设计了一个办事大厅，把工商、税务、企业咨询等集中起来办公，让企业在一个地方就能办理所有手续。一站式办公得到了企业的广泛好评，近几年海淀又总结经验进行完善，推动“跨部门全程代办”业务，即企业和群众在办理事项过程中，只需面对一个牵头的部门，提交一套必要材料，接受一次现场核查，便可实现一体政务服务。在逐步优化政府机构和街道目前承担专业管理事项的前提下，实现“一科制”办公，提升统筹地区的能力，强化公共安全的能力，优化城市管理的能力，提高社会事务管理的能力，培育社会公共服务组织发展的能力。所谓“一科制”改革，就是把行政系统中职能相近、管辖领域雷同的部门进行归并重组。“一科制”打破原有的部门工作格局，将原有的多个部门职能整合，承担公共服务职能，代表政府为民办事。“一站式”服务大厅被定位为政务办理中心、民愿接待受理中心，在这个平台上，通过技术受理民愿诉求、反馈信息、加快政务办理等手段落实为民办实事机制，将服务大厅打造成社情民意的沟通桥梁、为民服务的先导和居民共享地区建设成果的重要平台。服务大厅为辖区两万多家企业及数十万居民和流动人口直接提供服务，服务大厅通过工作流程简化办事程序，规范办事流程，减少办事环节，大大缩减了办理时间，通过“一站式”受理改变了服务对象在部门之间来回跑动的状况，方便了服务对象。

（二）简化政务流程

政务流程简化是对政府组织流程的基本问题进行环节优化，并使之能在服务大厅一次性办理，以便民利民为原则，对各部室的对外服务项目进行全面细致梳理，将原有事项中直接面对居民及驻区企业单位的服务事项从各个科室剥离出来，明确承办部门、办理程序、受理条件、办理时限等，做到办事程序简化，办理流程规范。大量的行政审批带有浓重的计划经济色彩，与市场经济体制严重不相适应，也容易产生官僚主义、滋生腐败。为此，核心区坚持清理了一批审批项目，本着市场能有效调节的，公民、法人及其他组织能够自主决定的，行业组织能够自律管理的，政府不再设定行政审批；凡可以采用事后监管和间接管理方式的，就不要再搞前置审批。需要保留的行政审批事项，也要坚持“透明、公正”的原则，置于公众的监督之下操作。在办理企业设立审批、固定资产投资项目审批、高新技术企业认定以及人力资源服务等四个方面进行改革探索。承接了12个市级职能部门19项审批权限下放，同时对区属19个职能部门、75项审批事项进行了整合，推动了“一科制”改革，转变企业服务模式。目前正在筹备新的海淀区行政服务中心，以全新的理念服务市场主体。

（三）规范业务办理

“一站式”服务大厅的运作机制，是大厅对基本服务事项进行分类，分别制定各自的办理程序，并规定具体办理制度，包括首问负责制、全程办理制、承诺办理制、特事特办制、错件追究制、政务公开制。同时制定大厅工作职责、服务管理规定、服务文明用语等规章，为大厅实现良好的内部管理提供依据。在协调机制上，较好地解决了机构内部协调问题。按照分工协作、集中管理的原则，专项工作重点工作、突发事件整体联动的工作机制。在监督机制上，除了通过上述提到的规章制度进行监督以外，还重视办事过程的量化管理和实时监督，在网上通过信息提醒工具，提醒工作人员对待办事项、通知、新到公文及时处理，前来办事居民也可及时对大厅服务进行评价等。在业务操作上，服务大厅分为政务服务、科技企业代办和社会保障事务等多项功能区，并设立接待窗口，打破科室界限按照事项进行设计，居民只需与窗口进行一次接触，即办事项即时办结，代办事项全程代理。

（四）推动信息化建设，形成网格化管理新格局

2010年7月，北京市委、市政府召开全市社会服务管理创新推进大会，印发《北京市社会服务管理创新行动方案》，推出40项创新措施。海淀区结合实际积极开展了网格化试点推广工作，以城市管理监督指挥中心作为地区网格化管理工作的先行者和实践者，协同区社会办开展网格化社会服务管理顶层设计。各街、镇运用网格管理理念和方法，在城市管理网格化基础上搭载人、地、物、事、组织等新的社会服务管理内容。通过网格划分、机制创新、力量整合、责任明确、职能融合、业务协同、考核评价等举措，建立掌握情况、发现问题、处置问题、解决问题的工作架构，形成一网多格、部门合作、综合共治、全面覆盖的良好局面。构建网格化体系，是方式方法的革命，它突破了传统模式，从主要依靠“人海战术”走向依靠科技手段，从“条块”分割走向资源整合，

从粗放管理走向精细管理，从“运动式”管理走向制度化管理。建立网上服务电子政务系统。网上政务系统是对实体大厅功能的拓展和延伸。网上服务主要体现为三个特点，一是实现网上政务公开，将各项服务事项的承办受理等通过网络公开，既方便查询又有利于监督。二是网上事项的审批备案，原来需要亲自到现场的办理事项，现在只要通过网络确认即可。三是网上受理，将办理事项予以公开，逐项说明流程并附下载表格，一些项目还实现了网上受理、登记和审批。

（五）结合实际推出特色服务创新

一是金融服务创新。为实现科技金融的跨越式发展，进一步优化金融发展环境，提升金融服务水平，设立了北京市海淀区金融服务办公室，其主要职责是：贯彻执行国家和本市有关金融工作的方针、政策和法律、法规；研究拟定促进本区金融业发展的规划、政策和措施，并组织实施；负责研究分析金融市场发展规律，及时掌握有关信息，协调推进本区金融功能区和后台服务园区的建设和发展。2011 年海淀区《关于加快建设中关村科技金融创新中心的实施意见》明确了海淀建设中关村科技金融创新中心的战略定位和目标任务，努力形成以多层次资本市场为核心，以科技金融服务机制为支撑，以创新型金融机构为主体，以股权投资、证券、信贷、保险等金融业务综合并用为特色的科技金融创新体系，基本完成涵盖高科技企业生命周期的区域科技金融资源配置体系建设，把海淀建设成为与具有国际影响力的科技创新中心地位相匹配的科技金融创新中心。二是文化服务创新。海淀区域内有北京五大世界文化遗产之一的颐和园，还有圆明园、大钟寺、香山等众多文物古迹。按照《北京市“十二五”时期历史文化名城保护建设规划》和“十三五”规划，“十二五”、“十三五”时期，将以西郊清代皇家园林保护区为重点，积极推进以颐和园为核心的世界名园建设。为此，成立了推动文化大发展大繁荣领导小组，设立了区文化发展促进中心和文化创意产业协会及其他细分行业协会，做好与文化企业、文化项目、产业资本的对接与服务；政府与各文化创意和科技园区建立了经常性的联系和合作机制。集结 40 多名国内顶级专家组成海淀文化发展专家咨询委员会，选准有产业基础的数字影视、数字出版、数字演艺和工业设计等四个战略产业重点布局，走中介服务机构发展之路，力争建设未来可代表北京、引领全国、影响全球的创意策源地与聚集地。三是科技企业服务机构创新。通过科技企业加速器的建设，改变了以往园区土地一级开发和招商以出售土地为主的问题，也改变了政府对园区的调控能力尤其是产业集聚发展的影响力不足问题，通过科技企业加速器项目，园区开发建设企业将掌握一定的产业空间，通过制定入驻和退出机制，以租赁经营为主的方式运营，大大有利于政府对园区产业发展的政策调控的力度，对促进的大批最具创新意识的快速成长中小型企业发展非常有利。四是区域发展机构服务创新。为推动海淀北部、中部、西北部和南部四大功能区建设，海淀成立了相应的工作组织，统筹开展为企业服务。比如，目前海淀西区已经聚集了一大批央企总部、高科技企业总部、中介组织、金融机构和创投机构，已经初步形成科技金融聚集区、中介服务区、科技型总部聚集区、创意产业聚集区、高端人才服务区、新技术新产品交易及展示区六大功能聚集发展的新格局。中关村西区是核心区的标志性区域，为有效统筹西区功能聚集发展，加强管理协调力度，加快环境整治、业态调整、高端要素聚集和配套服务设施建设，做好中关村西区业态调整，建设中关村科技金融创新中心，促进高端创新要素聚集，海淀区专门成立了中关村西区协调管理委员会，该机构将通过优化功能布局、业态调整、环境整治等一系列措施，提升西区整体形象，为西区的各企业、各单位、各项目发展提供优质的服务。

创新联系服务群众。在当前群众工作对象更加多元化、群众诉求更加多样、群众工作环境更加复杂的新形势下，探索建立联系服务群众工作长效机制、推动群众工作常态化长效化是确保群众路线得到有效贯彻落实的根本保证。为探索建立实用性强的制度机制，笔者对全区 127 家单位开展党的群众路线教育实践活动中，联系服务群众的建设情况进行了跟踪调研，选择部分案例，结合核心区建设的要求，认真分析存在的问题，并就如何充分调动党员干部服务群众的主动性，如何解决联系服务群众“最后一公里”问题，就让群众话有地方说、事有地方办、困难有人帮、问题有人管等方面提出新的对策，以促进建立健全行得通、指导力强、能长期管用的制度规定，让群众路线精神深入党员干部的思想和灵魂深处、落实到自觉的实际行动中。

社区青年汇：联系服务流动青年群体的组织。社区青年汇是共青团组织建在社区乡村、联系服务青少年的终端综合服务平台，具有“青年身边、组织终端”的特点。海淀区已创建社区青年汇 80 多家，覆盖全区 28 个街镇，开展各类活动 300 余次，直接联系服务青少年 30 万人次，辐射带动 58 万人次。目前建成的青年汇达到了有固定的办公场地、有专门的专兼职工作人员、有工作计划和活动安排、有统一的组织领导机构。社区青年汇针对流动青年群体的兴趣点，开通并充分利用专属 QQ 群、手机报、微博、邮箱等新媒介，打造“阵地 + 网络”的平台，倾听流动青年的呼声，及时掌握青年思想动态及发展状况，不断提升非京籍流动青年维护自身权益、实现自我发展的能力，巩固和扩展党团组织在流动青年中的影响力，做好流动青年的思想引导工作。海淀区有 100 多万流动人口，其中大部分是青年，建立青年汇，为直接服务流动青年提供了很好的平台，这一做法得到了流动人员的欢迎，得到了北京市领导的肯定，目前，已经在全市得到推广。

幸福万寿路：联系服务街道、社区群众生活的模式。万寿路街道在践行群众路线要求中，充分发挥职能作用，通过协调、整合地区资源，延伸一系列便民服务创新举措，实施“四大工程”，着力解决群众生活中的突出问题，增加地区居民的“幸福感”，促进地区居民的生活环境质量、公共服务满意度、社会和谐感受的持续提高。一是实施“便民菜站”工程。布局10个社区“便民菜站”及流动售菜点5个，实行标准化种植的农民专业合作社，作为“便民菜站”直接供应商，签订合作协议。二是实施“整体改造”工程。按照“政府引导、企业参与、市场运营、规范管理”的原则，规划社区停车路线，停车位。完成绿地改造，翻修自行车棚，拆除违法房屋。聘用保安队伍，实施24小时监控，保护居民人身和财产安全。三是实施“幸福晚年”工程。建设“为老服务一条街”，引入理发、按摩、养老服务、老年用品租赁等生活服务商户，支持老年人使用老年券消费。开设“社区老年餐桌”，实现安全用餐、营养用餐。组建养老义工队伍，开展邻里互助、楼门自助等“邻里守望服务”。四是实施“放心早餐”工程。与4A级酒店签订协议，制作营养、卫生早餐。配备统一管理、统一型号、统一标识的早餐保温车，为居民提供规范的早餐服务。

微事处理平台：联系服务群众数字化模式工作方法。推出“微事处理机制”，解决现有网格化工作见管理不见服务、见物不见人、见被动服务不见主动服务的三大弊端，实现“天上有云、中间有网、地上有格、户有微博、心中有人，微网结合”的“全参与”的社会服务新模式，在了解居民需求、加强环境建设和促进社区和谐等方面发挥着积极作用。“微事处理机制”包含两层意思，既可以理解为“微小事务处理机制”，也可看做是依托于媒体的“微博事务处理机制”，具体包括民意征集队、环境处理队和民事协调队。民意征集队通过微博、电话、信件、随访等多种征集方式，确保民意征集无“死角”。环境治理队根据实际情况派出相应人员解决各类环境“微”问题，分工明确，快速处理。民事协调队由社区建设“积极分子”组成，当居民之间发生纠纷时，帮助居委会化解或自我消化邻里纠纷，对当事双方分别进行疏导和劝说，促使双方相互谅解，消除矛盾。目前，甘家口街道运用这一机制取得了良好效果。

社会矛盾排查：联系服务群众方便诉求的协调机制。以居住单元、楼宇为单位划分为若干个片区，明确信息员负责矛盾纠纷苗头的动态跟踪，党员骨干和积极分子协助信息员负责了解信息，将物业公司、地区单位、社会组织的负责人全部纳入信息通报工作的责任范围，实现多方参与、共同负责。信息员和骨干按照属地、分类方式，定人定责，并把个人电话全部对自己承包的片区群众公开。街道、村委会成立“信访预警处置”领导小组，由信访办、基层党总支书记牵头负责。领导小组下设信访办公室，配备专职信访工作人员和信息员。对来反映问题的群众，做到来必接、接必办、办必果，按照“问题提出—登记—代理—办理—反馈—回访”的程序积极办理。对群众反映的诉求，及时进行登记，在职能范围内能解决和处理的问题要及时给予解决，不将矛盾上交。矛盾化解预警机制的建立，提高了化解矛盾能力和处理突发事件的水平。在城市拆迁、就业、教育等方面及时化解各类矛盾 200 多起。党员干部经常深入到群众中，与群众结对子、交朋友，能及时反映群众诉求，调解矛盾纠纷，进一步改善了党群、干群关系，提升了党员干部在广大群众中的公信力。

三、以政府改革促创新创业存在的主要问题

在经过三十多年的改革转型之后，海淀在政府管理层面已经基本适应创新创业工作的要求，但仍然存在一些认识不到位、制约科学发展的体制机制障碍，主要表现在以下几个方面：

（一）思想认识不到位

一方面，受传统习惯影响，一些部门和单位习惯于运用权力，把服务当作职权，很难打破固有的模式，不愿意深入实际、深入实践搞创新；另一方面，创新政府管理手段风险大、责任大，有的领导干部不敢于承担责任，导致政府管理手段创新讲的多、落实的少，有的至今还停滞在宣传层面，有的搞数字游戏，表面上下放权力多少项，实际上把主要的权力揽在自己手中，并没有从根本上改变领导权力的随意性、盲目性和自我性。还有一些群众对政府管理创新支持不够，有信访不信政。从不少群体上访、闹访案件中不难看出，当前基层政府管理创新中最突出的问题是，一些基层组织通过法律手段解决矛盾纠纷的创新意识和能力不强，出现问题后，不是通过正常的行政程序，而热衷于上访、群访，以求通过大闹取得大解决。部分基层群众认为通过行政途径解决问题时间长、成本高，难以满足利益诉求，希望通过上访、群访、闹访获得更大利益；一些基层组织和部门在解决矛盾纠纷时不作为、乱作为的现象导致部分群众采取信访甚至极端信访形式反映问题；部分基层单位运用行政手段解决社会矛盾的意识和能力亟待加强，它们往往奉行“花钱买平安”等权宜治理方式，使“信访不信政府”现象愈演愈烈。

（二）政府职能定位不准确

一些部门和单位重视经济发展和基础设施建设，轻视软件建设，政府管理的重心仍然放在依靠管制上，手段单一、方式简单。尽管多年来在政企分开、政资分开等方面取得了重大进展，但政企不分、政资不分、政事不分、政社不分的现象依然不同程度地存在，政府与市场、社会的边界划分不够清晰，政府在资源配置中具有主导权，一些本应该由市场管理的事情，仍然继续掌握在政府手中，政府在有些地方仍然管得太多太细。区政府与基层政府间的事权划分还不十分清晰，财力配置不尽完善；同级政府部门之间权责不清，个别部门同时承担着审批、执行、监督、评价等多个职能，部门之间合作、协调机制不顺畅。由于缺乏科学的评价机制，评估指标过于笼统，导致在监督方面也存在难以评测和量化的问题，从而导致寻租、抽租现象时有发生。

（三）政府管理体制机制不够灵活

政府权力过于集中、工作效率不高。政府部门设置多、人员工作效率难以提升，形成了“大政府、小社会”格局。少数基层政府缺少工作主动性，不能够保证基层社会矛盾事务的有效化解。在区政府层面，委办局有几十个，但缺乏综合性的领导协调机构。总体上来说，政府管理事务过多，应对社会矛盾的力量不够，新的社会矛盾应对机制和管理体制尚未形成，社会自治和矛盾自我化解能力不足，政府化解矛盾的成本大、风险大。

（四）政府管理创新投入不足

政府管理创新资源包括物质资源、人力资源、技术资源。进入新的历史时期，区政府虽然加大了政府创新的经费投入，但仍然不够。基层政府的主要精力和财力用于经济建设，财政对管理创新方面的投入较少，对落后的农村和城乡结合部投入不够，基本的社会供给服务严重滞后，政府管理创新的动力不足，社会基本保障投入欠缺，财政用于缩小贫富差距、医疗、教育的经费较少。同时，社会资源利用不充分，政府管理创新主要靠公共财政投入，社会组织和福利捐赠方面的资源没有得到充分发挥。专门的政府管理创新人才和化解社会矛盾的专业人才严重缺乏。

（五）政府管理创新政策法规不够健全

尽管海淀区政府管理制度政策体系有了很大进步，但由于政府管理创新涉及领域多、任务重，现有的政策法规和制度体系不能完全满足需要，有些领域还存在着政策空白。在社会性矛盾化解上，还没有一个系统的政策体系，对于如何规范群体性事件的处理行为，如何引导和利用社会议论、新闻媒体、如何保障公民权益等，缺乏相应的政策，政府管理手段依然带有计划经济时代的特点，不能充分适应新的任务需要。

四、改进政府服务管理创新的方略

更新理念，创新政府管理思路。创新政府管理手段首先要创新管理理念。理念不转变、思路不转换，政府管理创新的手段就难以有新的变化。一是树立继承中创新的理念。创新政府管理手段，提高工作效率必须在继承我国政府管理过程中已经形成的好的做法基础上，分阶段推进政府管理手段的改革创新。新中国成立后，中央和地方各级政府都采取了一系列改革举措，探索总结了一些成功的经验，海淀区伴随着经济体制改革和科技进步，也在政府管理创新方面取得了一些成绩，促进了中关村核心区的发展。中关村的管理创新已经成为一张名片，不仅在我国国内，而且在全球范围内，影响力和知名度大大提升，这与政府有效的管理是分不开的。我们要总结已经有的好的成功经验，结合当前新的形势和管理任务，创新新的管理手段，切实提高管理效益。二是树立实践中创新的理念。创新没有固定模式，要走前人没有走过的路。海淀作为改革开放的核心区示范区，要充分利用好中央和北京市赋予的先行先试政策的优势，积极探索社会转型期组织机构、利益分配、公共服务和社会力量参与政府管理的新方法新措施。三是树立借鉴中创新的理念。借鉴不是随意的借鉴，而是在国家政策指导下有选择的自主借鉴；不是星星点点的借鉴，而是全面系统地从思想到经验的成套借鉴；不是一时的、机械的借鉴，而是长期的、与自身实际相结合的灵活借鉴。中关村改革开放的实践证明，通过“尊商、引商、留商、便商、安商、富商”等具体举措，规范政府行为，提升服务效能，优化投资环境，可以帮助企业实现最佳投资回报，促进政府、企业、社会多方共赢，最终打造最适于企业发展和生活创业的新天地。四是树立科技创新的理念。科技创新是指创造和应用新知识、新技术和新工艺，采用新的生产方式和经营管理模式，开发新产品，提高产品质量，提供新服务的过程。科技创新是引领时代创新的关键和主旋律，要把科技应用与研究放在更加突出的位置，牢固树立科技先行、技术导向的创新思维，推动创新活动持续深入开展。

科学定位政府职能，理顺内部关系。创新管理手段一个很重要的方面，就是要把政府职能明确界定在一定范围，同时解决部门职能交叉、人浮于事、工作效能不高的问题。政府要实现由统制型、管制型、管理型到法治型、服务型、效能型的转变，实现“小政府大服务、小政府高效率、小政府有限责任”的运行目标。要按照精简、统一、效能原则，加大机构改革力度，健全政府职责体系，形成权责一致、分工合理、决策科学、执行顺畅、监督有力的行政管理体制。一是正确处理政府与社会组织以及各相关主体之间的关系，明确各方主体在政府管理创新中的定位。创新政府管理手段要坚持党委统一领导，重视政府在社会建设中的位置，强调政府公共财政的更多投入，同时要健全和完善社会自治、自律和自我发展的新机制，充分发挥各种社会组织和公民个人在政府管理创新上的主体性，以及其对政府管理创新的监督制约作用。海淀是科技文化大区，群众自治能力随着生产力和区域教育文化水平的增强有了很大提高，要把这种新的管理积极因素调动起来，在关注政府主体管理作用的同时，界定社会组织、人民团体、基层群众自治组织、自愿者的社会管理职能，充分发挥各方作用。二是政府内部要明确相互关系，形成管理合力。各级各部门大力开展规范权力运行制度建设，将权力来源和行使依据编制成职权目录，绘制权力流程图，并全部在门户网站上予以公布，对职能交叉的部门要进行职责划分，该合并的职能部门要按照有关政策和先行先试要求，探索合并办法；对实践中新的业务重新界定管理部门，防止形成管理盲区。三是建构和实施以权利为导向的社会政策体系，尊重和保障社会组织和个人的权利和自由，加强社会服务体制建设，提升政府管理创新和服务水平，消除社会排斥，推动社会融合。推进法治型、服务型、效能型政府建设，规范防止利益冲突的主体行为。政府工作人员要增强法治观念、服务意识、效能责任，切实转变作风，坚决改变不作为、慢作为、乱作为的现象，注重以良好形象和优异业绩，赢得人民群众的理解、支持和拥护。

健全和完善法治管理，以法律为依据处理矛盾。党的十八大提出“加快建设社会主义法治国家，发展社会主义政治文明”“更加注重发挥法治在国家治理和政府管理创新中的重要作用”。这是今后加强和创新政府管理创新的重要方面。必须把运用法治作为政府管理创新的主要手段。加快社会建设领域立法进程，充分利用核心区享有相应立法权的先行优势，将一些在实践中证明行之有效的政策和措施，经过充分论证后以法律形式固定下来，确保基层政府管理创新做到有法可依。尽快制定解决难点、热点问题的实体规则。对长期存在、缺乏法律政策依据又亟待解决的老问题，人大、政府应当根据实际情况及时出台具体法规和政策，逐个解决长期困扰社会稳定的热点、难点问题。法治是人类政治文明的重要成果。法治建设推进得持久、深入，其成效就会成倍放大。运用法治思维和法治方式深化改革、推动发展、化解矛盾、维护稳定，深化对群众的法制宣传教育，弘扬法治精神、塑造法治文化，努力形成尊重法律、崇尚法治的良好氛围。

切实提高各级干部的创新服务能力。面对复杂的社会现实和环境，创新政府管理提高工作效率的关键是强化各级干部的能力素质。一是提高基层干部化解社会矛盾的能力。基层是社会矛盾产生最多的地方，基层干部与广大群众直接接触，对各种矛盾了解最为深刻，处理的如何会影响整个矛盾化解的效果。因此，基层干部学会用协商的办法、柔性的方式做好群众的思想工作，尽可能把矛盾化解在基层。二是提高做好新时期群众工作的能力。领导干部要下基层，多接触群众，多与群众在一起，增强与群众之间的感情，在服务群众中赢得群众的理解、支持。三是提高妥善处理和应对重大突发事件的能力。下先手棋，打主动仗，及早把矛盾化解在萌芽状态。要善于运用互联网等新媒体，及时发布正面信息，正确引导舆论。

利用信息化手段提高工作效率。信息化与工业化相互融合、互相促进、和谐发展，是中国特色社会主义经济的跨越式发展之路。通过加快科技进步，大量运用信息化技术，提高政府工作能力和工作效率，具有重要的现实意义。一方面，只有发挥信息技术的渗透和关联带动作用，才能提高服务型政府建设的水平；另一方面，只有建立起以高新技术为支撑的行政工作体系，才能为信息化提供有力的体制保障。在我国，使信息化与政府管理信息化互相促进，既可以在一定程度上用信息和知识替代传统的行政消耗，又能够利用网络超越时空的特性，加强管理与社会的直接关系。一定程度上，用信息技术改造传统行政手段，能极大地提高政府工作效率和政府决策的科学化、民主化水平，最大限度化解各种矛盾。信息化对政府最大的好处就是实现了电子政务和网上办公。

政府信息化为政府工作人员提供了现代化的办公手段和应用工具，降低了信息传输的时间成本和人力成本，节约了原来靠人脑和文件处理信息所消耗的大量时间和精力，将政府工作人员从常规的事务性工作中解脱出来。区政府从各种服务资源数字化开始，通过数字化为网络共享创造基础，然后逐步按照现代服务型政府的要求进行流程改造。政府信息化在一定程度上打破了传统的政府部门之间条块分割、等级森严的格局。政府信息化使各级政府的各部门拥有了统一的服务平台，大大提高了政府服务效率，使决策实施情况的及时反馈成为可能，了解和掌握发展变化的最新信息，并据此完善或追踪决策。提高对互联网的认识，注重研究互联网的内在规律和规则，充分运用法律、行政、经济等手段，加强互联网的建设与有效管理，特别是要认真研究和充分利用法律手段，依法保证互联网健康有序发展。既要把网络舆情作为听民声、察民意的重要渠道，又要高度重视和评估舆情影响，主动回应社会关切，有效地制定互联网管理建设政策，正确引导网上舆论，维护网上秩序，营造有利于社会稳定的舆论环境。

第三节　搭建大众创新创业的服务平台

中介服务体系是政府公共服务的重要补充，也是创新创业的中间桥梁。在推进大众创新创业活动中，中关村核心区把中介机构创新发展作为重要方面，积极探索和引导中介服务机构在发展中创新，吸引和聚集管理咨询、创业辅导机构、研发服务、广告制作和发布等各类中介服务组织；引导和支持产业协会建立，推动产业信息的流动配置，促进产业内企业组织的协同发展；引进国际知名专业服务机构，鼓励科技咨询、科技成果评估、知识产权服务、法律服务、税务等中介机构设立重组，实现规模化、专业化发展。中国技术交易所①、PE大厦、首都中介大厦、首都创新人才发展大厦、海外学人中心、中国留学服务中心、国家数字版权研究基地等机构纷纷入驻中关村西区，中关村国际标准大厦落户核心区，一大批专业中介服务机构入驻首都中介大厦。核心区协会组织、专业服务机构、孵化器数量达到400多家，初步形成了聚集咨询服务、技术平

---

① 2009年8月8日，经国务院批准设立，由科技部、国家知识产权局、中国科学院和北京市人民政府联合共建的中国技术交易所诞生于中关村核心区。根据北京市政府和相关部委对中技所功能定位要求，中技所致力于建设立足北京、服务全国，建设具有国际影响力的技术交易中心市场。中技所自组建以来，在相关政府部门的指导和支持下，加强与境内外同业机构的合作，积极创新交易品种和服务内容，着力打造“技术交易的互联网平台”“科技金融的创新服务平台”和“科技政策的市场化操作平台”。

台、行业组织、要素资源配置、科技孵化等各类机构较为完善的中介服务体系。

一、核心区中介服务机构创新做法和特点

（一）把政府机构中属于中介的职能分出来创设专门的中介机构

计划经济条件下政府相关部门业务范围大，本应该属于社会组织、市场调节的业务，政府也管了起来。核心区作为示范区坚持先行先试，特别是随着中关村企业的迅速发展，政府机构职责问题更为突出的表现出来。为打破传统的旧体制旧模式，改革开放进程中，核心区尝试建立中介服务机构，以弥补政府机构存在的不足。比如，通过建立企业家协会组织、民办教育协会，把原来政府机构中科委、教委的一些职能交由协会来办理，大大提高了办事效率，减轻了政府机构的负担。

（二）依据市场导向创新设立中介机构

中关村核心区高新技术企业多，涉及知识产权事务多，根据这一市场的需要，多渠道、全方位为企业提供融资服务和专利权、创新发明权等转让牵线搭桥，区政府建立了多层次的金融中介服务机构和知识产权代理机构。主要有融资性担保公司、紫金保险公司、小额贷款公司和中国技术交易所，积极推进金融和知识产权的中介服务平台的发展。

（三）借鉴国内外经验创设中介机构

中关村核心区在中介机构建设中，以中关村创新发展为契机，在总结自身发展经验的同时，注意借鉴国内外中介机构发展的成功经验，特别是美国、日本和西欧国家在这方面的做法，组织专门人员到工业发达城区实地参观学习，结合中关村核心区自身优势，创设知识产权交易中介公司，拓展职能，促进知识产权转化为产业能力；引入国外知名中介机构，比如：借鉴美国硅谷发展中设立中介公司经验，在证券交易、股权投资、工业园区发展中，创新设立了一批中介机构。

（四）设立中介公司聚集区域吸引知名中介机构落地

核心区结合功能区规划，建立了首都创新人才发展大厦，吸引国家“千人计划”绿色通道办公室、海外学人服务机构等各类人才服务机构入驻，为高端人才聚集提供优质服务；聚集国内外知名猎头机构和培训机构，为中关村高端人才的招聘及自主创新高端人才的培养提供服务，形成创新型企业家群体；建立校企联动人才基地，实现了大学、科研院所与企业高端人才的对接和流动。建立 PE 大厦，聚集了几十家中介机构。此外，促成中技所、核心区 PE 协会、金融创新商会、北京银行签署战略合作协议，促进驻区行业协会、金融要素市场和金融机构强强合作；推动知名金融中介服务机构普华永道与区政府签署战

略合作协议并落户核心区，促使北京银行中关村分行、中外运长航财务、中铝财务等总部和区域总部公司正式落地。

二、核心区中介服务机构创新服务的实践成效

（一）整合资源优势，服务创新型城区建设

中介机构成立后，围绕核心区示范区建设，通过举行座谈会、经验交流会，以及设立服务网站，把原来分散的部分政府资源和社会资源统筹起来，大力推动社会管理创新、企业技术创新、公共服务创新和工业园区发展创新，促进高新技术企业创新成果加速转化，人才培养机制进一步完善。集中中介机构系统专家和行业人才资源，举办核心区创新发展论坛、专家论坛、区情研究等活动，为核心区发展建言献策。动员中介机构会员单位发挥引领作用，积极投入节能减排、重点项目引进和公益活动，促进了区域内企业发展能力提升，整体核心竞争力全面提高。

（二）积极牵线搭桥，促进生产生活和谐发展

中介服务机构不仅是增强区域创新能力，完善市场经济制度建设，促进科技经济和社会协调发展和中间力量，而且是加速创新成果向现实转化的关键措施和桥梁。中介机构为大学和科研院所提供包括咨询、信息、场所等方面的服务，促进科研成果的推广和转化有效沟通，联系研究开发与产业创新两大体系，把核心区科技资源优势转化为竞争优势，从而提高区域的整体创新绩效。核心区中介服务机构为企业，特别是为中小企业的创新活动提供技术指导、咨询以及人才培训等各种服务，促进了企业创新活动的开展，对于企业加强技术创新、发展高科技、实现产业化和保持核心区经济高速发展发挥了十分重要的作用。中介机构还是公共服务的参与者。目前，核心区在就业、教育、医疗、公共安全等公共服务的供给方面面临严重的矛盾和突出的问题情况下，中介服务机构广泛地参与公共服务，通过为大量个体私营单位和特殊人群提供多元化、灵活性的公共服务，一定程度上弥补了市场失灵和政府服务缺位的不足，有效地化解了社会矛盾。

（三）提高专业工作质量，增强创新服务能力

中介服务机构作为创新活动的主要辅助者，在促进企业创新和发展，以及促进区域的创新网络形成和发展方面，发挥着一种重要的技术支撑作用，并能对区域创新体系空洞提供补偿作用。国内外中介机构创新推动社会与经济迅速发展的事实证明，中介服务机构通过开展技术扩散、成果转化、科技评估和管理咨询等以专业知识和专门技能为基础的服务，与其他创新主体建立紧密联系，从而有效降低了创新风险，为创新系统提供技术支撑并加速推动科技成果的产业化进程。核心区近年来科技成果转化、企业创新能力在全国和北京市一直位

居前列，一个重要的原因就是中介机构发挥了应有的作用。

（四）规范行业发展，提升自律水平

近年来，随着中关村核心区中介机构的增加，不同类型的中介机构注重加强自身建设，取得了扎实成效。一是按照政府要求加强政治引导，电子、文化等中介机构定期组织开展企业发展政策研讨活动，邀请政府有关部门专业人员现场解读政策，分析形势，引导大家学习国家发展的重要规划和方针，把握发展的正确方向。二是制订行业发展自律公约，教育、医疗等中介机构围绕落实法规、关注民生问题，研究制定服务公约，通过中介组织机构进行自我监督，防止发生违法违纪事件。三是利用中介服务平台及时发布和宣传区政府的有关政策规定，通过培训骨干、强化相互监督，提高自律意识。

三、推进中介机构创新发展存在的问题及对策分析

核心区中介服务机构经过多年建设与发展，已形成一定规模和服务能力，在区域创新能力全方面提升过程中发挥了重要作用，但从总体上看，中介服务机构的发展仍属于亟待加强的薄弱环节：一是难以满足不断增长的市场和人们需求，一些人对中介服务机构在创新型城区建设中作用认识不足，由于服务业的开放比制造业晚，市场化水平比较低，提供知识性服务的中介机构还不能被人们完全接受，并且由于许多宣传不到位，加之中介机构的功能渗透迟缓影响力小、服务范围和空间受到限制，很难积累经验和锻炼人才，专业水平就无法提高。二是科研工作者对申请专利知识产权保护以及科研成果转化的认识上也存在一定误区，这些都影响了中介机构的发展。三是管理体制的不健全使中介服务机构难以在创新型城区建设中充分发挥作用。很多中介服务机构的业务是从政府行政职能部门中分离出来，管理与运行过程中依旧采用行政方法，制约着中介服务机构的工作。四是中介机构服务机构定位不准确，使区域创新能力的提高缺乏支撑。不同行业不同规模企业的多样性和多层次性需求，要求中介服务机构必须不断拓展自己的服务功能与服务本领，能够针对不同的企业需求提供个性化服务，事实上，有些中介服务机构仅仅关注新兴企业、大型企业以及政府科技部门，而对大多数中小企业则关注不够，导致许多中小企业难以获得稳定而可靠的服务。五是中介服务机构的人员素质和服务水平不高，现有的中介从业人员人才储备不足，素质不高，知识背景单一，缺乏既懂科技，又懂市场和法律的中介服务队伍，无法为投资方所得到的信息进行确认提供有说服力的项目投资建议。为此，各有关部门和单位应大力扶持引导中介机构，在政策上、资金上予以倾斜，努力营造有利于中介服务机构发展的软、硬环境。中介服务体系作为创新体系的重要组成部分，要以加速科技成果转化、促进科技与经济结合为根本，以市场化经营、专业化服务为方向，突出观念创新、体制

创新，坚持政府推动与市场调节相结合、全面推进与分类指导相结合的原则。主管部门应联合有关部门研究制定扶持生产力促进中心、企业孵化器、风险投资公司和评估机构等中介机构发展。

（一）完善政策措施，加大中介服务机构发展的扶持引导力度

大力鼓励和帮助中介服务机构发展，充分与中关村“1+6”政策对接，借力中关村科技创新政策，构建中关村核心区中介机构发展的扶持政策体系，出台和细化关于加快中介服务机构发展的专项政策，区各委办局与各区园管理部门要从人才、金融、文化科技融合、企业扶持等多个方面逐步完善配套政策，制定中介项目实施措施，逐步形成一个完整有效的政策链条。要完善金融扶持政策，制定中介公司融资再担保基金管理办法，通过政府出资等方式为公司增信，扩大金融资源，积极引导社会资金的投入，改变以往中介服务机构等靠要思想，探索完善风险投资体系、融资担保体系，倡导和鼓励中介服务机构主体多元化，扩大从事中介服务机构的范围，鼓励现有的专利事务所、商标事务所等企业将技术中介作为其服务内容。专利事务所、商标事务所、高校科研院所，既了解企业所开发的产品的优势，又与企业有着广泛的接触，对于这些兼营中介的企业和商业机构，给予一定的税收经费方面的支持；加大金融招商力度，全力推进重点银行、保险、总部经济项目招商，丰富园区金融业态。要制定具体措施，示范区将在中介服务、品牌塑造、市场推广、文化金融、产业联盟、企业上市等制定全面的落实措施，加大对中介组织发展的支持力度。

（二）深化体制改革，形成具有特色的中介服务机构管理模式

管理体制和模式直接决定和影响着中介服务机构发展的程度。要按照核心区先行先试的要求，建立起职责明确、运转有序、统一高效的管理体系，破除中介服务机构的重大障碍，在不同部门之间、不同产业链环节之间、不同机构和个人间等建立起顺畅的沟通与融合机制。一是行政管理体制改革。进一步明确政府在中介的发展过程中应该是宏观控制、决策指导的角色，明确相关部门对中介机构管理的责任，建立统一的示范区专业组织管理机构——中介服务机构发展示范区联合工作组，具体组织领导和执行管理各项工作。要按照调整结构、转换机制、分流人员、制度创新的原则，将目前隶属主体不同的各类中介机构从原先的挂靠单位脱钩，将部分科研机构整体转变为中介服务机构，将从属政府部门的中介机构改制为具有独立法人资格的中介服务机构，将职能类似而机构重复设置比较分散的各类中介机构重新调整合并，保持中介服务机构的独立地位。二是资产管理体制改革。在原有改革的基础上，探索国有经营性中介组织资产监督管理的具体办法，实现管人、管事和管资产的有效结合。三是层级运行体制改革。改革中介资源分属于不同级别的部门，造成资源级差，运行效率低下的现象，探索联合发起、资产入股的方式，大力推行公司制、股份

制、合伙制，引导中介机构走企业化的运作之路，促使其投身市场竞争，实现优胜劣汰，完全市场化运作，尽快理顺政府与中介的关系，使政府对中介的作用从目前更多的微观介入转为宏观管理和引导，创造独具特色的中介机构发展运行模式。

（三）拓展对接渠道，构建科学高效的中介服务机构

结合核心区实际、适应市场经济发展趋势，加快推进中介服务机构建设。一是融资类中介机构。设立主导专项扶持资金和投资引导基金，对重点中介机构、项目，通过贷款贴息、项目补助、股权投资等方式给予支持；积极吸引社会资本、产业基金参与，成立多个中介投资基金，为中介行业提供资金支持，并开展对专业人才的培训活动。二是数字版权国际交易中介机构。成立多个专业化的小型数字版权交易网络，定期开展细分行业数字版权交易活动，实现文化与科技互动对接。引导和支持科技园版权贸易基地向数字版权交易机构转型，通过举办国际数字内容版权交易大会等途径，促进中介机构发展，推动国内文化产品走出去。三是提高中介机构聚集能力。引进国际知名专业服务机构，鼓励文化科技咨询、数字化技术推广、融合成果评估、知识产权服务、法律服务、税务等中介机构兼并重组，实现规模化、专业化、规范化发展。加快成立和完善中介服务机构相关的协会、联盟等中介服务组织的发展，加强各中介机构间的协作与服务链打造，形成支持产学研合作及创新成果转化的无缝隙中介服务链条。

（四）加大人才培养力度，为中介服务机构的发展提供充足的人才储备

中介服务从业人员要具备一定的科研能力、创新能力和敏锐的市场洞察力。加强中介机构建设首先要建设一支专业人才队伍，要加强中介服务人才的培养和引进，储备一批能够站在世界科技前沿、勇于开拓创新的高素质从业人员。要吸收高校和科研机构以及留学归国人才，加强与国内外中介机构的人才交流与合作等方式，提高专业人员的业务水平，加快中介服务人才队伍的建设。同时，通过利用高校和科研机构，举办专题培训班等方式，对从业人员进行系统培训和教育，并对在科技成果转化中发挥中介作用的人员给予明确的收益和相应的奖励，允许作为中介人提取中介费。另外，应该尽快建立并完善中介服务机构从业人员资格认定制度，加紧建立中介服务业职业资格标准体系，全面提升中介机构从业人员的综合素质。

（五）加强监督考评，确保中介服务机构规范发展

注重探索建立中介服务机构的信誉评价考核指标体系，按照市场经济规律和中介自身发展规律建立考评标准，建立中介机构优胜劣汰的动态管理机制，通过对中介服务机构的服务功能、服务质量、服务信誉和服务能力，以及产生

的经济社会效益等方面评价考核，引导中介服务机构走社会化、产业化的发展之路。国内外发达城市的做法值得我们借鉴，他们通过法律法规为中介服务创造发展空间，给中介服务的发展奠定了制度与环境基础，使得中介服务得以规范化发展。核心区近些年来尽管先后出台了一些有关中介机构的政策和管理办法等，但至今尚未有配套完整的规定来全面规范中介服务的各项业务，有不少方面无章可循。对此，在市场经济高度发达的今天，中介服务想要发展，势必要规范市场秩序，提供制度保障，政府有关部门应尽快出台相关政策，规范各类中介服务行为，明确各自的权利和义务，推进中介机构规范发展。

第四节 用文化科技融合深化大众创新创业

党的十八大提出要建设社会主义文化强国，增强国家文化软实力。2014年，习近平总书记在文艺工作座谈会上强调指出，没有中华文化繁荣兴盛，就没有中华民族伟大复兴。[①] 没有先进文化的积极引领，没有人民精神世界的极大丰富，没有民族精神力量的不断增强，一个国家、一个民族不可能屹立于世界民族之林。进一步深入落实党中央和习主席的指示要求，必须推进文化与科技的深度融合。海淀区作为中关村国家自主创新示范区核心区所在地，在文化与科技融合发展上肩负着特殊任务。为充分发挥文化科技资源优势，推进文化与科技融合上新台阶，区委区政府始终坚持自主创新引领发展的工作要求，围绕“海纳百川、融合发展”的思路，着眼全球领先水平，以创新为动力，突出特色抓重点、抓实效。2015 年，海淀区规模以上文化创意产业单位数量2500 多家，未来十年，海淀区文化与科技融合产业每年增加 500 亿元，占北京总量的42%。总之，海淀区的文创产业得到有力推进，开创了文化和科技融合发展的新局面。

一、创新机制，破解文化与科技融合难题

建立健全科学的领导体制和运行机制。成立海淀区文化发展领导小组、文化和科技融合专项工作组，统筹指导和实施文化和科技融合工作；设立区文化发展促进中心，成立文化创意产业协会及其他细分行业协会 30 余家，实现了文化企业、文化项目和产业资本间的有效对接与联动服务，形成了政府引导、市场主导、社会参与的共同推进文化与科技融合的运行机制。

科技创新助推海淀文化产业的发展。围绕加快推进中关村核心技术应用于

① 习近平在文艺工作座谈会上的讲话（2014 年 10 月 15 日）。

文化产业的关键环节，组织实施了“数字圆明园”等一批国家级高新技术转化于文化产业的示范模式，出台支持文化创意企业优先发展的产业政策体系，形成了以联想、新浪、中科大洋、完美时空等为代表的智能终端产业、网络媒体产业、文化装备产业、网络游戏产业集群。海淀区文化创意产业发展规模一直稳居北京市十六区县首位，成为首批国家级文化与科技融合示范区。

完善支持融合措施。作为2012年国家首批文化和科技融合示范基地的中关村核心区，海淀区委区政府出台了《进一步加快核心区科技创新发展实施方案(2013—2015)》以及《海淀区战略新兴产业技术路线图》，并在一年多的示范基地建设过程中取得明显成果，尤其在促进和培育产业集群方面成效显著。制订《关于率先形成文化大发展大繁荣新格局的实施意见》和海淀区文化与科技融合行动计划，改革金融、财税和文化产业落地奖励办法，明确把文化产业作为战略性新兴产业给予重点支持。统筹全区支持企业资金20亿元，撬动和引导社会资源200亿元有效参与文化和科技整合建设。北大方正集团有限公司坚持持续不断地技术创新，在中国IT产业发展进程中占据着重要的地位。公司把借助大学的科研优势作为企业创新发展的根基，立足于大学深厚的文化底蕴，吸收借鉴先进企业的优秀文化理念，使企业实力不断增强。方正阿帕比数字版权保护系统（Apabi DRM）被信息产品部评为“2003年信息产业重大技术发明”，全国超过90%的出版社在应用方正阿帕比数字出版解决方案出版发行电子书，已出版正版电子书总量超过40万种。全球3800多家图书馆、政府、企业等机构用户应用方正阿帕比（Apabi）电子书及数字图书馆软件为读者提供网络阅读及信息检索服务。

二、聚力攻关，促进文化与科技融合向深层发展

聚焦重点工程。按照“协调创新、重点突破、应用导向、国际一流”的原则，实施七项重点工程：文化科技产业引领工程、文化事业提升工程、文化技术攻关工程、示范园建设工程、企业集群培育工程、跨界英才领取工程、文化金融创新工程。按照到2020年工程全部建成的目标要求，区分任务，明确进度。与此同时，海淀区还大力推动潜力行业的升级换代，加强现代科技成果向传统文化产业的转移与应用，大力推动具有良好发展前景的文化旅游、艺术品、演艺等行业的数字化、信息化和网络化改造升级。到目前为止，所有工程项目的前期准备基本就绪，正按照计划同步推进，将为文化教育与科技融合奠定更加坚实的基础。

聚力园区标准化建设。制定文化科技融合园区及孵化器认定扶持办法，系统提升中关村软件园、清华科技园和人大科技园等综合园区的文化科技机构服务功能。重点培植中关村数字电视产业园、中央新影纪录影视产业园和玲珑巷传媒产业园、768文化创意园、中关村国际数字设计中心、益园文化创意园，

文化装备产业园等文化科技专业园区。加强对领军企业的项目资金支持、产品出口、专人定向服务，培育文化科技细分行业领军企业。通过政府采购、项目补贴、研发支持、培训辅导等扶持形式，培育“专精特新”的创新创业中小企业集群。制定出台《海淀区文化和科技融合集聚区认定和管理办法》，着力推动高科技文化产业园区的孵化、拓展和规范化建设。中关村软件园已成为“国家软件产业基地”“国家软件出口基地”和“国家火炬计划团建产业基地”。清华科技园成为科技部、教育部评定的A类大学科技园、北京文化创意产业集聚区，入驻企业550家左右，年产值超400亿元，年知识产权申请量2000多项。中国人民大学科技园是全国第一家文化创意特色的国家大学科技园，集聚文化创意企业占85%以上，年产值超过180亿元。

聚集优秀人才。实施“跨界领军人才计划”和“跨界青年英才计划”，制定人才评定标准，集聚文化科技领军人才，建立人才链。推动文化科技产业与金融业的融合对接，形成综合运用银行信贷、信托、产业投资基金、股权投资基金、多层次资本市场等多种融资渠道和工具的文化金融创新服务体系。颁布实施中长期人才发展规划纲要，出台高层次人才聚集服务实施办法，设立每年1亿元的人才发展专项资金，开展人才引进试点改革和实施企业人才住房工程。出台“海英计划”“院士专家工作站”“雏鹰计划”“杰出人才贡献奖”等规定，设立“创新工场”“车库咖啡”等新型创业孵化形式，搭建多种人才聚集平台。截至2013年底，海淀区共138人入选中央“千人计划”“海聚工程”和中关村“高聚工程”。

三、拓展视野，推进文化和科技融合取得新成效

文化科学技术研发创新和国际合作取得新进展。2014年，海淀区专利申请保持高速增长，达4.67万件，同比增长12.9%，占北京市33.8%，居全市首位，发明专利申请量首次突破3万件，达3.25万件，同比增长10.9%，占北京市41.6%。文化创意产业收入4000多亿元。海淀园开展国际文化产业合作研发项目4项，涉及11个国别和地区。搭建高端文化产业交流平台。与中宣部、科技部等联合举办国家文化科技融合发展高端峰会。举办新年文化产业论坛、文化和科技融合高峰论坛，发布国内首部文化和科技融合发展蓝皮书。推动文化和科技发展示范城市联盟。联合上海、深圳、武汉等15家文化和科技产业发展的领先城市，组建国内第一个“文化和科技发展示范城市联盟”。海淀文化创意公司加快推进技术和创意再创新，在借鉴吸收前人经验的基础上不断有新发展，使企业在竞争中显现出来。海淀文化企业有的已经成长为全球性企业，2009年3月，水晶石数字科技有限公司正式成为2012年伦敦奥运会官方影像供应商和赞助商，这也是首家与伦敦奥组委签订赞助协议的中国公司。作为北京中关村高新技术企业和创意产业联盟的重要组成者，海淀文化公司的专

业图像技术在大量的实践项目中获得迅速发展，并在主营业务领域具备相当的自主创新能力及国际竞争能力。目前海淀文化创意产业的海外机构和分公司已经遍布香港、新加坡、迪拜、伦敦、东京，为推动文化教育产业走出国门，发挥了重要的先导作用。

文化科技产业和文化事业发展取得新进展。2013 年 12 月，随着中关村核心区互联网电视产业联盟、网络教育产业联盟和工业创意设计产业联盟三家联盟同时揭牌成立，标志着中关村海淀园加快协同创新，驶入了培育千亿元级产业集群的快车道。核心区三大新兴产业联盟的成立，将建立新型公共服务平台，有效利用中关村文化和科技融合优势，推动联盟成员的协同创新。重点发展数字内容和文化装备优势产业，升级传统文化产业，推进“三山五园”（三山：万寿山、香山和玉泉山，五园：颐和园、静宜园、静明园、畅春园和圆明园。）历史文化景区等旅游点的数字化建设。景区规划面积为 68.5 平方千米，分东部、中部和西部三个板块：东部围绕北京大学和清华大学规划为文化创新区；中部将颐和园和圆明园周边区域规划为中华传统文化核心发展区；西部以香山为重点规划为文化旅游休闲区。未来，全长 40 公里的皇家园林绿道，串联起香山、颐和园等三山五园景区。颐和园北宫门地区将恢复青龙桥古镇风貌。圆明园大宫门西侧将建国际一流的博物馆。香山中心地区将恢复买卖街、煤厂街历史风貌。已经开展的“三山五园”国际联展，受到台湾等地的欢迎。聚集了北京电影学院、视点特艺等一批数字制作的行业领先企业。文化创意产业从业人员达到 50 多万，去年总收达到 3840 亿元。在资产总额、利润总额、税金等各项主要指标上，均占到北京市总量的四成左右。着力于公共文化服务、文化资源传承和保护及文化市场管理。推进公共文化服务领域的数字化建设，提高文化资源传承保护和文化市场管理的科技水平，争创国家公共文化服务体系示范区。支持文化技术研发新载体建设，加强重点技术攻关、完善文化技术研发载体建设和推动文化科技创新成果转化，构建文化科技创新策源区全面启动了数字文化社区建设工程，同时不断完善农村公共文化设施服务，在 23 个农村文化室建设中推动“四网合一”工作，提升农村公共文化设施服务水平。

文化和科技融合发展的环境优化取得新进展。加大宣传力度，创办《海淀文化产业指南》，编制《海淀区文化和科技融合发展报告蓝皮书》《海淀文化创意产业年度发展报告》。举办了文化沙龙，开展“政产学研金媒”等内容的对话、研讨和协同创新思考。依托驻区清华、北大、中科院、联想、百度等高端智力资源，围绕文化与科技融合发展空间、重点技术创新、产业集约化等方面开展理论研究，既注重对文化发展规律的认识和把握，又努力做到重点工作推进与基础性建设并重，进一步明确迎接国际挑战，推进文化大发展大繁荣的实际举措。

第五节　发挥军民融合在大众创新创业中助推作用

海淀区军队单位多、军转民用技术多，在推动大众创新创业活动中，发挥军民融合创新的助力作用，对于海淀具有十分重要的意义。推动经济建设和国防建设融合发展，加快建设全国科技创新中心，对海淀的工作提出了新的更高要求，也创造了前所未有的有利条件。北京市将从支持军工科研院所转制，加强地方配套服务；推动国防科技工业协同创新体系与首都科技创新中心建设相结合，推进军民融合深度发展等方面加大工作力度，加快军民深度融合步伐，推动国防科技工业能力提升和首都科技创新中心建设。海淀有着军民融合的发展基础，以及众多想要对接资源的迫切需求，海淀区委区政府将低端产业腾退出的空间用于军民融合产业园区的建设，积极推动军民融合、协同创新，加强服务平台建设，统筹经济建设，在顶层上做设计，组织军民联手共同参与国家项目公关，发挥政府引导推进民口单位产品技术与军口单位进行衔接，军口单位有很多技术民用转化，在构建“高精尖”经济结构上起到了示范作用。

习近平主席站在国家战略发展全局，着眼世界军事斗争的新特点，对军民融合发展提出了一系列新思想、新要求，并系统地阐述了军民融合发展的目标任务和基本路径。党的十八届五中全会做出关于“推动经济建设和国防建设融合发展，形成全要素、多领域、高效益的军民深度融合发展格局，打造一批军民融合创新示范区”的战略部署，海淀区的军民融合工作迎来了新的机遇与发展。海淀区部队多、军地联合项目多，有着军民融合发展的优势和传统，要以此为契机，进一步深入学习中央和习主席关于军民深度融合发展的内在要求，把握其精神实质，同心协力推进新常态下国防和军队建设。

一、推进海淀军民融合发展具有十分重要的现实意义

军民融合发展是富国强区之策。海淀区作为国家国防科技工业布局的重点区域之一，11 大军工集团中，7 大军工集团总部设在海淀，涵盖了航天、船舶、电子信息、兵器装备等重点科技产业领域，大批民营企业积极参与武器装备科研生产活动，其中全区拥有军工保密资质的企业 200 余家，拥有武器装备科研生产许可证企业超过数十家。丰富的军地资源优势为海淀区推动军民融合深度发展奠定了坚实的基础。习近平主席强调，实现中华民族伟大复兴的强国梦、强军梦，必须坚持富国与强军相统一。实现富国强军相统一的根本目的是维护核心利益、实现和平发展，重要途径是走军民融合式发展路子，政治保障是军

政军民团结。军民融合深度发展就是逐步向军民结合、寓军于民、资源优化配置和有效共享的融合模式转变，逐步实现生产力与战斗力的融合与互促、大融合大发展。现代经济社会发展对资源的需求越来越大，如何合理配置和有效利用有限的资源，已经成为经济社会发展以及国防和军队建设必须解决好的战略课题。走军民融合深度发展的路子，可有效避免军民重复建设、分散建设，最大限度地节约资源，提高包括经济建设和国防建设在内的国家整体建设效益，促进经济建设和国防建设的共同发展，起到相互促进、双向带动的效果，有利于实现中国特色社会主义建设目标。改革开放30多年来，我们国家经济实现了持续快速增长，综合国力进一步提高，人民生活总体上实现了由温饱到小康，中国的经济实力、综合国力显著增强。但是，中国虽然取得了很大的发展成就，但中国人口多，底子薄，生产力不发达，发展很不平衡，生态环境、自然资源与经济社会发展的矛盾比较突出。中国要实现现代化，使全体人民都过上富裕生活，还需要进行长期不懈的艰苦奋斗。当前，我国正面临着促进经济发展和维护国家安全的双重历史任务，必须坚持走军民融合深度发展的路子，才能实现小康社会的宏伟目标。

军民融合发展是强军兴军之本。军民融合深度发展是夺取现代战争胜利的关键因素。信息化战争突发性强、作战周期短、消耗量大，只有牢固树立军民融合的思想，加快国防动员能力建设，才能在未来战争中立于不败之地。推进以“建设信息化军队，打赢信息化战争”为核心的新军事变革，必须以强大的经济实力作后盾，经济社会发展水平和全社会信息化水平对国防现代化建设的影响更加直接、更加明显。随着新一轮科技革命全球化推进，军用技术与民用技术的相通性、相关性、替代性越来越明显，军队后勤保障、技术保障、装备保障越来越依赖于社会。信息化条件下的局部战争要形成高技术优势，需要由军用高技术系统和民用高技术系统共同来支撑；加快转变战斗力生成模式，着力解决制约作战能力提升的“短板”和薄弱环节，需要进一步加大军民融合的力度。因此，必须更加注重发挥民用科技部门、民用企业和民用科技人才的积极作用，更加注重实施“民转军”战略，提高国防现代化水平，推动中国特色军事变革跨越式发展。

军民融合深度发展是海淀发展之要。习近平同志指出，推进军民融合深度发展，有利于促进经济发展方式转变和经济结构调整，有利于增强国家战争潜力和国防实力。纵观国际国内变化格局，发展才是硬道理，发展才有更多的话语权。习近平主席激励我们要“不耻落后，意气奋发，放胆开拓，争先创优”，以踏石留印、抓铁有痕的劲头，推动各项工作取得实实在在的优先进展。当前，海淀正处在经济大发展、科技大创新的时代，加快推进科技体制创新，促进经济和国防建设转型发展，首要的是坚定不移地全面推进军民融合发展，把区域在人才、技术、装备、设施等诸多领域，具有的领先优势转化到军队的现代化建设之中，做到一份投入、两份产出，实现资源利用效益最大化，推进科学发展上新台阶。

二、近年来海淀军民融合发展的主要做法

近年来，海淀区深入贯彻落实党中央将军民融合上升为国家战略的指示精神，在军民融合发展上积极探索，迈出了坚实的步伐。在军民融合发展中，海淀区积极统筹区域军地创新资源，成立中关村核心区军民融合产业联盟。出台三年行动计划，探索适合海淀区特点的军民融合创新发展模式。同时，海淀区积极加强与军工单位的对接合作，促进军民融合创新产品和优势技术的推广应用，依托先行先试的政策优势，研究多措并举推进军民融合发展，构建海淀特色军民融合发展格局，推动全国科技创新中心核心区建设。

（一）强化认识，聚焦军民融合深度发展

推进军民融合深度发展，必须着力推进观念的创新。习近平主席深刻指出，要进一步把军民融合式发展这篇大文章做好，使关心国防、热爱国防、建设国防、保卫国防成为全社会的思想共识和自觉行动。要统一认识，更新理念。继续深化解放思想，深刻认识军民合作、交流的重要性。加大国防的宣介力度和开放力度，使社会各界深入了解军民融合的政策精神，努力形成适应新常态下融合发展的新理念。军民融合是社会主义市场经济条件下的融合，必须发挥好市场在资源配置中的决定性作用，运用价格杠杆激励成本控制和增加收益，按照市场供求规律调整融合项目，引导资源向有利于融合的方向配置，实现经济社会资源和国防需求的无缝对接。解决好市场准入和市场竞争的问题，使更多有资质的民营企业获得参与融合建设的平等权利。激发民用企业参与国防建设的积极性，打破行业和隶属关系的藩篱，以开放的心态追求新的发展空间。在加快推进经济发展同时，更加注重为生产力转化成战斗力创造条件，要把推进国防后备力量建设纳入地区经济社会发展规划，在同频共振中强化国防，实现地方满意、军队受益、军地合力。另一方面，军队要积极支持经济社会发展。习近平同志强调，“军队要遵循国防经济规律和信息化条件下战斗力建设规律，自觉将国防和军队建设融入经济社会发展体系。”贯彻落实习近平主席重要指示，发扬民兵预备役部队听党指挥、服务人民、英勇善战的优良传统，用战斗力为生产力提供安全保障。各级党委、政府和军事机关要高度重视发挥民兵预备役人员的作用，发挥他们在经济建设中的骨干作用，发挥他们在精神文明建设中的示范作用，发挥他们在完成急难险重任务中的突击作用，发挥他们在维护社会稳定中的卫士作用，为促进经济社会发展和社会和谐稳定作贡献。

海淀率先以政策支持为保障，加大对军民融合重点企业和重点项目的扶持力度。鼓励高校、科研院所、高新技术企业参与国防和部队建设，在资源共享、

科技创新、产业发展、人才引进等方面，对军民融合产业优先落实政策。以科技研发、成果转化、军事采购及产业化为重点，设立专项基金，带动社会资本持续参与。区委、区政府高度重视与军队、军工集团的战略合作，积极探索推动军民融合的海淀特色，形成新的工作机制和合作模式。区委常委会审议通过《海淀区推进科技产业军民融合发展三年行动计划（2014—2016 年）》，以统筹区域经济发展和国防建设为出发点，以提升军地协同创新能力为核心，以推动军转民、民参军体制机制创新为引领，挖掘区域创新资源丰富的优势，借助高新技术产业聚集优势，创新融合形式，拓展融合范围，提高融合层次，打造具有海淀特色的军地良性互动、协调发展的良好格局。同时，积极搭建军民融合发展的五大平台，即构建协同创新研发平台，引进技术转移转化平台，扩充产品和技术采购平台，建立军民供需对接平台，创新居民融合展示平台。在服务体系建设方面，加快建设军民融合的中介服务体系，重点培育军民融合的行业服务体系，同步建设国防科技创新培训体系。中关村核心区军民融合产业联盟在海淀区正式成立，联盟以推进国家军民融合战略，加快转变首都经济发展方式和部队战斗力生成模式为宗旨，通过军民融合科技创新战略实施，将成为一个信息互通、资源共享的组织体系，成为促进海淀区军民融合产业发展的中坚力量，成为全国军民融合示范引领的典范。

（二）突出重点，打造特色军民融合产业集群

进一步完善军民融合科技创新服务体系，打造智能制造、集成电路设计、网络和信息安全、北斗及空间信息服务、先进材料等产业集群。以军事需求为牵引，增强军民融合发展的牵引力。以海淀区核心产业、重点领域、重大项目、主要方向为突破口，培育军民结合特色产业集群。充分发挥海淀区自主创新优势，依托“6 + 1”核心产业基础，选择与军工技术同源、工艺相近的产业领域，推动一批军民两用重大科技成果服务于核心产业发展，形成空间信息服务、信息安全、网络通信、集成电路设计、新材料和虚拟仿真技术等六大军民融合产业集群。海淀区已与解放军某部装备研究院签订了战略合作协议，同中央军委某部达成具体合作意向，与中国航天科工集团联合成立了北京航天科工军民融合科技成果转化创业投资基金，与中国航天科技集团联合成立北京航天产业投资基金，在全国率先开展军民融合基金支持模式的探索。中关村示范区核心区军民融合产业联盟成立后，将在北京市海淀区政府等有关部门的推动下，搭建军地信息交流共享平台，强化联盟成员间在技术攻关、项目研发、成果转化、示范应用、人才培养等方面的交流与合作；发挥市场配置资源的决定性作用，统筹规划人才、经费以及实验室、检测、认证等方面科技创新资源的合理配置，逐步实现联盟内科技资源共享，带动海淀区军民融合科技创新深度发展。

（三）完善机制，构建特色融合发展格局

推动经济社会建设与国防动员和后备力量建设形成一个相互融合、相互协调、相互促进的发展格局。坚持党委统揽。把军民融合式发展纳入党管武装工作范畴，纳入领导责任目标考评，推动形成党委统一领导、党政军齐抓共管、社会各级密切协同、广大军民积极参与的工作格局。坚持政府主导。坚持军地联动和军地交流合作，能军地共同开发的不另起炉灶，能相互拿来使用的不重复建设，能彼此交流借鉴的不自我封闭，在面向战场、立足市场中实现军地互促共进。坚持制度保证。海淀及时研究出台推进军民融合式发展的相关意见、规划和措施。紧紧抓住发展机遇，利用产业园区机制灵活、政策优惠、成果转化快、聚集资源多的优势，做好项目入园规划和建设实施。海淀区探索出“四项”有中关村核心区特色的军民融合科技创新机制，即：建立具有海淀特色的军民深度融合协调机制，优化“军转民”和“民参军”项目发现、储备、推介机制，构建高科技成果转化对接机制，完善跨区域的军民通用领域的产业布局与资源整合机制。构建中小微军民融合企业创新创业平台、军民技术双向转化平台、军民科技创新战略协作平台、军民融合展示交流平台、军民融合综合服务保障平台等平台；探索破解制约军民融合技术双向转化难题、国家军民融合政策制度改革、创新吸引高端军民两用人才的新路径。以人才培育为抓手，夯实军民融合发展的基本支撑。深入挖掘运用国防大学等部队教育资源，共育共享人才资源，发挥人才的支撑和牵引作用。组织企业“民参军”资质基础培训，提高民口企业参与国防科技科研生产的能力与资质，打通区内“民参军”绿色通道，提高军民融合层次，助力核心区建成具有全球影响力的科技创新中心。

三、进一步推进军民融合深度发展的思路与对策

海淀在军民融合发展方面取得了很大成绩，形成了有特色、有项目、有抓手的良好局面，但是与中央和北京市的要求还有差距。一是认识上需要进一步提高，军民融合是国家战略的重要组成部分，必须站在全国的角度，按照长远规划进行全面部署；二是政策制度上还不够完善，与军融合相关的制度框架、落实措施不够全面细致，还有一些传统的工作制度没有纠正，新办法新制度不够配套；三是理论研究氛围不够浓厚，关于军民融合发展的理论研究项目相对较少，研究力量弱，研究成果不够丰富。习近平强调，努力形成全要素、多领域、高效益的军民融合深度发展格局。军民融合深度发展是一个系统工程，涉及的内容多、项目多，必须按“需求牵引、国家主导”要求，找准国家、军队、企业利益的契合点，集中力量在国防和军队建设最急需、国家最能提供有力支撑、军民双向结合转化效益最大的关键领域和重点环节上谋求突破。海淀

下一步军民融合发展要在总结经验的基础上，重点做好以下几个方面的工作。

首先，要创新军民融合发展理念。一是牢固树立统筹发展的理念。统筹处理需要与可能、当前与长远、军需与民用、全局与局部等关系，引导社会多元投资、多方技术、多种力量更好服务国防建设；研究完善顶层设计，建立健全推进军民融合式发展的决策机制，实施军民融合的战略决策、组织编制中长期规划；完善统一的组织领导模式，结合不同地区实际，制定时效性针对性强的政策法规、审议重大军民融合计划和项目、部署军地有关部门按照职责推进军民融合式发展等。二是创新发展理念。把继承优良传统与改革创新结合起来，充分挖掘军民融合发展的历史经验和传统优势，让融合发展的好思想好做法一代一代传下来，并结合新的任务新的实际发扬光大。同时，着眼新常态新要求，努力在继承中创新军民融合发展的方式方法。正如习近平指出，“社会主义是前无古人的事业，一代又一代人探索，失误乃至失败，再探索，直到成功，循环往复，乃至无穷，这是无可指摘的必由之路”。这些重要论述给我们以深刻启迪。当前，军民融合发展已经站在了新的起点上，我们要进一步开阔视野，注重借鉴和学习世界上发达国家和地区的成功做法，探索出适合我国国情的融合发展新路子。三是是科学发展理念。要把握和遵循“两个规律”，即市场运行规律和军事建设规律。

首先，发挥市场作用，把国防和军队建设纳入国民经济发展之中。习近平同志强调要“自觉把经济布局调整同国防布局完善有机结合起来”，在中央政治局第十五次集体学习中又指出，使市场在资源配置中起决定性作用、更好发挥政府作用。军民融合深度发展本质上是以经济发展为前提，以资源整合为模式，用市场手段竞争激发创新活力，打破垄断体制、优化发展环境，确保资源投入有质量有效益。

其次，健全军民融合配套政策法规。习主席特别强调要把依法治国的要求落实到工作的各个方面。要完善需求项目论证、重大项目对接、信息通报共享等相关的法律规定，促进军民融合科学化、法制化、规范化发展。在当前市场经济大环境下，必须加快军民融合法及相关法规的立法工作，善于运用法治思维、法治手段破解制约和影响军民融合深度发展的体制性障碍、结构性矛盾和政策性问题，以法规制度这个硬杠杠来推动融合，从宏观上对国防需求与民用需求、应战需求与应急需求等进行指导，解决好现行政策覆盖面不够全的问题，对近年来国家和地方政府在经济社会发展中出台的优惠政策措施进行系统梳理和修订完善，研究制定推进军民融合式发展的指导性文件，对涉及重点融合领域的有关政策作出适当规定，在军民融合式发展实践的基础上，制定指导规范军民融合式发展的基本法律，为进一步完善法规体系奠定基础，尽快修改完善现有法律法规中不适应军民融合式发展要求的个别条款，清理废止不利于军民融合式发展的政策法规，避免军事需求挂空挡。坚持以利益驱动机制作保证。

再次，突出抓好重大建设项目贯彻国防要求。明确军事需求提出的职能部门，组织对本辖区的军事需求进行汇总把关，搞好论证筛选，逐级上报审定后分解细化、下达落实。加快制定重大建设项目贯彻国防要求目录及标准，统一规范技术参数和依据，将其作为该类项目审批、核准、备案的基本条件。建立健全重大建设项目军地联合审批督导制度，具体明确军地共同参与立项审批、监督检查、评估验收的程序方法，规范对违反规定、擅自建设、质量低劣者的惩处措施。

第四，突出深化军队保障社会化改革。军队保障涵盖范围广、军民通用性强，是军民融合的主战场，必须把军队保障社会化改革突出出来。习近平曾强调，当前改革进入了“攻坚区”和“深水区”，改革如逆水行舟，不进则退，在前进的道路上再没有多少好啃的“软骨头”了，必须啃“硬骨头”了，必须迎难而上打硬仗。这条道路对深化保障改革同样适用。如果社会化保障改革不能很好推进的话，军民融合深度发展就谈不上。要加大经费投入，通过制定国家和地方专项预算、募集社会资金、依托社会保险系统等办法，设立军民融合保障基金，鼓励并引导民间资本融资投资，提高社会化改革运行的维持性经费保障标准。要加大先进技术和高技术人才对军事的转移力度，人才和技术是推动保障改革的关键，核心技术必须靠我们国家自身的努力来掌握。习近平同志深刻指出：“只有把核心技术掌握在自己手中，才能真正掌握竞争和发展的主动权，才能从根本上保障国家经济安全、国防安全和其他安全”。要完善国防科技协同创新体制，改革国防科研生产管理和武器装备采购体制机制，改革完善依托国民教育培养军事人才的政策制度，拓展军队保障社会化领域，不断提升部队社会化保障水平。

第六节　以协同发展带动创新创业

习近平总书记强调指出，全党同志要把思想和行动统一到新的发展理念上来，崇尚创新、注重协调、倡导绿色、厚植开放、推进共享，努力提高统筹贯彻新的发展理念能力和水平，确保如期全面建成小康社会、开启社会主义现代化建设新征程。学习贯彻这一重要讲话精神，必须把思想和行动统一到新的发展理念上来，与学习中央关于京津冀协同发展的指示精神结合起来，主动打破自家“一亩三分地”的思维定式，在优化城市布局和空间结构，推进产业协作、协同发展上下功夫。当前和今后一个时期是海淀经济社会协同发展的关键时期，要坚持顶层设计、有序推进持续协调发展，把中央的战略决策和习总书记的要求落到实处。

一、海淀协同发展的主要做法

（一）推进城乡统筹发展

2002 年 11 月，党的十六大提出“统筹城乡经济发展”的政策，提出把城市和农村的经济社会发展作为整体统一筹划，建立平等、和谐的城乡关系。2005 年，党的十六届三中全会提出了建设社会主义新农村的重大历史任务。这些给协同发展带来了良好的机遇。海淀抓住这一契机，加快农村城市化进程，开展农村集体经济改革。2002 年，海淀区政府制定《关于城乡结合部地区乡镇集体资产处置及集体经济体制改革试点工作的意见》，按照“撤村不撤社、转居不转工、土地变资产、社员当股东”的思路，进行清产核资。坚持工业反哺农业、城市支持农村，不断加大财政对解决“三农”问题的投入力度。深入进行农业结构调整，大力发展旅游观光等现代都市农业，促进了农村生态保护和农民增收。进行绿化隔离地区建设，加快旧城改造、新村建设步伐。在集中投入建设下，海淀农村基础设施得到极大改善。城镇和农村逐步建立起基础设施和公共服务设施的长效运行机制。人才、科技优势也进一步向农村倾斜，城市教师、医务人员对口支援农村的活动有序开展。城市资源的整合利用，推动了农村教育、文化、卫生、体育等各项社会事业发展。在“城中村”、城乡结合部等的环境整治取得成效，以 64 项新农村建设折子工程为抓手，加大支农惠农政策力度，推动城乡统筹发展；公共服务能力不断增强，加强公共卫生管理网络建设，完善公共卫生体系。

（二）实现产城融合发展

实现产城融合发展是推进协同协调发展的重中之重，也是增强发展核心竞争力的重要途径。注重提高质量效益，着力构建优质化、多元化、集群化、创新型的现代产业体系，精心打造海淀经济的升级版。高度重视产业发展，推进科技创新，高标准规划、建设新型集体产业园区，将稀缺的农用地资源与现代农业科技有效结合，与驻区高等学校和科研院所加强合作，促进核心技术研发力量和核心人才集中。立足于建设创新型城区，促进科技与工业、农业、金融、文化、旅游等各领域全面融合，打破科技资源条块壁垒，统筹整合区域内高校、科研院所与企业的科技资源，深化产学研合作，加速科技就地就近转化转移，向科技要效益、要品牌、要竞争力，不断提高科技进步对经济发展的贡献率。

（三）促进公共服务均等化

立足当前实际，区分不同区域，统筹做好城市化、新农村建设、就地协同，注重建设宜居的人文环境。改善民生是和谐发展的根本出发点和落脚点，但改善民生只有起点，没有终点。共享阳光公平。以做大“蛋糕”为基础，以分好

“蛋糕”为关键，坚持底线思维，健全长效机制，持续加大民生投入，每年实施若干重大民生工程，积极回应群众关切。共解民生难题。大力实施城乡居民收入倍增计划，通过产业富民、就业富民、创业富民、帮扶富民等措施，促使城乡居民收入大幅增长。加快推进镇级社区服务中心建设，让政府公共服务进一步向农村延伸。强化促进城乡就业“1 + 10”政策实施效果，建设“就业功能”突出的社区（村）就业服务站，落实农民定岗培训政策，实施个性化项目培训方案，提升精细化就业服务能力。制定实施新的学前教育三年行动计划，不断扩大优质教育资源覆盖面。落实宽带北京行动计划，加强农村信息基础设施建设，扩大光纤到户比例，增加无线网络覆盖范围。深化群众性精神文明创建活动，实施全员大培训计划，优化公共服务，让所有在海淀的人生活有尊严、发展有机会、权益有保障。共建利益机制。完善各方利益共建共享、社会矛盾多元化解、社会稳定风险评估机制，加强和改进信访工作，畅通诉求表达渠道。

（四）全面提升协同发展质量

围绕实现以人为核心的协同，坚持问题导向，营造更加有利于一切创新创造活力的体制机制。统筹实施“拆”“调”“建”“管”和“以房管人”“以业控人”调控措施，加大对房屋违法出租问题治理力度。以产业定位和政策配套部署乡镇产业园启动和业态调整。将南部地区统筹纳入中关村科学城建设辐射范围，与 39 家单位的 42 个科学城签约项目进行对接，大力推进南部“城中村”整治和集体产业升级，基本完成 11 个“城中村”项目。全力打造中关村创新中心区（CID），借此与中关村科学城形成功能互补。全力消除“产业空壳村”，形成优势主导产业，鼓励和扶持有条件的乡村发展宾馆饭店、物业管理、租赁经济、仓储物流等产业，实现“小瓦片”经济向“大瓦片”经济转变。

（五）深化落实京津冀协同发展战略

海淀区着眼于京津冀协同发展的大背景，加强与兄弟区县的合作对接，以实现区域资源优势互补、共赢发展。早在 2012 年 11 月，中关村海淀园开始进行产业有序转移，这不仅契合了京津冀协同发展战略，而且是海淀园自身发展的内部需求。为促进空间发展转型，有效带动当地产业结构升级和创新驱动发展。2015 年海淀区委十一届七次全会通过《中共海淀区委海淀区人民政府关于落实北京市委市政府贯彻京津冀协同发展规划纲要意见的若干措施》（以下简称《若干措施》），为海淀区今后推动京津冀协同发展战略实施指明了方向，提供了行动纲领和具体举措。《若干措施》共提出 8 个方面、36 条具体措施，包括统一思想把握机遇、有序疏解非首都功能、加强人口规模调控、推进中关村核心区创新发展、大力推动文化创新、提升城市规划建设管理水平、深化体制机制改革和加强组织保障等内容。海淀将进一步深入推动京津冀协同发展，完善跨区域合作和资源共享平台，促进科技成果在京津冀地区辐射转化。

二、海淀协同发展主要模式

（一）重大项目带动式

国家重大项目的特征是以国家计划和科研机构为主体，以科技活动及其成果为主导，在完成基础研究、应用研究、开发研究的基础上，按照国家项目要求组织和参与中试、产品化直接到形成产业并占有市场的过程。比如，2013 年北京大学一共有 12 项“973”计划系列项目获得批准立项。其中包括 6 项国家“973”计划和 3 项重大科学研究计划。北大的中科院院士、中国工程院院士、第三世界科学院院士、著名计算机专家王选教授，领导研制的“计算机激光排版系统”，引发了我国印刷出版业“告别铅与火、迎来光与电”的技术革命。北大还在纳米电子学、量子电子学研究和微电子技术、指纹识别系统等方面承担了一系列国家项目，其技术转移应用后，对经济发展、国防建设以及人民生活水平提高乃至生活和工作方式的改变产生了重大影响。技术转移方式正由单项技术交易向系统集成（产品化）技术转移或者“工程总包”模式转变，代表着技术成果转化的一种新的趋势，“工程总包”是技术系统集成（产品化）的一种特殊模式。集成创新已经成为北京产业发展和技术转移的一大特点，呈现增长趋势，同时也推动着北京地区大学科研机构研究成果的落地。重大项目技术应用依然是技术转移的主题，重大技术的集成转移才是真正对产业发展有决定意义。重大项目产业化转移往往是产业升级换代和布局调整的关键内容，是技术集成（产品化）和“工程总包”模式的集中体现形式。目前，北京的技术交易中已经有超过 50% 的项目来自国家和北京市重大科研计划成果，其中北京地区大学科研机构占比较大。

（二）军地协同式

以科技研发、成果转化、军事采购及产业化为重点，设立专项基金，带动社会资本持续参与。区委、区政府高度重视与军队、军工集团的战略合作，积极探索推动军民融合的海淀特色，形成新的工作机制和合作模式。区委常委会审议通过《海淀区推进科技产业军民融合发展三年行动计划（2014—2016 年）》，以统筹区域经济发展和国防建设为出发点，以提升军地协同创新能力为核心，以推动军转民、民参军体制机制创新为引领，挖掘区域创新资源丰富的优势，借助高新技术产业聚集优势，创新融合形式，拓展融合范围，提高融合层次，打造具有海淀特色的军地良性互动、协调发展的良好格局，同时，积极搭建军民融合发展的五大平台，即构建协同创新研发平台，引进技术转移转化平台，扩充产品和技术采购平台，建立军民供需对接平台，创新居民融合展示平台。在服务体系建设方面，加快建设军民融合的中介服务体系，重点培育军民融合的行业服务体系，同步建设国防科技创新培训体系。中关村核心区军民融合产业联盟在海淀区正式成立，联盟以推进国家军民融合战略，加快转变首都经济发展方式和部队战斗力生成模式为宗旨，通过军民融合科技创新战略实施，将成为一个信息互通、资源共享的组织体系，成为促进海淀区军民融合产业发展的中坚力量，成为全国军民融合示范引领的典范。充分发挥海淀区自主创新优势，依托“6+1”核心产业基础，选择与军工技术同源、工艺相近的产业领域，推动一批军民两用重大科技成果服务于核心产业发展，形成空间信息服务、信息安全、网络通信、集成电路设计、新材料和虚拟仿真技术等六大军民融合产业集群。

（三）校（科研院所）地协同式

发挥海淀科研院所多的优势，积极推进校（科研院所）地合作，促进协同发展。通过“技术+资本”的融合，大学科研机构以技术折股的出资形式，与企业共同创办技术股份制企业，形成一个和谐联动的整体，不断释放出创新能力和企业的创造能力。技术转移不仅仅是机器设备或技术原理转移的简单过程，而是一个复杂的社会、经济和文化过程。为了加快技术开发应用，促进技术在不同主体（技术供方和技术受方）之间的有组织的传递活动，海淀按照各产业领域的技术需求，组织大学、院所科研团队设立协同创新中心。目前，在仿真技术、智能机器人、信息安全、先进制造、大气治理及水处理领域的第一批5个协同创新中心，共有近60家大学、企业及医院参与；未来协同创新中心将达13个，共建单位超100个。① 北京市科委、海淀区政府、北京大学创新研究院共同出资10亿元，组建了协同创新母基金，13个协同创新中心也有13支子基金。每支子基金20%~30%来自母基金，创新共同体核心成员参与，其余来自社会资本。② 做到“目标一致、责任共担、利益共享、行动同步”。建立协同创新实验室。其核心理念是推进和部分行业的持续、稳定的高端技术创新合作，汇集创新资源，让高端人才能专注于有影响力的创新研究，这些研究包括行业关键技术、政府部门关键技术、战略性新兴产业中长期技术储备等，同时在研究中培养创新型人才，促进学科建设。建立产业技术创新战略联盟。坚持“政府引导、市场导向；要素融合、协同创新；重点突破、合作共赢”的建设原则，完善以企业为主体、市场为导向、产学研相结合的技术创新体系，加强联盟在产业构建、技术研发、标准化促进、资源共享、行业交流、市场推广、品牌培育等方面的合作，提升区域创新活力。

（四）跨区合作式

围绕首都科技创新中心区核心区定位，统筹国家战略要求和区域自身发展，

---

① http：//news. sciencenet. cn/htmlnews/2014/8/302316. shtm.

② http：//www. edu. cn/gao_ xiao_ zi_ xun_ 1091/20140902/t20140902_ 1170325. shtml.

聚焦核心区具有发展基础和竞争优势的增材制造（3D/4D 打印）、合成生物技术、纳米新材料、机器人技术，制定支持先进制造技术创新转化的专项行动计划，抢占先进制造技术发展的战略制高点。采取品牌换空间、合作共建园区等有别于传统“飞地经济”的新型合作模式，坚持企业需求导向，与符合条件的地区开展合作，推进核心区产业有序转移。积极探索分园区、分阶段、分项目的多元化的利益共享机制，实现输出地、输入地和企业三方共赢。2013 年，海淀园确定了首批合作试点，分别是河北秦皇岛、山东齐河、江苏溧阳、内蒙古赤峰四个合作意向明确、产业基础良好、各具特色的区域，并签署了分园合作共建协议。2015 年和丹江口签订分园合作协议。截至目前，海淀园和秦皇岛、齐河、溧阳、赤峰、丹江口五个分园大力推进产业有序转移的力度，努力促进海淀区人口疏解，带动产业转型和升级。

（五）企业国际化发展式

推广设立核心区国际创新发展基金，聚焦“6 + 1”重点产业领域，以资本为纽带与国际知名园区、知名机构合作，引进全球领先技术，为园区企业国际化发展提供增值服务。建立面向全球的产业技术联合研发机制，支持产业联盟牵头建设国际化产业技术开发研究院，整合全球技术创新资源，开展跨国技术研发、技术转移和成果转化，主导或参与制定国际标准，增强国际话语权。建立国际市场联合开拓机制，支持龙头企业和产业联盟发起成立国际性行业协会、产业联盟，整合产业链上下游企业抱团开拓国际市场。

三、推进海淀协同发展的路径选择

（一）在协同建设理念上要有新高度

海淀作为国家科技创新核心区和首都中心区，在协同发展上具有示范作用。高度认识海淀各方面工作具有的代表性、指向性，进一步增强政治意识、大局意识，始终与党中央保持高度一致，坚决维护中央权威，确保中央政令畅通，不断增强服务全国政治中心的功能，高水平履行好国际交往中心的职能。海淀发展要与周边地区发展形成相互补充、相互支持的良好局面，以自身发展带动周边发展，实现区域社会平衡转型，减少区域发展的经济社会代价。高度认识协同建设不是形式上的、短期性的，而是实质上、长期性的全面多领域的合作共赢，必须纳入政府工作总体规划，明确责任分工，狠抓落实。高度认识协同建设中需要解决的突出问题，确保海淀安全稳定，让城市更加宜居，让人民群众的工作生活更加便利，把搞好协同体现在工作的各个方面，在服务全党全国工作大局中实现自身的发展。

（二）完善协同发展机制

区域经济协同发展是一种多赢的经济发展模式，需要建立健全科学合理的协同发展机制和制度框架，实施区域协调操作。围绕深入落实《中国制造2025》、“互联网＋”行动计划、“一带一路”、京津冀协同发展等重大国家战略，加快落实《京津冀系统推进全面创新改革试验方案》《北京系统推进全面创新改革试验加快建设全国科技创新中心方案》等改革部署，谋划在科研投入、科技管理、收益分配、科研协同、政府服务等领域探索新一轮体制机制创新，超前储备一批改革探索，塑造“法无禁止皆可为、规有限制可先试”的生态环境，为落实首都城市战略地位、推动京津冀协同发展提供新的动力源泉和制度保障。在目前地方保护主义和市场分割的情况下，特别需要建立一个超越地方利益、有调控能力的协调机构和组织运行机制，制定科学合理的区域协同发展政策，对各区域经济发展方向、规模与结构等进行科学引导和有效约束。要探索建立城市之间、城乡之间协同发展的公共平台，全面提升协同建设的管理水平，完成由自我发展向协同建设的转变。突出经济体制、民主法制、文化体制、社会体制等各个领域的改革任务，把握好改革的时机、力度和节奏，推进重点领域和关键环节突破，加快破除体制机制障碍，推动要素市场一体化，构建协同发展的体制机制，加快公共服务一体化改革，力争再创体制机制新优势，以体制创新推动区域发展上新台阶。推动协同发展还要注意借鉴发达国家先进地区的管理经验，处理好普遍性与特殊性的关系，突出海淀自身特点，发挥区位优势。处理好继承与创新的关系，把历史上北京好的规划内容吸收过来，在继承中创新，在创新中协同，努力开创区域发展新局面。在协同规划实施上要有新突破，大胆创新，丰富协同建设的内涵和协同规划指标体系。根据北京市的发展战略及目标任务，在遵循综合性和系统性等基本原则的基础上，构建一套科学的协同发展指标体系。这些指标主要包括功能定位、经济发展、结构调整、科技创新、社会民生、资源环境等方面。重点要突出协同建设过程中约束性指标，最大限度地分析掌握海淀目前经济社会发展阶段特征的基础上，对指标参数要作细致论证和科学测算，目标值设置既要体现一定的前瞻性，又要符合海淀的发展实际。丰富社会发展协同的内容，不仅要重视科教文卫体等领域的协同，而且要围绕区域协同发展的需要，突出社会公共事业建设，强化共同体意识、缩小贫富差距，以前瞻性的战略规划引导区域协同健康发展。合理优化发展空间布局，既要秉承“十二五”规划中的区域发展思路，做深做实区域发展这篇文章，也要结合当前新形势和新要求，保持空间协调和空间均衡作为“十三五”发展规划落实的重要内容，强化对首都周边欠发达区域的研究，进一步合理提升发展空间布局。

（三）强化市场作用，改善协同环境条件

围绕提高行动能力，进一步处理政府与市场的关系，使市场在资源配置中起决定性作用和更好发挥政府作用，加快培育国际竞争新优势。坚持以保障和

改善民生为出发点和落脚点，全面解决好人民群众关心的教育、就业、收入、社保、医疗卫生、食品安全等问题，让改革发展成果更多、更公平、更实在地惠及广大人民群众。要将民生事业、民生工程作为协同发展规划的重要篇章，特别要将海淀原先的社会管理创新向社会治理创新转变规划，认真研究分析区域和城乡发展、居民就业、社会保障等方面的问题，切实规划好人民关注的就医、就学、停车、垃圾处理等问题，实实在在地体现谋民生、惠民生、促民生。推进各区域协调互动，建立区域经济协同发展信息沟通平台和高效的物流网络系统；打破中心城区与北部四镇之间的市场分割，建立生产要素自由流动的区域大市场，实现在各山前与山后之间资源流动与优化配置。在区域经济发展和生产要素流动方面模糊各区域的行政区划界限，培育密切的区域空间协同关系，实现生产要素自由流动，实现区域间的优势互补，推动各区域走协同发展的道路。促进区域协调发展，须以健全的市场经济体制为基础，消除制约地区比较优势发挥的行政体制障碍和不合理的价格形成机制，最大程度上发挥不同地区所具有的要素禀赋、规模经济和竞争优势，构建区域间合理的竞争与合作关系，实现全国整体利益的最大化。

（四）推进区域间公共服务均等化

推进区域间基本公共服务均等化是当前及未来相当长时期内协同发展中的首要目标，海淀区域之间经济发展的差距在短期内难以缩小，但为各地区居民提供均等的基本公共服务水平则是有可能、有条件实现的，通过为各地区居民提供均等化的基本公共服务，有利于为劳动力的区际流动创造条件，是按照市场经济的方式缩小区域间经济发展水平差距的有效手段。当前要重点提高南部、北部地区义务教育和基本医疗卫生服务水平，建立有利于劳动力流动的人口管理和基本社会保障制度。推进区域间义务教育均衡发展，加快山后地区贫困人口和外来人口义务教育发展水平，在确保义务教育数量的同时，大幅度提升质量。应继续在办学条件、师资水平、教育质量等方面进一步缩小区域间差距，巩固义务教育成果。提高城乡结合部地区基本医疗和公共卫生服务水平，加强服务体系建设，逐步增加服务内容，健全以中心医院为龙头、社区卫生院和村卫生室为基础的医疗卫生服务网络。

（五）引导产业从传统模式向创新型有序转移

产业转移是企业的自发行为，受市场规律的支配，但政府可以科学地运用产业转移的规律，吸取国际产业转移的经验和教训，采取有效措施，引导产业有序转移，避免产业无序转移所造成的弊端，促进区域产业协调发展。当前，海淀产业转移趋势已经初步形成。建议加强协调，做好组织对接。鼓励不同地区之间设立产业转移及对接协调机构，建立稳定和高效的操作协调机制，定期不定期加强协调与沟通，促进劳动密集型产业对接，使劳动密集型产业转移与承接的成本更小、代价更低、周期更短、效果更好。深化改革，为产业转移创造良好环境。进一步转变政府职能与管理方式，提高政务服务的透明度和效率，为企业发展创造公平的制度环境，同时要制订促进本区域承接劳动密集型产业转移的政策措施。加大投入，完善基础建设，进一步加强供水、供电、交通、通信等基础设施和公共设施建设，增强服务功能，为承接劳动密集型产业梯度转移提供良好硬件环境。限制污染企业的转移，强调在转移过程中引导企业提升技术水平和管理水平，减少对转入地的环境污染，提高对资源的利用效率。建立协同发展数据中心，优化各种资源配置，提升资源使用效益。

（六）培育壮大协同发展产业，提升整体发展水平

牢牢把握经济新常态的变化趋势，因势利导，驾驭、引领经济新常态，促进经济新常态健康发展。关键是转变发展方式，调整经济结构，着力创新驱动。发展方式要从规模速度型粗放增长转向质量效率型集约增长，重要途径是要推进新型工业化、信息化、协同、农业现代化同步发展，主攻方向是通过市场的作用和企业兼并重组等形式，调整存量，做优增量，压缩产能过剩产业，大力发展实体经济和新兴产业、服务业，增强战略性新兴产业和服务业的支撑作用，着力推动传统产业向中高端迈进。完善区域政策，促进各地区协调发展、协同发展、共同发展。要从要素投入驱动为主转向创新驱动为主，着力采取有效的政策措施，把创新积极性激发出来，调动起来，积极发现培育新增长点，使其成为新常态下经济增长的重要支撑。在协同推进建设生态文明上要有新作为。党的十八大报告将生态文明摆上了战略高度，因此“十三五”期间面临的生态建设要求更高、任务更加艰巨。要以打造天蓝、水清、山绿、地净为目标，研究环境治理重点、政策举措及模式创新，加大自然生态系统和环境保护力度，争取将北京及其周边的生态优势转化成经济优势，做强做大循环经济，大力发展绿色低碳经济。

第三章　海淀推动大众创新创业主要成就

作为中关村国家自主创新示范区的发源地与核心区，近年来，海淀区紧紧围绕首都中心城区功能定位，以建设全国科技创新中心核心区为统领，把推动创新创业与打造产业生态体系相融合，主动适应和引领经济发展新常态，努力构建“高精尖”经济结构，在集聚创新要素、增强原始创新能力等方面，聚集了大量的优势资源。

第一节　形成了创新创业的配套政策

政策工具是基于价值取向目标，在政策执行中所选择使用的各种方法、手段和途径，是政策目标实现的关键因素。制度是保障根本和长远的，只有健全了创新创业的制度，才能吸引更多的创业者落户海淀，也才能进一步突出科技创新“策源地”的环节特征，加速形成创业要素集聚化、孵化主体多元化、创业服务专业化、创业活动持续化、运营模式市场化、创业资源开放化的发展格局，全面提升地区的综合创新生态环境。为了强化政策的引导作用，海淀区修订出台了核心区“1+10”政策体系，实施《海淀区促进科技服务业发展支持办法》和《海淀区促进人才创新创业发展支持办法》等政策，安排8000多万元财政资金，支持创业服务机构配合区域开展业态调整、给在孵成长企业提供低成本办公空间、提升孵化服务能力、培育留学生企业、引进高端人才，“海英人才”专项奖励等。海淀通过政策引导鼓励社会机构在区域设立孵化器，加大在北部研发服务和高新技术产业聚集区、中关村西区等重点功能区的孵化器建设力度，构建涵盖“孵化器—加速器—定制办公空间—购地自建”等在内的全方位产业发展空间支撑体系。在区域科技金融良性发展背景下，自去年年底，海淀区敏锐把握全球经济脉搏，紧跟资本市场动向，抢抓全球新一轮并购浪潮发展的机遇，在全国率先提出打造并购资本中心，先后发布了《关于建设中关村并购资本中心的实施意见》，出台了并购支持相关政策，成立了中关村并购发展促进会，设立了首期募资规模超过100亿元的中关村并购母基金，并率先建设了天使投资信息登记数据库，进一步巩固了海淀在股权投资行业的示范引领和发展优势。2015年3月，中关村出台了促进智能硬件产业创新29条新政策，大力支持智能硬件产业集群发展。力争到2017年，形成收入规模超过5000亿元、具有全球影响力的智能硬件产业集群。而汇聚了7000多个智能硬件创新创业项目、3000多家供应商和400万智能硬件粉丝的硬蛋平台，是中国智能制造未来的引擎。

国务院发布了《关于促进创业投资持续健康发展的若干意见》后，海淀区紧紧抓住海淀作为全国首批双创示范基地的有利契机，从投资主体、资金来源、退出机制、政策引导和扶持等多个方面，提出了进一步促进创业投资持续健康发展的政策措施，给股权投资行业发展带来了新的机遇，进一步深化简政放权、放管结合、优化服务改革，继续保持支持股权投资行业发展的政策环境优势、金融资本优势和科技资源优势，尽快形成“创业、创新+创投”的协同互动发展格局，培育一批具有国际影响力和竞争力的创业投资品牌，推动有实力的股权投资机构参与其中。党的十八大明确提出实施创新驱动发展战略，推进大众创新创业。落实这一战略，关键是要推进科学技术转移落地，促进大众创新水平的提高。新中国成立以来，为推进创新创业，我国出台了一系列相关政策、规定和指导意见，北京市及各级政府也推出了相关的政策措施，为推进科技进步和企业创新、大众创新发挥了重要作用。本章的政策分析主要指新中国成立以来，特别是改革开放以来，中关村核心区出台的支持大众创新创业的法规、政策、制度、措施等，不仅包括创新技术主体的政策，也包括技术转化、研发和企业自主创新技术的产业化等相关创新活动过程中涉及的法规政策。

海淀区推进大众创新创业政策的发展伴随着首都社会经济发展，从无到有，从借鉴探索到建立完善，取得了很大成效。

自新中国成立到1977年。这一时期，总体上看推进大众创新创业政策发展曲折而缓慢。一方面，依靠我国建国前民间专业技术人员继承、研究和企业在计划体制下进行研发的技术与产业化、社会化过程中，各级出台支持创新创业发展的相关政策；另一方面，苏联对我国实施的技术引进和支持技术转移发展的活动，对我国推进大众创新创业政策的调整产生了一定程度的影响。另外，军事科学技术的发展对大众创新创业也发挥了很大的促进作用。文化大革命期间，推进创新创业政策受到很大冲击，相关政策规定受行政和领导者个人影响大，存在随意性、松散性、单一性的问题，未能形成相对较为完善的政策体系。

1978年到1988年。这一时期推进大众创新创业政策在探索中突破。党的十一届三中全会的召开，拉开了我国改革开放的序幕。同年，邓小平在全国科技大会上关于科学技术是生产力的讲话打开了长期禁锢知识分子的桎梏，迎来了科学的春天。1980年，中国科学院物理所研究员陈春先创办了我国第一家民营科技机构——等离子先进技术服务部。之后，北京一大批科研人员纷纷“下海”，开启了探索将科技成果转化为生产力的创新之路。1987年，“中关村电子一条街”初具规模，各类科技企业快速增长到148家，从业人员达到3800多人，技工贸总收入超过9亿元。这一时期，海淀推进大众创新创业政策突破了体制束缚，适应“贸工技”创新发展模式需要出台了支持推进大众创新创业政策，允许大多数中关村高科技企业作代理，逐步壮大自身的力量，开始涉足高新技术产品的生产加工、技术研发等创新创业活动。在新政策的引导下，北大王选教授开发的汉字字模式信息压缩技术，被应用到北大方正激光照排系统的核心部件的开发中，奠定了海淀区和我国计算机技术应用发展的基础。

1988年到1998年。“北京市新技术产业开发试验区”成立。从此，海淀推进大众创新创业政策制订迈入了新阶段。越来越多的企业选择采取引进与创新相结合或在自己的技术专长领域以自主创新的形式创新技术与开发产品。1989年试验区制定了《北京新技术产业开发试验区1989—2000年发展规划纲要》，加大对生物技术、新材料等产业支持，其中生物技术与新材料产业销售额平均增长速度均超过20%，光机电发展成为试验区第三大高技术产业，产值占试验区总产值的14%左右。形成了电子信息、新材料、生物工程、光机电等多个产业共同发展的格局。王码、华讯、太极等一大批具有自主创新能力的科研院所、高校、留学生创办的科技企业在这里崛起，大众创新创业形成了一定规模的发展。

1999年到2009年。创新政策体系形成。1999年8月，根据国务院《关于建设中关村科技园区有关问题的批复》精神，北京市政府决定将“北京市新技术产业开发试验区管理委员会”更名为“中关村科技园区管理委员会”。2000年北京市人大通过对《中关村条例》的审议，明确“法无明文规定不为过”“企业设立时可以不限制经营范围”“为引进人才突破了制度障碍”“对政府‘不作为’的法律责任进行了明文规定”。中关村又陆续出台了《有限合伙管理条例》《中关村科技园区投诉办法》《中关村科技园区发展专项资金使用管理办法》等条例配套文件，使推进大众创新创业政策体系有了新的发展。

2009年至今。推进实施中关村新一轮创新政策。面对国际竞争加剧和全球新的创新浪潮，中关村核心区又不失时机地推出了提升核心竞争力和创新力的一系列政策方案。2009年，经国务院批复，同意在海淀园建设中关村国家自主创新示范区核心区。海淀北部生态科技新区率先提出建设中关村创新中心区（CID），按照产城融合理念，以创新产业驱动城市繁荣。海淀区发布《进一步加快核心区科技创新发展实施方案（2013—2015）》以及《海淀区“6+1”战略性新兴产业技术路线图》，制定《海淀区优化创新创业生态环境支持办法》《海淀区激发科技创业活力扶持办法》《海淀区提升企业核心竞争力支持办法》《海淀区促进重点产业发展支持办法》和海淀区技术创新项目市场化评价实施细则》，明确了产业集群的发展目标、发展路径和具体支持措施。按照中组部等14 部委以及北京市委市政府《关于中关村国家自主创新示范区建设人才特区的若干意见》的总体部署，自 2011 年开始，海淀出台了《海淀区中长期人才发展规划纲要（2010—2020 年）》《海淀区推进中关村人才特区建设若干措施》，设立了 1 亿元人才发展专项资金，实施高端领军人才聚集工程和优秀支撑人才。

通过对海淀创新创业相关政策不同阶段进行分类和整体分析，可以看出海淀推进大众创新创业政策体系的演进特征。政策的核心目标从引进吸收，转向自主创新出具有海淀特点的实用性政策。随着对知识产权保护和科技成果转化的重视程度的提高，海淀以市场换技术战略逐渐转向以提高自主知识产权和自行开发的高新技术成果的转化率为主要任务，政策的制定重点从体制改革转向政策体系完善和运行机制建立，技术政策的制定主要集中于经济、科技和教育等体制改革，技术创新在相关政策中的体现只限于确立指导方针，鲜有具体措施，党的十八大后相关具体政策纷纷出台，形成了一个政策制定的高潮，推进大众创新创业政策进一步细化，明确了具体的运行保障措施和量化目标，政策的具体措施从有形支持转向无形支持，对创新创业的政策支持多是资金税收和规范管理等有形支持，重点开始转向创新服务、法律法规政策保障、知识产权交易市场、投融资服务等体系建设以及技术转移人员培训与管理等无形支撑上。由此可见，推进大众创新创业政策法规体系逐步形成，相关的政策法规体系框架基本建立，很大程度上促进了大众创新创业的发展。然而，现有政策法规的科学性、系统性和针对性还存在不足，一些涉及中小企业技术创新要素的基本制度建设还不健全，现有政策法规内容还存在缺失，对于企业技术创新能力的提高产生制约影响。

第二节 集聚了一批创新创业机构

海淀通过调整结构、改造空间，越来越多的创业服务机构开始向中关村核心区加速集聚。北京硬蛋空间是继深圳硬蛋一号之后，硬蛋在线下开设的第二家智能硬件体验厅。海龙代表着中关村的过去，而硬蛋则代表着中关村的未来，中关村是全球智能硬件创新中心，硬蛋的入驻成为中关村转型智能硬件产业的有效催化剂。来自世界的 120 余件智能硬件产品，亮相北京硬蛋空间。硬蛋空间不只是一个产品落地展示的平台，在这里创新创业企业还可以对接供应链上下游，实现从 0 到 1 的飞跃。北京硬蛋空间的开放将深圳的供应链资源与北京的智能硬件创新创业企业共享，实现大数据的连接。中关村作为全国创新创业最为活跃的区域，有着大量的研发资源和优势。在过去的几年中，大量的智能硬件、物联网等领域的新产品都诞生自中关村，所以硬蛋要发展一定要来中关村。北京硬蛋空间的落户为中关村的智能硬件创新创业者打开一扇门，它将改变海龙大厦这一传统卖场，成为中关村转型的重要推力。硬蛋将远赴欧洲，参加在罗马举行的 Maker Faire 活动。在 Maker Faire 活动上，硬蛋为来自 65 个国家的千余家世界智造企业提供中国供应链服务，通过一个更加开放的平台，提供更多实践的经验，成为连接整个世界智造和中国大制造的平台，实现中国制造的全球化。到目前为止，全市七成左右的科技型企业扎根海淀，其中国家级高新技术企业达 6100 多家，占全市的一半、全国的十分之一；2016 年 1 至 10 月，区内规模以上高新技术企业年收入超过 1. 26 万亿元，占到全市的近 40%。区域高层次人才数量居全市各区之首，聚集了联想、百度等一批国际知名企业，培育了乐视、小米、融 360 等一批国内知名品牌及“独角兽”企业[①]。海淀区在引领支撑创新创业方面，展现出了强劲的示范带动作用。2013 年，在中关村科技园区海淀创业园内一个零成本、零门槛集众创空间和移动互联网为一体的创业苗圃横空出世。它就是金种子创业谷，金种子创业谷作为最“接地气”的创业孵化器，着力为每一位创业者打造一个从项目到企业再到产业的完整孵化链条。通过不断的发展建设，金种子创业谷目前孵化面积已达 2000 余平方米，标准办公工位近 500 个，运营管理团队近 10 人；形成了以零成本零门槛创业、全链条全过程孵化、聚集服务资源、完善生态系统的孵化特色，专注战略性新兴产业领域，筛选、培育“金种子”企业和人才。

海淀区全力打造国际国内科技创新资源与各类创新资本高效对接的重要枢纽。截至目前，海淀区金融机构总数达 2800 多家，上市挂牌企业超过 800 家；股权投资管理机构累计达到 629 家，占全市的近一半，管理资本量累计达 4000 多亿元；区域内企业本年获投案例及并购交易合计超过 500 起，获投金额及并购交易额合计超过千亿元，数量及金额均居全市前列，特别是长江电力、美团点评、紫光股份、滴滴打车四家企业融资能力显著，获投金额合计超过 645 亿元。积极引导全球创新创业资源集聚和重组，与大型跨国公司形成战略合作关系，与其他国家服务机构联合开展跨境孵化，促进中关村更加主动地获取、利用全球创新创业资源，提升中关村在全球创新中的网络位势。目前，中关村创业大街已与美国、以色列、芬兰、法国、韩国、新加坡、瑞典、泰国、西班牙、澳大利亚、印度等 10 余个国家的 20 余个机构开展合作，通过项目交流、联合孵化等多种方式，构建了开展全球创新创业合作的常态化通道。目前，中关村创业大街与美国 500startup、法国商务投资署（BusinessFrance）、中国法国工商

① 独角兽企业原本是美国风投界的术语。是指在中国境内注册，成立不到十年，获得过私募投资，且未上市，估值超过 10 亿美元的初创公司。这些企业最初通常是以软件为主，但现在渐渐包括了其他领域的行业。

会、韩国创业振兴院（KISED）、韩国 D – CAMP、世界韩民族高新技术企业协会（INKE）、澳大利亚 Muru – D、澳大利亚 Fuseport 等机构开展多方位合作，并与中欧区域经济合作中心、韩国京畿道经济革新中心、韩国未来创造部全球创业支持中心（Born2Global）、韩国技术风险财团等机构确定了良好的战略合作关系。未来，海淀区委区政府将进一步打造中关村大街，坚持“自我探索”“自我管理”和“自律发展”的“三自原则”。促使海淀形成更好的创新生态，同时让全国创新创业事业从创业大街起步，面向全国、走向全球，创新创业生态已经进入 3.0 阶段。同时，创业大街成为连接全球创新网络的重要枢纽，成为我们国家新经济发展的发动机和风向标。政府以及各类创新创业主体、社会组织、创业服务机构以及新闻媒体应该共同努力，让创业大街真正成为具有全球影响力的科技创新的标志地，成为广大创客的精神家园。站在国家战略实施者的高度，面向国家的重大需求，捕捉全球科技竞争先机，进一步提高创业服务能力，孵化出更多创新成果，促进实体经济转型升级，将创业大街打造成中国创新创业的风向标，成为全球知名的创新创业圣地。

第三节　搭建了功能多样的众创服务机构

推进创新创业需要有相应的平台作支撑，海淀区通过建立创业社区、支持组建新型服务组织，为创业者提供全方位多渠道服务。推出的动态移动式创新创业服务平台，首创“政府 + 专业服务”的方式，联合政府部门及 100 余家专业服务机构，为创新创业企业提供工商注册、孵化服务、政策咨询、投融资对接、法律服务、财务管理等八大模块四十余项专业服务，打造快捷、高效、优质的一站式创新创业服务平台。孵化器是初创企业起步的摇篮，围绕科技中介、科技条件、科技金融三大方面，逐步建立“预孵化 + 全孵化 + 专业孵化 + 加速孵化”的孵化体系。海淀永丰基地设有“中关村一二三工厂”孵化器，重点为智能硬件和可穿戴设备核心技术领域的创业企业提供空间、后勤、技术、金融和创业指导等服务。翠湖科技园设有协同创新孵化器，为初创企业提供办公空间、企业注册、财务咨询、人力培训、政策咨询等基础服务，为成长企业提供技术研发、资本融资、品牌宣传、市场推广等加速孵化服务。2015 年度，金种子创业谷作为具有公益性质的零成本众创空间，围绕“众创”相继打造了创新驿站、海创驿站、移动互联网专业孵化平台及智能硬件公共技术平台，并搭建了专业的投融资服务平台。金种子创业谷是经中关村科技园区海淀园管委会及海淀区政府批复同意，由海淀创业园（中关村科技园区海淀园创业服务中心）投资建设的创新型孵化器，设开放办公区、集中办公区、专业孵化区，咖啡洽谈室、图书阅览室、会议室等，总面积2000余平方米。孵化器以“零成本创业+全链条孵化”与“开放孵化平台+组合资源服务”的特色，专注于战略性新兴产业领域，培育“金种子”企业和高层次创业人才。目前，创新驿站聚集了上百名创新导师，海创驿站吸引和服务了数十家海归企业，移动互联网专业孵化平台累计孵化近百家高成长性企业，其中优秀毕业企业60余家；智能硬件公共技术平台完成场地及硬件建设，并已聚集了无人机、智能家居等细分领域的数十家智能硬件企业；投融资服务平台聚集了洪泰基金、富平基金、中金创新资本等近百家优质投资机构。通过我的众筹、众投天地、零钱包、芝麻金融等创业谷孵化项目，从而为入孵企业进行股权融资、债权融资搭建专业、快捷的对接平台。在支持海归人才创业方面，金种子创业谷积极发挥平台优势和品牌影响力，努力支持创业者实现从0到1发展。80后女留学生谭璇在创办珀金斯景观设计（北京）有限公司后，带领团队在短短几个月时间就实现了50万元的销售收入。2015年，创业谷通过建立QQ群、微信群、校友录以及网络孵化平台等信息交流窗口，为在园区内孵化的创业企业建立了一个温馨而实用的创业社区。邀请创业者、投资人等创业参与方将各自的“项目”以众包的形式共享出来，引导相关领域的创业者与创业者间、创业者与投资人间达成业务合作，实现互利共赢。在创业谷建立的创业者微信群内，每天都能看到源源不断的人才加入进来，通过分享彼此的创业故事及经验，相互学习，共同成长。同时，创业谷在建设发展中还以示范推广的方式采用在园企业的十多项创新产品。如采用珀金斯设计公司制作航天桥分部的效果图；采用停简单公司“停简单”APP改造升级园区停车智能系统；采用网观科技“网观看看”APP实现活动网络直播和网络宣传推广；采用留学归国博士研发的倚天新媒体传播平台，改造、升级园区公共会议室等等。真正将创业谷化身为每个创业项目的先期体验用户，为企业有针对性地提供项目的修改完善建议，助力企业更快更好地发展运营。

第四节　举办了一系列创新创业活动

海淀通过一系列精彩的主题演讲、专题讨论、全球路演、科技竞赛、展示体验、信息发布等，集中展示以中关村核心区为代表的当今世界创新创业领域取得的优秀成果，吸引全球优质创业资源聚集中关村核心区，引领未来国际创新创业发展趋势，并通过持续的培育，将“中关村创新创业季”系列活动打造成北京建设具有全球影响力科技创新中心进程中的一张创新创业名片。开展各类形式多样，内容新颖的创业公益性活动，增强各个孵化企业间的联系，促使创新企业间互相帮扶，实现共赢。如，组织“精益创业”主题分享会，吸引近百个服务创业团队；联合产品经理体系举办北京产品经理分享会，累计参与人数达上千人次；多次组织读书分享会及创业拓展等活动，累计参与人数达百余人次；引入涵盖注册代办、会计记账、知识产权代理、企业悦读、创业心动力等各方面创业服务的几十家科技服务提供商，低成本服务在孵企业。通过一个个精彩的主题分享会学习实现从零到一的转变，使每一位初创企业的创始人实现从草根创业者到企业领导人的华丽“变身”。

众筹基金周周投。众筹就是发动群众和社会力量，万众一心地“筹钱”“筹人”“筹智”，使得企业能够在竞争激烈的市场环境中顺利得以存活。2015年9月，金种子创业谷联合12家投资机构共同设立种子投资基金，种子基金资金额度500万元，主要投资于入孵的早期创业项目，基金后续的资源也十分丰富，涉及的领域非常广泛。不仅如此，还在园区内设立了“三十九咖啡社”，通过“三十九咖啡社”可以让在园孵化的企业实现“不出楼”办公，在楼里的咖啡厅内即可申请与中关村成功的企业家进行资源和融资对接。如已获得恺富资本天使投资的智慧旅游项目、红杉资本前合伙人投资的HTML5手机小游戏项目、专注小学生在线教育，且公测阶段就有5万多用户的e掌握、致力于缩短抢救时间的急救医疗等项目。“中关村创新创业季”系列活动每年举办一次，每次20天左右，在中关村核心区（海淀）13个分会场陆续举办全球创业大会、创业马拉松、环球顶级赛事、创客嘉年华、全球风险投资峰会等五大板块30多项创新创业活动，可以看做是中关村核心区创新创业激情的一次集体大爆发。作为中关村创新创业季的重要活动板块，全球创业大会由中关村创新创业季组委会和清控科创共同主办，大会以“New”为主题，“New”代表了新时代新发展，同时也寓意大会云集“牛”人，还暗含了新企业、新人才的意味。大会特邀了美国、韩国、西班牙等海外创业者代表及国内优秀创业者为活动嘉宾，展开以“创业与未来”“基于互联网的创新与创业机会”为主题的演讲及对话，打造集聚年轻化、国际范和科技感的创新创业交流大会。环球顶级赛事板块包括Demo the World全球创新路演、2015——众筹元年及Slush China三大活动，将组织来自全球的顶尖创业团队进行项目路演及创业大赛，展示国际创新市场最新趋势，搭建世界创业人群的沟通桥梁。创客嘉年华是国内目前惟一面向普通青年大众和亲子家庭的以科技为核心，结合设计、艺术、文化潮流的大型智能硬件产品体验展示活动。“Zero to Hero/想法当实现”，让公众体验创客产品、使用和接受各种新奇好玩的智能硬件，感受科技与艺术、科技与音乐、科技与美食、科技与教育跨界碰撞带来的惊喜。中关村创业大街在业态调整和产业升级方面取得了成就并积累了经验，而“知识产权一条街”则属市、区共建的“一城三街”项目，位于中关村国家自主创新示范区的核心地带，由一纵一横两条轴线的沿线区域构成，纵轴为西土城路—学院路一线，南起北京邮电大学，经国家知识产权局向北延伸至北京科技大学，长 2.5 公里；横轴为知春路—海淀南路一线，东起中国标准化研究院，向中关村西区延伸，经国际技术转移中心至中关村知识产权大厦，长 4 公里。同时，中关村创业大街基于全球创新创业交流经验，正式对外发布“全球创新青年领袖计划”。该计划与全球知名高校、机构建立合作，通过创新创业体验、创业实习、创业第二课堂等方式，在全球搭建一个能够挖掘、筛选和培养优秀创新青年的平台，引领全球青年创业浪潮，促进全球创新文化交流和思想碰撞。

第五节　促进经济社会发展取得新成绩

一、经济总量概况

近年来海淀区经济总量始终保持快速、稳定的增长势头。初步统计，2016 年本区域地区生产总值 5036.8 亿元，同比增长 7.5%（不变价），占北京地区生产总值的 20.2%；规模以上工业企业完成工业总产值 1753.9 亿元，同比下降 8.5%；全社会固定资产投资完成 872.5 亿元，同比增长 0.2%；社会消费品零售总额 2213.2 亿元，同比增长 5.7%，经济密度 1354 万元/kinZ；区域财政收入 2387.4 亿元，同比增长 9.3%，区级一般公共预算收入 386.1 亿元，同比增长 8.0%；地区进出口总额实现 282.7 亿美元。

质量效益稳步提高。三次产业内部结构进一步优化，高技术制造业快速增长，第三产业占比超过 88%。投资质量效益进一步提高，基础设施投资高速增长，二三产业投资进一步加快。利用外资水平继续提高，新批外商投资企业 210 家，实际利用外资 18.9 亿美元。消费转型升级步伐加快，互联网零售快速增长，新增五彩城二期、华联肖家河购物中心等 40 万平方米大型商业设施；旅游综合收入达 450 亿元，同比增长 10%，中关村科教文化旅游服务业标准化试点通过国家标准委验收。文化创意产业收入在全市占比保持 40% 以上，在全市率先出台了推动文化和科技融合发展三年行动计划。“营改增”试点顺利推进，试点单位 7.6 万户约占全市四分之一，试点行业累计减税 86 亿元，企业总体税负下降 37%，企业发展活力进一步增强。

丰富的科技、教育、文化资源，为海淀经济的腾飞奠定了基础。海淀园是在原新技术开发试验区的基础上发展起来的，是中关村科技园区的核心和主体。2013 年制定了进一步加快核心区科技创新发展实施方案（2013—2015）、科技服务业发展和中小微企业助力三年行动计划等政策措施，核心区政策体系进一步完善。深化实施中关村“1 +6”和新四条先行先试政策，核心区自主创新和产业发展“1+10”政策体系及20亿元专项资金有力支持了区域企业快速发展。2015年园区企业总收入16357.33亿元，增长18.3%，占中关村示范区的40.1%。电子信息、环境保护等新兴产业实现20%以上的快速增长。

海淀区依托区内丰富的科技、教育、文化、人力资源，借助高新技术产业聚集优势，持续探索以创新驱动引领推动经济转型升级之路，已发展成为“中国科技创新第一区”。截至2016年底，国家高新技术企业认定复审通过482家，新认定通过785家，总量达到5005家，约占中关村科技园区“一区十六园”的55%，全国的10%，新认定中关村高新技术企业420家，累计达到12000家。2013年，海淀园驻区单位作为第一完成单位共有53个项目分获国家自然科学奖、国家技术发明奖、国家科技进步奖和创新团队奖（通用项目），占北京市通用项目获奖总数的70.7%，占全国21.5%；海淀区内单位（个人）参与的共有78个项目获得国家科学技术奖，占北京市的72.9%，占全国的31.7%；TD-LTE国际标准等21个项目获得2013年中国标准创新贡献奖，约占全国的36%。812个产品、28项服务被认定为中关村示范区新技术新产品（服务），分别占全市的64.5%和62.2%。连续三年空缺后产生的国家自然科学二等奖以及国家技术发明一等奖均出自海淀，在3个创新团队奖中，北京占据2席，均来自海淀；推荐区内企业申报2014年国家火炬计划68项。2015年全区专利申请量5.9万件，同比增长26.5%，占北京市37.8%，专利授权量3.1万件，同比增长40.0%，占北京市33.2%。其中发明专利授权量1.6万件，增长35.3%，占全市的44.2%。海淀技术合同成交额预计实现1436.8亿元，同比增长5.1%，占全市的41.6%，占全国的14.6%。

产业转移和合作模式迈出实质性步伐，逐步形成了我国规模最大、自主创新能力最强的高新技术聚集区。中关村科创硅谷孵化器在硅谷成立，中关村海淀园秦皇岛分园正式设立。百度、小米科技、水晶石等移动互联、文化科技融合类企业发展势头迅猛。国家七大战略性新兴领域中，70%以上的龙头企业坐落于海淀园，跨国公司地区总部增至9家，海淀园成为北京市总部经济集聚区。全国首家国家技术标准创新基地落户海淀区，中国国际技术转移中心吸引52家国际化创新服务机构入驻。中关村核心区生物工程和新医药产业联盟正式成立。科技金融蓬勃发展，出台了关于建设国家科技金融创新中心的实施方案，“国家科技金融创新中心”标识在中关村西区设立，北京股权交易中心落户并正式运营，海淀区成为首批中国创业投资示范基地，股权投资机构总数达600余家，创业投资引导基金合作基金总规模超过65亿元。发布了关于促进互联网金融创新发展的意见，互联网金融中心、互联网金融产业园、互联网金融基地挂牌。全区上市（含挂牌）公司达313家。成功举办首届互联网金融峰会、第五届全球PE北京论坛。

二、新农村建设

目前，海淀的农村经济正处于转型升级阶段，大力发展生态农业、休闲农业、智慧农业，探索都市现代农业新形态，百旺生态农业园等项目顺利实施，2016 年，农村经济总收入达 270.9 亿元，同比增长 3.1%，农村经济纯收入 71.6 亿元，比上年增长 9.5%。扎实推进集体经济产权制度改革，基本完成村级改革，稳步推进镇级改革，在全市率先开展农村集体土地确权颁证工作。促进集体产业转型升级，出台“一镇一园”建设指导意见，温泉镇起步建设迈出实质性步伐。不断完善城乡一体化发展的体制机制，健全区、镇两级农资监管体系，积极推进镇级集体经济产权制度改革和车耳营、七王坟村就地改造试点，基本完成集体建设用地使用权调查，确权登记工作稳步开展，1836 人实现农转居安置。

三、人民生活水平

2016 年全区居民人均可支配收入 67022 元，同比增长 7.5%。新增城镇就业人口约 5.97 万人，城镇登记失业率为 0.94%，城镇登记失业人员就业率达 63.1%。

社会保障体系不断健全。2016 年养老、医疗、失业、工伤、生育五项保险参保人数分别为 257.7 万、325.6 万、216.4 万、200.1 万和 188.1 万人，分别比上年增长 3.6%、2.8%、1.9%、3.3% 和 5.5%，五项社会保险基金累计收缴 569.4 亿元，同比增长 13.7%；城乡居民养老保险基础养老金水平居全市第一。

医疗卫生服务体系不断完善。全区共有卫生机构 1080 个，拥有床位 12351 张，卫生技术人员近 3 万人，其中执业医师 1.1 万人。推进海淀医院等区属公立医院法人治理结构改革，与北大人民医院等三级医院建立医疗卫生服务共同体。鼓励社会资本举办社区卫生服务机构。“一键式”家庭医生服务试点有效推进。荣获国家“卫生应急综合示范区”、北京市“慢性病综合防控示范区”称号。加快制定养老服务业发展意见，进一步完善普惠型养老服务体系，鼓励引导社会力量提供社区居家养老专业服务，建成 30 家养老服务管理中心和 200 个社区老年互助社，新增养老床位 1332 张，签约社区养老服务商 658 家。

全民健身体系建设进一步增强。全年更新、新建全民健身居家工程 230 余套，新建达标体育生活化社区 170 个，创建 2 个市级农村体育特色村，完善全民健身科技服务，对 19 个街镇 20000 余人开展了国民体质监测。

第四章　海淀区推动大众创新创业典型案例

第一节　中关村互联网教育创新中心在调整中创新

中关村互联网教育创新中心位于中关村核心区，是“互联网 + 教育”产业专业园区，享有“中国教育硅谷”的美誉。中关村互联网教育创新中心的前身为中关村数字物流港。中关村数字物流港有限责任公司成立于 2003 年 8 月，2014 年 5 年 28 日获得海淀园关于成立中关村互联网教育创新中心的批复，2015 年 5 月更名北京中关村互联网教育科技服务有限责任公司。近三年吸引了近百家互联网教育企业入驻。项目覆盖阶段，涉及翻转课堂、MOOC、智慧校园、智能排选课、课件制作、教育咨询、直播互动平台、区块链等领域。拥有近千个知识产权、服务学生超过 3000 万人次、服务院校 4500 余家，从融资情况来看，团队拿到天使投资的平均金额为 438 万元，A 轮投资的平均金额为 1253 万元。构建了互联、互通、共享的教育创新生态环境，鼓励创新、支持创新。中心立足于依靠海淀区教育和 IT 技术的两大优势，打造三大平台，即基础服务平台、创新创业平台和融资助飞平台，一体化的创业孵化链条（苗圃 - 孵化器 - 加速器）为企业全生命周期提供支持，是“互联网教育产业的聚合者”“互联网教育产业的服务者”“互联网教育孵化的领航者”，是互联网教育创业者的聚集地，中国教育创新策源地。去年以来，国家教育咨询委员会、科技部火炬中心、中组部机关事务管理局、中国青年政治学院、北京师范大学、世界银行全球教育实践局等领导和专家莅临参观指导，给予了很高评价。

一、主要创新项目

（一）VR 沉浸式教与学系统

系统带领参展者穿过 VR 网络虫洞，开启体验式学习新模式。在 VR 世界里，用户可以在学习中心兴趣盎然地掌握各学科知识；去科普中心探索神秘的宇宙；来视听中心畅享身临其境的巨幕震撼；到运动中心脱离场地的限制玩转各类运动。

（二）经典导读阅读学习系统

经典导读项目由北京云舒写教育科技有限公司发起，旨在为全国中小学生提供“阅读与表达核心能力提升系统课程”，助力孩子的阅读、思维、表达与成长。

（三）创新型中小学英语学习系统

“智慧流模式”以官方英语教材数字化为基础，在国内率先开发拥有自主知识产权的创新型中小学英语学习系统，通过有效连接官方英语教材的数字出版、公立学校的课堂教学、家庭课后的学习辅导三大场景，提供最有效的英语能力提升服务。

（四）新维学习空间站

新维学习空间站是在“移动学习”教育部—中国移动联合实验室 MOOC 研究中心、中关村互联网教育创新中心、新界教育公司等多方研究成果和应用实践的基础上，以新维慕课开源平台，语音、笔迹、表情等自动智能识别记录教育、学习行为自然大数据为基础，构建的未来智慧教育、自适应学习环境。

（五）一人一课表

一人一课表平台以国际先进的优化算法为基础，通过完备的规则设置和策略服务，为学校提供中高考改革下的走班教学一体化解决方案。

（六）NOBOOK 虚拟实验

NOBOOK 虚拟仿真实验采用 HTML5 技术，支持多终端跨平台访问，电子白板、台式机、一体机、平板电脑等终端均可使用，Windows、IOS、Android 全平台适应。其中，NB 生物采用 H53D 技术，NB 物理和 NB 化学内置独特的“引擎”，不仅支持教师任意组装实验、不受实验步骤的限制，而且所有实验操作均可呈现准确的实验数据以及逼真的实验现象。

（七）魔绘想象力课堂

面向幼儿园、早教托管机构、绘本馆教学使用的儿童想象力多媒体游戏化互动课程，以想象力培养模型为核心，通过动画、视频、游戏等寓教于乐的方式，帮助教育机构提升儿童人文底蕴和科学精神、培养面向未来的学习能力和创造力的新一代公民。

二、主要创新优势及特点

（一）探索教育新模式

中关村互联网教育创新中心与“移动学习”教育部—中国移动联合实验室

MOOC 研究中心、新界教育共同建设未来智慧教育、自适应学习环境——未来教室“新维学习空间站”，共同摸索未来教育模式、场景。新维学习空间站是以新维慕课开源平台，语音、笔迹、表情等自动智能识别记录教育、学习行为自然大数据为基础，构建的未来智慧教育、自适应学习环境。空间站为教育机构和个人的提供课程录播、直播服务，为未来学习模式测评研究，包括未来学习终端、智能化教学、学习机器人等提供新技术、新产品、新模式，是国内、国际未来教育研究的交流平台，是互联网教育高端论坛的常驻地，是未来教育的创客空间。作为全国最领先的未来教室，新维学习空间站自启动以来，吸引了来自全国各地的院校老师前来参观、考察、调研。并与国家教育行政学院、北京师范大学等诸多院校共同举办现场教学活动，让老师们了解最前沿的互联网教育技术、创新理念，助推院校教育创新发展。

（二）聚合行业优质资源

2016 年 3 月，在海淀区工商联的指导下，以海淀区互联网教育产业发展战略为导向，发起成立互联网教育商会；2016 年 11 月，与新东方等二十几家机构共同发起成立“中国互联网协会教育专委会”。通过商会、协会聚合全产业链资源，搭建沟通交流的平台，搭建政企沟通桥梁，帮助会员企业协调解决发展中的问题，助推互联网教育企业快速成长，聚集了互联网教育行业优质资源。

（三）链接全球教育势能

中关村互联网教育创新中心 MOOC 创业港于 2015 年 2 月 4 日正式发布，提供“基础 + 公共 + 增值”全面服务，帮助 10 人以下的创业团队初期发展。为拓展国际视野，学习国际先进教育理念及经验，进一步推进中国的教育与技术发展，中关村互联网教育创新中心对 MOOC 创业港进行升级改造。2016 年 11 月 12 日，中关村互联网教育创新中心和未来工场联合运营的互联网教育未来工场国际孵化器正式发布成立，邀请市领导、海淀区领导做主旨演讲、致辞，以及邀请国际知名孵化器负责人圆桌形式分享国外的先进经验。互联网教育未来工场国际孵化器与全球多家教育孵化器建立合作伙伴关系，并聘请世界银行资深教育信息化专家 Michael Trucano、CMS Global 总裁及创始人前阿波罗副总裁 Charlie Nguyen 等多位国内外教育专家为国际创业导师，搭建全球教育沟通交流平台，提升国际化视野，推动教育国际化发展。会后人民日报、中国教育电视台、海淀电视台、中国青年报、新浪教育、搜狐、网易、凤凰网等多家媒体对新闻发布会进行了广泛报道。互联网教育未来工场国际孵化器立足中关村，旨在成为具备全球视野、跨国创新创业合作、连接国内外先进教育产品和服务、促进跨国教育创新创业人才和资源互补的教育科技孵化承载平台。

（四）搭建行业交流平台

中关村互联网教育创新中心举办了系列行业活动，例如互联网 + 教育创新周、在线教育项目路演、产品经理冲刺营、现场教学等行业品牌活动，国际顶级公开课、MOOCs 建设与发展高峰论坛、EduTech 国际论坛等具有国际影响力的活动，一方面提升了自身在教育行业的影响力，另一方面为企业、政府、院校搭建了互联、互通、资源共享的平台，链接国际势能，提升国际化视野，拓展国际化资源。

“互联网＋教育”创新周活动于2016 年5 月28 日~6 月13 日举办，为期 17 天。在海淀区人民政府的指导下，由中关村科技园区海淀园管委会主办、中关村互联网教育创新中心、互联网教育商会承办。分为“行业趋势、展示体验、资本陪跑”三大板块，通过主题演讲、行业沙龙、项目路演及评审、教育创新产品展示体验等形式，共举办 14 场活动，会议规模达 6593 人，线上线下有近 10 万人参与。人民日报、光明日报、腾讯教育、中国人民政府网、新华社、中国教育电视台、北京电视台等媒体相继报道。

2016 年 10 月 14 日，中关村互联网教育创新中心举办国际顶级公开课活动，邀请精益创业器创始人特雷弗·欧文斯（Trevor Ownes）分享如何用精益创业方法打破创新创业窘境，并在活动上聘请特雷弗·欧文斯为中关村网教的国际顾问。本次活动同时入选中关村创业大街创新创业季活动，并在创新创业季活动闭幕式上受到好评。

2016 年 11 月 4 日，中关村互联网教育创新中心主办“EduTech 国际论坛 | 互联网＋教育时代的数字革命：解读《2016 世界发展报告：数字红利》”，邀请世界银行资深教育信息化专家 Michael Trucano 做主题演讲，并聘请 Michael Trucano 为园区国际顾问。中国教育电视台、海淀电视台、新华社、光明日报、新浪教育、腾讯教育、中国商报等多家媒体对国际论坛进行了广泛报道。

2016 年 11 月 30 日，中关村互联网教育创新中心与北京师范大学远程教育研究中心联合主办“2016 中国 MOOCs 建设与发展高峰论坛”。论坛齐聚国内五大慕课平台：华文慕课、学堂在线、中国大学 MOOC、北师大 MOOC，顶你学堂，并邀请到《互联网＋教育：中国 MOOCs 建设与发展》的作者：北京师范大学郑勤华博士、陈丽教授以及 MOOC 研究专家、学者等，共同探讨中国 MOOCs 建设与发展，解码中国 MOOCs 兴起与发展、创新与变革、平台建设与学习者分析、课程形式与设计模式、教学交互与平均模式、高校 MOOCs 现状与推进、课程证书与学分制度等内容。

（五）宣传行业政策资讯

利用微信、微博、网站三个自媒体平台对教育行业政策、发展热点、新闻动态、园区活动、入驻企业亮点等进行全面宣传报道，解读政府政策及市场变化，及时高质地提供深度资讯，为教育行业的企业、院校及机构提供发展和决策参考。此外，中关村互联网教育创新中心与人民日报、中国教育电视台、海淀电视台、中国青年报、新浪教育、搜狐、网易、凤凰网等多家媒体开展深度合作，紧跟行业时代脉搏，共同关注教育行业发展。中关村互联网教育创新中心定期采访互联网教育行业有影响力的人物，汇编整理近百位互联网教育 CEO 的一手访谈资料，从企业家的视角感知和洞察今天“教育”的变化，2016 年 5 月出版《站在风口的中国互联网教育——30 位 CEO 访谈实录》一书，从企业家认识“教育”的视角向人们呈现当下正在发生的这一场互联网教育大变革，丰富了中国在线教育的“知识市场”。

第二节　中海投创新业务助推产业辐射

北京中海投管理公司（简称“中海投”）于 2013 年 3 月实施公司制改革，经营定位是“为核心区新技术产业发展服务的功能性企业”。按照新的功能定位，公司努力探索技术转移和产业辐射新模式，业务创新初见成效。

开拓创新业务。按照“立足产业、开放合作、构建模式”的思路，确定了以“技术平台、产业加速、资源投资、国际化、专业服务”（简称 PARIS）为内容的创新业务：整合国内外高校的科研设施，搭建产业技术研发和服务平台；整合各地方原材料和土地等资源，促进中小企业加速发展；拓展房租租金、中介服务等作价转股，实现资源的资本化投资；拓展国际化的技术引入和产品输出服务，带动核心区企业国际化业务；组建专门团队，提供新技术转移和产业辐射专业化服务。

构筑产业辐射源头。编制《新兴产业链延伸和辐射三年行动计划》，通过整合各地优势资源、管理服务输出、定向孵化、设立产业技术研究院等方式，建设广东顺德、宁夏石嘴山、浙江嘉善等 8 个新产业辐射园，承接核心区中场地需求大的企业生产制造部分，形成以海淀为中心辐射全国的产业链放射结构。

创新业务模式初步成型。借鉴台湾工研院的成功经验，形成了“公共技术平台 + 产业技术研究院 + 技术产业化公司 + 产业专项基金 + 产业园区”五位一体的创新业务模式，已应用于与美国 UTD、仁创集团等单位的合作并取得成效，未来将全面推广。

取得的主要成果：一是促进国际高端技术向核心区转移成效。在美国设立产业技术研究院。继设立硅谷孵化器后，2013 年 11 月与德克萨斯大学达拉斯校区（UTD）签署协议，在关键技术研发、高端人才培养、UTD 成果转移、留学生创业等方面开展合作。目前，已在德克萨斯州设立中海德州产业技术研究院，将在模拟电子技术与应用、纳米技术、智能能量系统等领域转移技术和高端人才；已确定引入铂磷发光材料、LED 简化工艺和聚合物法拉电池等 3 项技术，将促进国内相关产业快速升级。

借助国外第三方组织引进低碳环保技术。在挪威商务参赞索黎的支持下，与挪威国家创新署进行洽谈引入挪威新能源和节能环保技术；与世界自然基金会气候创行者项目合作，引进瑞典等国的低碳技术应用项目及海外资本。两个项目均已确定合作意向，现正在制定具体方案。

引进台湾地区电动车技术。与台湾八达创新公司、磐石电池公司和永固马达公司等纯电动车技术企业合作，搭建技术研发和测试平台，面向国内纯电动车生产企业提供技术转移。

二是推动核心区成熟的产业技术向全国转移。搭建我国“砂产业”孵化平台。整合仁创科技集团“硅砂资源国家重点实验室”的500余项专利，合作设立北京仁创中海科技公司、中关村砂产业基金，面向全国转移“砂产业”技术；三年内将在全国设立30个砂产业基地，其中，安徽合肥基地已建成投产，银川基地将于下半年投产，内蒙古奈曼旗基地已开工。

以产业项目推动京津冀发展融合。按照管理和服务输出方式，与河北固安大清河开发区合作，建设12.89平方千米的固安智慧产业园；促成中关村创新研修学院签约园区产业规划，并设立“中关村京南职教城”；八达创新、永固马达和磐石电池等台湾企业拟入驻“纯电动汽车产业园”，现正制订园区规划方案。

推动新材料技术辐射西部地区。整合宁夏石嘴山钽铌铍、碳基材料、精细化工、煤电资源等优势，设立具有孵化和加速双重功能的“石嘴山新材料产业示范园”，已被确定为石嘴山国家高新区建设重要内容；“石嘴山中海科技园区建设公司”“石嘴山新材料产业技术研究院”“石嘴山产业专项基金”等项目手续正在办理；在京设立了新材料产业技术研究院，未来将转移北京理工大学、北京化工大学等在京高校的新材料技术至宁夏。

设立平台辐射阿拉伯世界。与中色（宁夏）东方集团有限公司等单位共同设立了“宁夏科创中阿国际技术转移中心”，直接参与宁夏“中阿国际论坛”，联络22个阿拉伯国家的客商；今年9月将组织核心区企业参加中阿国际贸易博览会。建立和完善现代企业管理制度，引入高端的产业服务人才；建立国际化的业务体系，搭建国际化的产业技术和市场对接平台，在海淀区所属国有企业中切实发挥“试验田”“探路者”和“先锋队”作用。

第三节　北大维信让民族药业再创辉煌

北大维信是北大未名集团的骨干企业之一。他们所走出的中药现代化之路，处处体现出了技术创新、科技创新，堪称企业技术创新之典范。他们利用一个产品启动一个市场，利用一个市场发展一个企业，利用一个企业创建一个基地，利用一个基地推动一个产业。他们提倡着一种自由创新的思维方式，提倡着交叉学科的相互撞击。这种思维方式，这种相互撞击，在北大维信工作安排中实现了：化学、物理、数学、生物等诸领域还需要的，或者所欠缺的，是一个机遇，一个火花，甚至一种暗示。红曲菌，是对人体无害的菌种。明代《天工开物》对红曲功效就有了较全面的记载，《本草纲目》《清异录》中也均有红曲的记载。红曲是中国传统的中药材，通常把红曲霉接种到粳米上，经适当的发酵过程，即可得到一般红曲。红曲有健脾消食、活血等药用功能。而红曲霉又分为好几个亚种，每个亚种又有十几个甚至几十个不同的菌株，这些菌株从生长发育形态到产物代谢途径都各有差别。

目前用于食品添加剂或食品色素而生产的红曲为多菌株的混合产物。高血脂症是现代医学病名，是指血清中胆固醇或甘油三酯或低密度脂蛋白胆固醇的含量高于正常值，或者高密度脂蛋白胆固醇的含量低于正常值。有此症者，气短、胸闷、头痛、头晕、腹胀、身困乏力、纳谷不香、肢胀或麻等。在红曲中筛选的是能够降血脂的菌株，是一支性能独特的菌株，是能产生大量人体胆固醇合成酶的抑制剂——洛伐他丁类的物质。所以它是红曲中的独特菌株。由于红曲霉菌株的数目本身就很繁多，加之各种微生物在生长发育过程中不断产生变异，这就使得筛选具有独特性能的红曲霉品种的工作变得十分复杂。整整变了 20 代。一代一代的变异，整整变了三年。直到 1994 年 8 月，生产用菌种才定型。定型是指可以达到完全药用标准。早在一年前，即 1993 年 7 月，张茂良就积极与北京市卫生局取得联系，向他们报告了这一消息，得到了市卫生局上至局长、医政处，下至医院的大力支持，并于同年 9 月开始进行临床双盲试验。临床是在北大校医院和北京医院同时进行的。共做了 152 个病例。其中有 101 例病人服用张茂良的红曲降血脂药，有 51 例服用普通红曲。经过几个月的临床试验之后，到了 1993 年 12 月 31 日。数年来的心血，他们终于取得了可以用来治病的菌种。

北京大学科技开发部主任蒋明教授接待了新加坡维信集团。尽管维信集团从未涉足过生物工程行业，并且他们是第一次登门与北大合作，但他们仍然拍板决定：就上这个项目。他们把这个项目叫做“血脂康”。1994 年 7 月，由北京大学与新加坡维信集团共同创办的北大维信生物科技有限公司成立了。注册资金 8000 万元人民币，其中新方投资 4080 万元，占股份的 51%，而在北大投资的 3920 万元中，血脂康以价值 2920 万元人民币作为技术投资入股。1995 年上半年，血脂康进行二期临床试验。1995 年 10 月，血脂康获得了卫生部准字号药证，成为国家级保密品种。血脂康的问世使红曲在中国和世界历史上的应用水平达到了最高境界，有着划时代的意义。它是浸透了张茂良、彭启秀等科学家辛勤汗水的北大维信特制红曲，它和传统的中药红曲及市面上销售的用作色素的红曲有着本质上的区别。血脂康的成功开发，是继承和挖掘中国传统医药宝库的一次创举，一次飞跃。血脂康古为今用，洋为中用，推陈出新，是中药研究和开发的成功典范。中医药是我们中华民族的传统瑰宝，她为我们中华民族的繁衍昌盛作出过不可磨灭的贡献。同样，众所周知，中医药一直没有真正地进入到国际医药主流市场。这是因为中药在药效和安全性评价、生产工艺、质量标准、制剂技术、临床研究等多方面的发展比较滞后。如今，生物工程技术的异军突起，可将中药的“古老性”和“复杂性”加以现代科学的改造，通过生物工程技术可以使中药的生产在人为控制的条件下进行，使中药生产规范化，达到质量稳定、工艺上乘、安全可靠。北大维信公司推出的血脂康就是其中的范例。北大维信投入规模化生产的血脂康，采用远离城市的山区中未经污染的大米为原料，加入培养液，接入红曲霉菌种，在一定温度和时间的条件下，运用现代生物技术发酵而成。

北大维信的这座现代化生产厂房，坐落在北京西郊的温泉。北大维信生产的血脂康，其每粒胶囊中 Lovastatin（胆固醇合成酶抑制剂）都是相同的，它是经过严密的科学控制而制成的。中华医学会也于 1996 年 6 月发文，将血脂康作为唯一降血脂药物列入中华医学会重点推广工程。1996 年 9 月 12 日，人民大会堂湖北厅热闹非凡，北大维信与美国世代健康公司签订了为期 20 年、金额达 20 亿美元之巨的血脂康出口合同。中成药出口一直是我国医药界在探索的问题，据有关部门的统计资料显示，目前我国每年中成药出口额在 10 亿元人民币左右，相当于 1.2 亿美元。而血脂康的出口签约，只此一项，每年平均即可达到 1 亿美元。这无疑是中国医药界的一件大事。所以在这次签约出口的会上，卫生部副部长王陇德说，这是一项了不起的工作，血脂康是中国传统医药与现代科学结合的好产品。血脂康走向了世界，它将不仅服务于富有聪明才智的中华民族，它有许多科研成果，还可以将这些成果转化为产品，形成规模产业，关键是我们如何走科技成果转化之路。北大维信的成功创业告诉人们，中医药文化博大精深，中医药中有许多取之不尽、用之不竭的资源，等待人们去挖掘。北大维信的出现，是这个时代赋予人们的礼物，是中药现代化之路更加宽阔的一个信号，是我国科技创新的一个最好例证，人们企盼着更多像血脂康这样重量级的发明创造，也企盼着更多的“维信公司”出现。

为了鼓励员工创新，充分挖掘员工潜能，北大维信生产部从 2013 年第三季度开始，在车间内开展合理化建议评选活动。该项活动已成功每年举办二到三次，共有 53 名员工获奖。这些获奖的合理化建议涵盖了生产活动的方方面面，包括设备改进、作业方法改进、安全生产、现场 5S 改善等，小至工具的便捷取放，大到安全隐患的排除，每一个合理化建议的诞生，都凝聚着员工的辛勤汗水和不断实践。

经过持续鼓励与助推实施，这项活动的理念已经深入人心。老员工从他们多年积累的工作经验中获得灵感，新员工将新观念或原单位的先进方法结合现况引入进来；改进完成后经过实践考评，都取得了很好的成效与突破。我们相信，人人有创新的潜能，事事有改善的余地。这项活动的推行，为员工搭建了展现聪明才智的平台，是员工绩效管理综合评价的关键指标之一，同时也是充分调动员工积极性，拉动生产良性循环的有效举措。现在，已经有越来越多的员工加入到合理化建议评选这项活动中来，让我们从身边发现，从优化着手，相信通过大家的共同努力，生产部的明天将更加美好。

第四节　互联网+智慧停车破解拥堵困局

中关村街道位于海淀核心区域，辖区职住结合，人口密度较大，随着汽车产业的迅猛发展，辖区车流量与日俱增，“交通堵、停车难”已逐渐成为困扰辖区交通和百姓生活的重要症结。面对公共服务和交通治堵这一重大考验，街道鼓励社会力量积极参与服务城市静态交通，通过引入第三方停车企业，积极推行“互联网+”智慧停车模式，有效缓解了辖区停车难、停车乱的困局。

一、“互联网+”智慧停车模式的实现方式

中关村街道与专业智能停车互联网公司“北京停简单信息技术有限公司”（简称“停简单”）展开合作，优化停车服务功能，应对日益增长的车位需求。一是以停车场卡口智能化改造及电子支付为突破口，获取各停车场实时精准的停车数据，推动社会公共停车场车位共享，提高车位流转和使用效率；二是通过建设和推广智慧手机应用软件（APP）系统，实时发布停车场空/满信息和空车位优惠信息，实现停车位信息实时查询和预约，缩短找车位时间，提高市民出行效率；三是通过停车收费员手持互联网终端设备，利用牌照识别、车主手机客户端等相互联动，完成对路侧占道停车场车位的精准管理，减少停车争议和投诉。

“停简单”的整体运作包含四大系统：智能车牌识别计费系统、停车运营云平台系统、收费端及用户端APP系统。车主通过手机APP查询小区剩余车位情况，停车场入口智能车牌识别系统自动启动，道闸打开，车辆自行驶入，随后小车停车位实时更新并上传到云平台，其他车主可通过手机APP实时查看剩余车位信息。离开时智能车牌识别系统再次启动，道闸随即打开。整个过程车主无需开窗、拿卡与支付停车费，一切网上进行，大大缓解了车辆进出停车场时排队拥堵现象。

二、“互联网＋”智慧停车模式的实际应用

中关村街道秉承先行先试、稳步推进的原则，以太阳园社区、中关村一小周边为先期试点，推行“互联网＋”智慧停车模式，着力解决停车秩序混乱、家长占道停车问题，取得良好成效。

（一）改造太阳园社区停车库，实现高峰期错时停放

太阳园社区位于大钟寺东路，是北京较早的高档社区，共有业主2700户，规划车位3100个，日均车流量可达4000辆。小区长期采用人工收费的传统管理方式，致使停车场拥挤不堪、管理混乱，众多车主一证多车逃避收费，外部车辆随意进入占据业主车位，临时停放与固定车位混用，卡口收费员“跑冒滴漏”多次引发收费争议。同时，高峰期进出口排队拥堵现象严重，影响社会道路通行，增加安全隐患。

针对上述情况，中关村街道对太阳园社区开展车牌智能识别系统升级改造，在社区各出入口加装高清视频拍照摄像头和高速道闸等硬件设备，配合停车场本地管理系统及“停简单”云平台系统，对车场进行全方位智能化管理。改造后，车辆通过电子眼与道闸实现分区管理，停放有序；人员配置方面，计时单发放岗、巡逻岗共减少6个，每年经营成本将节约近70万元，切实做到了“减员”；物业经营管理上，智能收费系统计费透明，杜绝了“跑冒滴漏”现象，物业3个月的营收从5万元增长到200万元，有效实现了“添秤”。智能停车系统加快了车辆出入速度，为车主提供先离场后付费、出入不停车的快速通行体验，早晚高峰期社区出入口路段排队拥堵现象也得到明显改善。

（二）开通校园周边车位预约功能，实现社区车位使用率最大化

中关村一小是海淀区重点小学之一，早晚高峰期大量家长接送学生，导致北四环辅路占道停车现象多发，交通严重拥堵，管理非常困难。一小附近的科春、科育社区是中科院最大的家属区，居住者多为中科院科研人员，内部虽有车位，为维护社区治安一直处于封闭状态，致使社区车位多空置，周边区域停车难。

街道经对科春、科育停车场及周边环境分析研究，多方协商后为两社区安装了车牌识别系统，并引进“停简单”云端车辆管理系统，允许早晚高峰期经过预约的部分家庭车辆驶入社区短暂停留。家长只需用手机APP实名注册提前预约，即可实现社区入口道闸自动识别抬杆放行，既有效利用了社区闲置车位，又缓解了高峰期校园周边交通堵塞。“停简单”云端车辆管理系统还可以与交管部门信息联动，对套牌车辆和高安全风险车辆进出社区进行提示，为维护社区安全提供保障。

三、探索运用“互联网 +”解决路侧占道停车管理的新途径

路侧占道停车一直是交通管理过程中最棘手、最难解决的问题，下一步中关村街道将继续借助第三方力量，搭建占道停车收费应用系统，结合路网与停车数据，将车辆进出场时间、泊位空闲状态等数据实时采集至后台中心，进行统一存储和处理。用户通过手机等查找目的地附近车场，驶入后输入车位号或由收费员手动拍摄车牌计算费用。通过后台中心、前端设备及相关系统进行数据交互，实现临时占道停车的智能管理，提高交通整体通行率。对于恶意逃费的用户，将联合交警等部门共同追缴，并借助银行计入个人诚信记录。

面对未来停车场逐渐走向少人化、数据化和去现金化的必然趋势，中关村街道将不断提升自身的知识水平、管理水平和服务水平，为迎接这一变革做好充分准备，通过对优质创新企业提供政策支持、资金支持和舆论支持，不断聚焦辖区堵点难点，解决百姓实际关心的问题。

第五节　中关村创业大街打造创新生态

中关村创业大街街区位于中关村西区核心位置，北临北四环，西靠苏州街，交通便利，前身是海淀图书城步行街。随着街区业态升级和创业服务机构的引进，目前街区已经初步形成具有国际国内影响力、顺应创新创业发展趋势的创业生态，2013 年 3 月，海淀区委区政府依据北京市打造“一城三街”，聚集高端创业要素的要求，推动海淀置业全面由海淀图书城向创业服务业态升级，通过回租、回购与置换等手段，整合超过 7200 平方米，累计完成超过 3.1 万平方米空间整理。基于优势互补、强强联合的原则，海淀置业和清控科创联合成立中关村创业大街运营公司——北京海置科创科技服务有限公司，按照“政府引导、市场化运作”的方式，定位于建设创业服务集聚区、科技企业发源地、创业者文化圣地，打造具有极强科技感、展示度、时尚感的创新创业特色景观大道，吸引培养一批具有国际影响力的世界一流创业孵化服务机构，致力于缔造全球知名的“Inno Way”。街区致力于构建服务功能完善的创业生态。以创业企业的需求为导向，以全球范围内服务资源的整合为基础，街区积极引进各类创业服务机构，重点打造“创业投融资 + 创业展示”两大核心功能，以及“创业交流 + 创业会客厅 + 创业媒体 + 专业孵化 + 创业培训”五大重点功能。自 2014 年 6 月开街以来，中关村创业大街共入驻创业服务机构、投资机构 40 家，孵化创业团队共计 1791 家，其中约 600 个团队在街区孵化。中关村创业大街提供完善的创业服务功能，满足创业者寻求交流空间、活动场地、网络服务等硬需求，

以及投融资对接、创业培训、创业媒体宣传、创业孵化、企业招聘等创业软需求。提供企业设立服务、科技金融服务、法律咨询服务、人力资源服务、知识产权服务、政策咨询服务等创业服务。在这条神奇的大街上，平均每周举办近30场活动，自开街以来，累计入孵创业团队700个，超过100个海外团队；合作投资机构超过2500家，有375个团队获得融资，平均每家融资500万元，融资额18.75亿元。在国际合作方面，与韩国、美国、澳大利亚、英国、法国、印度等国家开展了合作，并已在硅谷设立了工作站。

创业生态不断提升。一是引入多元的优质创业要素，带动各类社会资源流向创新创业活动。中关村创业大街积极与之合作。大公司带来技术平台、销售渠道、商业资源、国际化视野等等，带动背后大量社会资源流向大街，产生巨大势能，带动大街功能升级。Intel、京东、蚂蚁金服、毕马威、普华永道，这些在传统行业内已经非常优秀的大公司，也更积极地参与到创新创业活动中。吸引大企业、跨国公司等开放资源，参与到创新创业中来，这里的创业生态愈发丰富多样。例如，京东设立“JD +”，整合产业链资源，打造开发的智能硬件生态体系，Intel联手大街的硬件孵化平台硬派空间成立中关村创业大街Intel联合众创空间，还有股权众筹平台因果树、工业设计平台洛可可等一批新机构，共同带动大企业资源、金融资本、产业链资源注入到创新创业活动中。二是国际交流与合作持续推进。中关村创业大街积极对接国外大企业、创业服务机构、行业协会等开展全球化创业服务合作。与美国500startup、法国商务投资署（BusinessFrance）、中国法国工商会、韩国创业振兴院（KISED）、韩国未来创造部全球创业支持中心（Born2Global）、韩国D－CAMP、世界韩民族高新技术企业协会（INKE）、澳大利亚Muru－D、澳大利亚Fuseport、中欧区域经济合作中心等10多家机构开展多方位合作。盛景网联推出盛景全球创业者轻孵化计划，将全球优秀的创新技术项目带到中关村创业大街进行路演。接待了来自美国、韩国、新加坡、澳大利亚、俄罗斯、墨西哥等国家和地区的57个代表团，来访人员共计316人，并多次参加韩国国际交流会议、创新创业活动。同时，加强与韩国、美国、澳大利亚、英国、法国、印度等国家合作，已经在硅谷设立工作站。中关村创业大街将通过优化服务、资源对接、政策引导、资本投入等多种方式，不断促进国际项目在中关村创业大街，在海淀落地生根。三是会客厅平台线上线下实现联动。创业会客厅是在海淀区政府的指导和支持下，由中关村创业大街运营公司北京海置科创科技服务有限公司打造的“动态移动式创业服务平台”。创业会客厅联合政务、专业服务第三方等相关机构，旨在为创业企业提供便捷高效的创业服务资源对接。创业会客厅首创“政府 + 专业服务”的方式，联合政府部门及100余家专业服务机构，为创业企业提供一站式、全方位的免费创业服务，内容涵盖公司设立、政策服务、科技金融、法律咨询、人力资源、财务管理等六大类别，40余项。2015年3月运营至今，创业会客厅共接待4255次创业咨询，深度服务1096家创业企业，其中有461家创业企业通过窗口办理企业设立业务。依托中关村创业大街的优势资源和创业会客厅的运营经验，北京海置科创科技服务有限公司致力于打造“创业会客厅线上平台”，即一站式创业服务集成平台和创业资源对接平台。线上平台以创业者的共性需求为核心，整合线上线下创业服务资源，提供公司设立、孵化服务、政策咨询等服务功能，作为创业会客厅线下业务的拓展和延伸，帮助更多创业企业便捷、高效、精准地享受各类创业服务资源。四是硬件创新，推动资源集聚。持续探索服务科技创新领域，孵化培育新兴产业。随着计算机技术、互联网技术与各产业的深度融合发展，在硬件产品上的集成互联网技术等应用实现创新突破，“互联网+”时代来临，智能硬件将真正成为下一轮创新创业爆发点。为了在新领域提前布局创业服务体系，构建更加完善的创业生态系统，创业大街开始推动硬件与信息技术集成项目孵化。持续推动硬件创业孵化资源集聚创业大街。2015年3月即开始筹备建设硬派空间智能硬件孵化平台，已经与intel、汉能集团、中电网、硬创邦等企业开展各种合作，并于9月、10月陆续组织了“首届中关村创业大街创客节”“2015年中关村创新创业季硬件节”等系列活动，集聚了大批智能硬件领域创业服务机构以及专注创新、追求极致的创客和极客群体，营造了良好的硬件创新创业氛围。随着硬派空间孵化器的投入使用，推动创业大街智能硬件孵化平台功能日趋完善，为更多的创客、智能硬件创业者提供全方位服务，为海淀区、北京市智能制造做出积极贡献。五是充分发挥创新创业领域的辐射引领作用。在全国创新驱动大战略的背景下，发挥各自优势的区域协同创新更加重要，创新创业领域的协同是实现京津冀协同发展的重要路径选择。协同创新网络可以跨越区域限制，实现创新创业服务资源的自由流动，扩大其服务范围和服务效率。创业大街正在推动区域协同创新网络建设。2015年，中关村创业大街与街区机构开展的区域间创新交流超过200次，联合举办的创新创业活动超过50次。街区机构也与地方开展了深入的合作，如举办创业大赛，开设外地的创业咖啡馆等。中关村创业大街也正在与天津东丽区探讨深度合作，将根据东丽区自身资源特色，结合创业大街集聚的资源优势和完善的创新创业服务体系，双方共同建设若干各具特色的创新创业服务平台。六是通过开展创业活动，积极营造创新创业文化。街区入驻机构共组织公开创业活动超过1500场，包括创业项目路演、创业沙龙、产品发布、创业交流、创业培训与创业展示等各类活动。街区协助海淀置业承办了“中关村创新创业季（2015）”的组织策划活动。活动分为开闭幕式及五大精彩版块，共举办了包括全球创业大会、创业马拉松、环球顶级赛事、创客嘉年华、全球风险投资峰会在内的30多场活动，共计451家企业和创业服务机构参与，共吸引4万人次参加，共计获得80多家媒体的11866篇报道。在全国大众创业、万众创新活动周期间，中关村创业大街作为分会场，举办了分会场启动仪式、创新集市、智能硬件节、极客挑战赛等活动近 20 场，共吸引 2.5 万人次参加，在社会引起良好的反响。同时，持续开展创业进高校活动。2015 年全年共计开展 2 批以“创未来 正青春”为主题的街区创业小伙伴联合校园宣讲活动，共联合 15 家创业服务机构和 100 余家创业企业，在清华大学、北京大学、人民大学、北京交通大学、南开大学、河北经贸大学等 20 所高等院校开展 29 场校园创业宣讲。联合校招共收到现场及邮箱投递简历上万余份，共提供全职岗位 500 余个和 300 余个实习岗位需求，最后成功录用全职与实习生 100 余人。结合校园创业宣讲活动，成功招募街区创业志愿者 46 名，其中有来自清华、北大、人大、台大等全国高校的 25 名志愿者加入到街区运营、创业服务和创业团队的实习工作中，其他志愿者将根据机构和企业需求陆续引入，同时引导志愿者在高校中宣传创业文化。

中关村创业大街通过开展一系列精彩活动，使得创新创业文化更加深入人心。这种影响远远超出街区的地理范围，甚至超出中关村的地理范围，在全国形成了巨大的影响力。中关村创业大街一直在传递着一个信号：创业是一种改变世界的方式，创业很光荣很时尚，即使失败，这也不是什么丢人的事儿。这种主动创新的精神是值得赞赏的，这种经验的积累也是创业者不断走向成熟，丰富人生阅历的一种途径。在中关村创业大街，推崇持续创新，鼓励理性创业。大学生创业者，大公司离职创业者，海归创业者，只要是心怀梦想踏上创新创业之路的人，中关村创业大街都助力其前行，继续引导理性创业，为弘扬创新创业文化而努力。通过创业推动创新，持续探索国际创新孵化升级的路径，打通创业会客厅线上线下平台，定期开设创业咨询窗口、开设创业公开课，让更多社会大众参与创业。让大家了解创业、知道创业需要什么、有哪些资源可以用。一是持续探索国际创新孵化升级路径。在前期交流合作的基础上，中关村创业大街正在逐步深化国际业务，已经与一些国外机构达成意向互设办公室、持续深入合作。目前澳大利亚的 Muru－D、韩国 D－camp、俄罗斯 SK 科技园孵化器、欧盟中欧区域经济合作中心等机构都有意向在创业大街设立北京或中国办公室。二是继续推进创业进高校活动。激发大学生们的创业理想和热情，宣传中关村创新创业的文化，鼓舞高校学生的创新精神，发掘校园中的优秀人才和优质的创业项目，为高校中蕴含的丰富技术成果对接市场资源，为高校中的创意、创新、创业提供优质服务。三是为创业服务机构提供集中展示的舞台。建立创业综合服务六个专项展示区，为创业者和创业服务机构搭建直接交流互动平台，创新集市采用“集市”的表现形式，营造出温暖、亲切、热闹的创业氛围，打造出低门槛、高规格的双创服务平台。

第六节　东升镇科技园推动城乡创新创业

近年来，海淀区东升镇创新集体经济发展思路，瞄准高端产业，加快建设全市唯一以“中关村”命名的乡镇高新技术产业园区——中关村东升科技园，有效解决了城乡结合部地区创新创业问题，促进农民收入大幅增加。东升科技园位于海淀区东北部，南接五环，西临八达岭高速，东靠林翠路，北依西三旗南路，属典型城乡结合部地区，园区建设前，这里曾是乡镇内以高投入、高能耗、高污染、低产出为特点的拔丝厂、锅炉厂等老工业企业的聚集地，存在着外来人口众多、垃圾遍地、污水横流、治安案件频发等问题。为加快城乡结合部创新发展，东升乡按照“优化产业结构、提升环境品质”的思路，对该地区进行重新规划，成立乡集体经济性质公司，投资 5 亿元作为启动资金打造东升科技园。园区总规划面积 120 万平方米，分两期实施，吸引“引领高端发展方向、代表行业一流水平”的高科技企业入驻。目前，园区共有企业 43 家，从业人员近 2000 人，园内企业拥有自主知识产权 162 项。2010 年，园内企业共申请专利 107 项，列入 863 计划项目 2 项，总产值达 19.8 亿元，上缴税收 6829 万元。

一、主要做法

（一）农民全程参与开发建设及运营管理

园区开发建设由集体公司负责，在决策、建设、管理、发展过程中，涉及的农民全程参与，并成立了股份经济合作社，将集体资产以股权形式量化到人，农民作为股东获得股权分红收入。

（二）坚持发展高端产业

依托稀缺土地资源，定位发展高端科技产业，吸引国科激光公司、中科泛华测控公司、清华工业开发研究院等一批拥有领先自主创新技术的高科技企业入园发展，初步形成了集总部基地、研发基地、孵化基地、成果展示及相关配套服务于一体的高端产业园区。

（三）强化园区服务管理

建立 5 个“服务链条”。1. 环境服务链条，实施景观工程，提升环境质量。2. 政策服务链条，将企业纳入中关村核心区政策支持体系范畴。3. 发展服务链条。成立公司，为科技企业从孵化到加速发展提供全方位服务。4. 资源服务链条，与海淀创业孵化共同体、中关村软件园等共享公共技术服务平台，推动企业自主创新。5. 管理服务链条，设立专业团队，全程跟踪入园企业需求，并提供物业、餐饮、后勤等一条龙服务。

（四）提升园区及周边环境品质

按照环绕式园林与水景主题公园理念建设园区，形成滨水景观带，绿化率超过50%。实施节能型建筑、节约型园区建设，注重资源的循环利用，形成符合低碳要求的办公环境与生态环境。以园区为核心完成周边道路、环境、景观的改造近10万平方米，整体提升了地区环境。园区先后使2000余农村劳动力实现就业。2010年，负责园区管理的集体企业实现收入8900万元，参股农民人均股份分红8000余元，实现年人均增收3700余元。

（五）集体经济发展呈现“三大亮点”

圆满完成集体经济产权制度改革工作。东升镇集体经济产权制度改革历时八年努力，于2010年圆满完成，成为率先在全区整体完成集体产权制度改革的首个乡镇，连续获得市、区先进单位荣誉。改革期间，按照有利于优化产业分工和发挥分类管理优势，有利于资源科学配置及合理利用，推动集体经济统筹协调发展的改革目标，大刀阔斧地对原乡镇直属专业公司、直属企业、事业单位进行“先重组，后改制”战略，将一批成立于20世纪90年代、缺乏市场竞争力的企业汇聚重组为以科技、商贸和宾馆服务业为明确定位的三大股份社，打破旧的机制和模式，重注活力，融会到全乡镇发展的整体中来。在村级股份社率先启动完成个人股增资扩股试点工作，有效平衡个人、集体持股比例结构，对股份社发展提供了宝贵的资金补充。这项改革被确立为北京市农村集体经济产权制度改革的典型范例模式。

如期完成八家地区整体改造拆迁目标。2010年，借助市、区推进城乡结合部建设的东风，镇党委、政府倾全乡镇之力，深入组织发动各级党组织及广大党员干部群众，发扬“团结进取、务实创新、勇于担当、甘于奉献”的新时期东升精神，奋战八个月，全面完成2704户、4692人，共计1397个院落的拆迁任务，12万平方米的回迁楼及集体产业用房建设工程全面启动。八家地区十年来悬而未决的改造难题被彻底化解，脏、乱、差的城中村旧貌一去不返，近五千农民在党委政府领导下，为加快城乡一体化进程、实现集体经济可持续发展、全面提升地区环境品质踏上了发展的快行道。

打造中关村旗下乡镇园区自主品牌取得实效。东升科技园（一期）在打造一流“硬环境”的同时，着力打造“软环境”。为入园高新企业提供高端专业化服务，成立东晟合创企业孵化器和东升科技加速器有限公司，实现高新企业从孵化到加速发展的全方位服务；与清华工业研究院合作建立研发中心，服务入园企业，促进新兴产业聚集，引导高端产业发展。随着国科激光等20余家高新企业的入驻，东升科技园叫响了品牌，打出了知名度，为乡镇参与服务核心区建设、实施产业结构升级探索出一条新路。2010 年 11 月 30 日，海淀区同意东升科技园作为中关村科技园区海淀园的二级园，冠名“中关村东升科技园”。

二、加快产业升级和经济发展方式转变的经验和做法

第一，以科学发展观为指导，坚定不移地实施产业结构优化升级战略。坚持“一产围绕绿色调、二产围绕科技调、三产围绕特色调”的原则，坚持高端标准建设商服设施和科技产业园区，做到有所为有所不为，探索适合本乡实际的发展模式。

第二，以规划为龙头，以整合利用土地资源为依托，以重点项目建设落地为抓手，把资源优势转变为资产优势。一是坚持规划先行，将科学规划利用集体土地作为土地资源整合的核心。二是采取多种开发方式，由合作开发与自主开发相结合向自主独立开发过渡。三是在投资方面充分发挥乡镇和村（二级公司）两个积极性，乡镇、村两个轮子一起转，大大加快了产业结构调整和城乡一体化速度。

第三，坚持高端标准，培养专业团队，将集体经济发展融入到核心区发展和世界城市建设中。将提高职工素质，培养专业服务管理团队作为转变发展方式的关键环节和长远战略任务，积极实施借脑工程和人才培训战略。一是充分利用周边大专院校和专业科技园区集中的有利条件，请专业公司担任经营管理顾问；二是请专业经营团队实行管理岗位一对一传帮带；三是利用周边高校资源集中组织开展专业培训；四是物业公司管理层和专业岗位人员进行资质培训，全部实行持证上岗，多数物业企业的经济管理水平和收益水平在同地区同行业处于中上等水平。

三、下一步工作打算

2011 年，东升镇将紧紧抓住全区经济功能布局调整的契机，以高新技术企业和高端人才为服务对象，扎实推进“十二五”规划确定的“南部优化、北部开发”的空间布局战略性调整，不断巩固扩大可持续发展的实力和成果。

一是紧密结合核心区建设的主导形势和政策，实施南部业态结构调整。南部以“优化升级”为主导，根据自身所处地缘环境，基于各区域特色街区、龙头企业，推进资源重组向优势企业、优势团队集中，管理升级向核心区发展要求靠拢，实现区域经济特色化发展新突破。

二是着力加快北部地区开发建设步伐。以规划为龙头，以项目为抓手，以旧村改造为突破，通过挖潜整合土地资源推动项目建设，着力加快北部地区开发建设步伐。紧抓“北部研发服务和高新技术产业聚集区”建设这一历史性机遇，集中精力推进东升科技园二期、学院路北端、八家高端人才创业园、马坊环保创业园等一批重大项目的建设，着力打造科技创新平台建设。同时，瞄准

园区延伸辐射的高端消费服务需求，着力打造以东升花园中心为主的系列高端商务休闲服务区，为核心区建设功能定位实施对接。

三是加快经济发展方式转变，落实“从建到管”的重心转移。切实从财务管理和保值增值角度加强全乡资产管理，严格规范各股份社资产处置制度及决策程序。加强总社层面对各股份社的管理考核，规范管理层年薪分配制度，引导和激励企业把精心专注于改进提升企业管理软实力，向管理要效益。充分发挥农民在繁荣集体经济中的主体作用，并坚持发展成果共有共享的原则，真正让农民带着资产进城，带着本领就业，带着保障进社区，成为推动核心区建设和发展的一股重要力量。

第七节　温泉镇探索新型社区治理创新

随着农村城市化水平快速提升，传统村庄形态渐渐消失，城市社区形态又未建立，在这一过渡时期形成了兼具城市社区形态与农村社区特质的新型社区。海淀区温泉镇地处城乡结合部，目前已形成水岸家园社区、杨庄社区两个腾退村回迁社区，共 5031 户 9549 人（水岸家园社区 3315 户，5424 人；杨庄社区 1716 户，4125 人）。2014 年成立了由太舟坞、东埠头两个腾退村和太舟坞社区组成的水岸家园地区工委（管委会）；2016 年底成立了由杨家庄村和杨庄社区组成的温泉人家地区工委（管委会）；今年计划推进温泉村和温泉社区、白家疃村和白家疃社区进行村居融合，成立相应的地区工委（管委会），推动传统农村基层社会管理向城市社区管理体制转型。

一、温泉镇新型社区治理创新的主要做法

1. 设置新型社区地区工委（管委会）对地区工作进行统筹管理。地区工委是由镇政府研究决定以社区工作者编制为基础成立的设在新型社区的党政领导机构，是新型社区各类组织和各项工作的领导核心，下设村股份经济合作社党支部和社区党总支，并设办公室（主任 1 人，工作人员 1 人），负责地区工委的日常业务。地区管委会是社区行政管理机构，在地区工委的领导下对社区居委会等自治组织担负指导责任，负责统筹协调各类社区资源、做好社区公共服务工作。社区服务站是地区管委会的对外办公窗口，整合原社区六大工作委员会职责，设党建文体组、综治环境组和民生工作组，为居民提供一站式公共服务。其中党建文体组 3 至 4 人，综治环境组 4 至 5 人，民生工作组 5 至 7 人，均为全职。

2. 建立“1 + 2 + N”新型社区服务体系。“1”指基层党组织“一个中心”，

即新型社区工委统筹管理全局工作。“2”指集体经济组织体系和社区服务管理体系“两大体系”。集体经济管理职能由村股份经济合作社党支部负责，社区居委会的权能定位于社区的公共事务。“N”指各类社会组织和居民自治力量。新型社区工委统筹协调社区居委会、集体经济组织和其他社会服务组织关系，形成行政调控机制与社区自治机制结合、政府力量与社会力量互动的社区治理模式。例如，水岸家园工委下设太舟坞村股份经济合作社党支部、东埠头村股份经济合作社党支部和温泉水岸家园社区党总支，在水岸家园工委领导下，建成村居相互融合、各类社会组织协调发展、居民群众广泛参与的社区建设运行体系。

3. 构建公共服务平台。设立新型社区一站式服务大厅，方便群众办事。例如，水岸家园一站式服务大厅，新建服务设施 7800 平方米，服务内容包括就业服务、助老帮困、助残服务、计生服务、文教妇联、流管站等，依托这一组织平台，水岸家园社区定期召开协调会，成立两年来，由管委会和居委会牵头解决群众反映强烈的公共服务、邻里纠纷等各类问题 100 余件。比如，原来村民办理老年证、天然气补贴等公共服务，存在距离远、手续多、办理周期长等问题，现在依托社区服务平台就可就近办理，且当天就可办好。

4. 做好集体资产管理。新社区成立后农村集体经济仍由镇农资委统筹管理和指导。在清产核资的基础上，将集体资产量化到集体经济组织全体成员，实行公司化运作，集体与成员按拥有股权比例进行收益分配。出台《合同管理办法》《固定资产管理办法》《经济合同续签指导意见》等，规范审批流程、权限，强化对集体资产的制度化管理。例如固定资产的投资、运营都要经股东会表决，达到一定金额时，要经农资委会审核、审批。

二、温泉镇新型社区治理创新的主要成效

（一）基层组织健全了

镇党委统筹领导，做好社区干部的选拔任用，在妥善安置原村及社区干部基础上，杨庄社区和水岸家园社区选配了 16 名有能力、有经验的骨干充实到基层党组织，确保“组织不散、队伍不乱、作用不降”。现在新型社区和村股份经济合作社健全了 6 个相应的党组织，基层党支部办公有场所、活动有场地、工作有计划，党员干部有了统一的领导，参与组织活动的积极性进一步增强。

（二）村民分红了

原来由村里支付的办公经费、公益事业金及其他经费现统一纳入新型社区公共服务范围，为村集体经济减轻支出负担。通过土地流转、合作经营，加快发展林地经营、房地产租赁和服务业经济项目，转型升级经营模式，带动回迁村民增收。目前，管理体制创新对集体经济发展的正向作用已初步显现，2016

年全镇人均股份分红7446元，比上年增加790元，同比增长11.9%。其中辛主村人均分红8550元，比上年增加2250元，同比增长35.7%；温泉村人均分红9380元，比上年增加1580元，同比增长20.3%。

（三）家门口也有规范服务了

社区居委会整合构建社区卫生服务站，开展社区医疗、做好本社区人口和计划生育管理等工作。引进超市发、温泉邮政所、菜市场、药店、幼儿培训等便民机构，方便居民就近购买生活用品和办理日常事务。社区物业公司定期对公用设施、绿化、卫生和环境容貌等管理项目进行维护、修缮和整治。通过规范化的管理和服务，使回迁群众实现了生活方式的城市化、社区化。居民傅朝友深有感触地说："我在东埠头村生活了大半生，年龄大怕办事难，现在出门走几步就把事办好了"。社区居民刘长生说："以前住平房冬天燃煤采暖，上楼后用天然气采暖又干净又省心还环保，生活的幸福指数高了"。

（四）文化事业生机勃勃

新型社区管理机制运行后，人口聚集效应显现，为适应居民文化需求，水岸家园社区扶持组建120人的群众性文艺队伍，开设社区大讲堂，每月举办1至2次亲子运动会、小手拉大手诵读经典等文化活动。今年三月份新社区组织开展了学雷锋活动，社区党员干部和广大群众纷纷走向街头，义务清扫卫生，美化环境。通过丰富多彩的文化活动，社区群众普遍感到精神生活更充实了。同时，伴随着文化事业的发展，回迁居民的城市文明意识增强了，原来农村生活方式单一、业余时间打麻将、赌博的不良风气没有了，取而代之的是亲情友情更浓了，邻里互知、互敬、互信、互助更普遍了，在维系"熟人社会"乡土亲情的基础上，形成了健康和谐的现代社区氛围。

三、进一步完善新型社区治理创新的启示

（一）社区党组织建设是关键

温泉镇在农村基层社会管理向城市社区管理体制转型过程中，取得的一些成绩源于建立了以社区党组织领导为核心、居民自治为基础、居民群众广泛参与、各类社区组织互动合作的回迁社区管理机制。发挥党组织的领导核心作用，全面加强了社区居民委员会建设。通过拓宽居民参与社区建设的有效渠道，培育了回迁居民公民意识和合作精神，逐步提高了农村社区自我管理水平，逐步弱化原有行政村的影响，突出区域化社区概念，增强回迁居民对社区的认同感和归属感。

（二）保证失地农民后续的经济来源才能不断推动农民市民化

发挥社区集体经济的优势，合理处置原来村的集体资产，保证集体经济组

织、集体资产权属关系、经济管理方式、利益分配方式保持不变，才能确保社区居民的个人利益不受损害，保证失地农民后续的经济来源。通过产权制度改革，保护农民的利益，摆脱过去农村生产方式对农民的束缚，促进农民尽快融入社区生活，将富余的劳力、资金、技术用于开拓新的经济领域，向二、三产业作战略性转移，加快城市化的发展进程。

（三）用完善的公共服务提高居民获得感

以政府为主体的社会保障、社会福利、劳动就业、文化教育、公共安全等完善基本公共服务体系，能够让回迁居民切实享受与城市居民一样的公共服务，不断增强社区居民的幸福感和归属感。同时，鼓励和支持社会组织、企业和个人投入社区服务业，满足居民多样化、个性化消费需求。

（四）回迁农民适应城市社区化是转型的关键

传承本地区厚重的乡土文明，减小“再组织”成本。借鉴“邻里中心”新型社区管理服务概念和相关做法，促进邻里互知、互敬、互信、互助，构建和谐邻里关系，维系“熟人社会”乡土亲情，养成回迁农民适应城市社区化生活方式的习惯。

第八节　中关村创客小镇助力创新创业

2017 年 11 月，位于温泉镇的中关村创客小镇众创空间正式对外开放。作为海淀区在全市推出的首个创客人才公租房项目，经过一年的运营，已有 350 个创业团队入住，而众创空间的正式投用，标志着创客小镇“创业 + 生活 + 社交”的职住平衡理念初步实现。中关村创客小镇位于海淀区温泉家园北侧，一期面积 19 万平方米，2772 套房源作为公租房专门面向海淀区创客配租，企业刚起步，底子薄、收入不高、在海淀注册不足 5 年的创业团队就可以申请。距 16 号线屯佃站 2000 米，65% 入住创业者是 30 岁以下青年，草根创业者可享 50% 租金补贴政策……这里是中关村创客小镇——公租房基础上的双创社区，创客和创业团队的“城中之城”。作为海淀区政府大力扶持、温泉镇推动的创业平台项目，中关村创客小镇是政府公租房与创业创新国家战略的首次有机结合，力图打造“创新 + 生活 + 社交”的 360°全资源共享社区，让创业者能坐享其“城”，未来形成北京新的创业创新策源地。

一、“双创”气息和生活气息并存

中关村创客小镇大门口装饰着巨大的“@”标识和苹果公司创始人乔布斯的头像，楼号指引牌和楼体装修色彩明丽跳脱，看似居民楼的一幢楼门前挂着

“互联网教育创客中心”的门牌，电梯里贴着“约局”“创派对”等活动信息，到处都弥漫着创业创新的气息。创客小镇入住的创业者中，也有位60多岁“老骥伏枥”型的创业者，带领团队做的是“机器人水母”项目，以机器人智能化训练思维模式来帮助幼儿园孩子做全脑开发。“还有一位80多岁的清华大学教授，也将带着团队入驻创客小镇。”老人在创业，创客的下一代也耳濡目染了创业思维，住在这里的年轻创客的孩子受到了熏陶。

40平方米房间月租1165元。创客小镇在2017年初具备入住条件，春节前，第一批创客入住。到9月，小镇2772套创客公寓入住率已达到70%左右。申请的创业团队须为海淀区注册企业，注册时间不超过5年，产业方向符合条件，提交创业项目计划书，经初审和专家评审通过后才能入驻。入住创客小镇可获得50%租金政府补贴，以40平方米房间为例，市场租赁价为58.27元/平方米/月，补贴后月租只要1165元，两居室月租也才1800元，比市面上的房屋租金便宜了一半多，为草根创业族缓解了不小的资金压力。

中关村创客小镇一期建筑面积19万平方米，包括居住、生活、办公的各种空间；远景规划建筑面积120万平方米。通过整合“众创空间+创客公寓+创业生活+创业服务”四大业务单元。小镇的特色之一是创客的创业和生活可以在一个空间内，“假如每天上班路上交通一个小时，那么4个人的团队就是4个小时。而小镇的创客下楼就上班，上楼就休息，一个团队就节省了这4个小时”。中关村创客小镇二期“升级版”也将启动，位于一期东部，今年年底到明年开春将开工。创客小镇二期建筑面积25万平方米，比一期规模大，将提供更适合创业者形态的工作和居住空间。

二、主要政策优惠

入驻创业团队可享受50%租金补贴政策，极大减轻了草根创业者的负担。入住创业者主要为30岁以下的青年，占比为65%；尤以26岁至30岁创客居多，占总人数的41%。从男女比例看，创客以男性居多，是女性创业者的两倍。入驻创业团队覆盖人工智能、能源环保、互联网教育、文化创意等产业。其中“前三名”为：互联网+，75个团队，占比25.1%；互联教育，49个团队，占比16.4%；人工智能，47个团队，占比15.7%。2772套精装全家电创客公寓，提供零居房、一室一厅、两室一厅三种房型，共有8个精装主题，可供自住办公。22800平方米众创空间，设有孵化办公区、集中办公区、功能展示区、创客工场区四大区域。10000平方米创业生活服务商业区，创业咖啡馆、创客食堂、品牌餐饮、24小时便利店、健身房、银行、幼儿园……小镇上都能找得到。30家国高新企业、250项专利、578个惠创工位。100位创业导师、16家投资机构、50家科技服务企业。中关村有了创客小镇，很多创客者不再担心高的房价和拥堵，在眼前是青山绿水，是很多创业者美好奋进的脸庞和大家创业的热情，这个是非常难得的一次探索，也是中关村作为全国的自主创新的示范人的重要探索。未来是属于年轻一代的，自主创新、创新发展是我国新时代四大发展理念之首，创客在这样一个小镇中奋斗，就是在践行中国梦，在为中国成为一个创新型国家而努力奋斗，意义非常重大。

三、丰富的创业活动

2017 年，中关村创客小镇举办了“中关村创客小镇开园活动暨新时代科技创新发展趋势高端论坛”。活动由北京市海淀区人民政府指导，中关村海淀园管委会、海淀区住建委、海淀区房管局、温泉镇政府主办，海淀区保障性住房发展有限公司、中关村创客小镇承办的。海淀区区委常委、副区长龚宗元、中关村管委会副巡视员陈文奇、温泉镇党委书记方海强、海淀区房管局长刘件、温泉镇镇长张洪雨、原剑桥市市长杰瑞米・本斯特德以及已经入住创客小镇的团队和一些准备入住的创业团队代表出席了活动。邓中翰在中关村创客小镇回忆起自己 1999 年从硅谷受国家邀请回国创业的经历。邓中翰回国后带领团队在北土城 103 号的地下室开始创业，从 1999 年到 2001 年做出了第一款芯片“星光一号”，结束了中国没有自主芯片的历史。2005 年，中星微作为中国第一个芯片企业在美国上市。2009 年，邓中翰当选为中国工程院历史上最年轻的院士，到现在已经 8 个年头。

四、助力创业孵化和投融资对接

除了在公租房、创新创业政策方面开辟绿色通道外，多部门对创客小镇在资金方面的支持也将到位。中关村创客小镇科创服务战略的重要举措正式落地——海淀区房管局、温泉镇、北京银行中关村分行与中关村创客小镇签订四方战略合作协议，为创客小镇入驻团队提供包括授信、融资、投贷联动等各类金融服务，提供意向性综合授信额度 20 亿元。双方还将在创业孵化、投融资对接等方面深入合作。北京银行中关村分行是中关村第一家专门服务于科技创新的分行级特色银行机构，累计为超过 14000 户中关村的科技型小微企业发放贷款超过 2100 亿元。有了北京银行的大力支持，入驻小镇的创业团队可以享受到切实的福利。

五、保障性住房和双创战略相结合让创业更简单

中关村创客小镇所在地在 2012 年曾经叫温泉镇 351 地块，纳入了北京市集体土地建设的试点，到 2015 年 5 月 26 日，时任海淀区领导等来到创客小镇进行调研时提出要把保障性住房和双创战略进行结合，最终争取了各个部门的意见后，在 2016 年 4 月 11 日，海淀区区长的专题会上确定了中关村创客小镇这个项目。2017 年 9 月 7 日北京市市长视察了创客小镇，对双创社区的模式给予

了高度的肯定，2017 年 11 月 18 日，北京市主管科技的市长以及中关村管委会等领导也光临了创客小镇，进行了充分的交流。国家住建部曹司长，北京市经信委等相关部门人员都曾来创客小镇进行过调研。截至目前，海淀区党委、政府、政协各级领导来创客小镇调研的次数不下 20 次。创客小镇未来发展成一个中国双创社区的样本，把居住、办公等物理空间，以及围绕物理空间的生活、社交等服务，都提到了很密集的空间里面，摸索到一些独特的经验、模式，以创客小镇为基础，把模式和经验对外进行推广和复制。创客小镇将通过对初创团队的聚集，通过对他们萌芽期、成长期、加速期，全流程的服务，能够把萌芽状态的想法真正转变为现实，转变为生产力推向市场，这就是中关村创新创业策源地的意义。

创客小镇跟创客们分享各种空间、资源、服务，达到共创、共享、共赢。各位创业者和各位支持的领导，最后能在创客小镇看到一些新的模式、新的成果。创业创新是中国弯道超车的重大机会，机遇和挑战并存，独角兽与猪齐飞。资本助力双创，就是出钱、出谋、对接资源。更多资本可以和创客小镇相互成就，共生共荣。2016 年到现在是互联网 + 的时代，真的是大众创业、万众创新，有各行各业的人都出来开始创业，互联网对经济结构的改造也在深化。从创业环境来讲也是黄金时代，各个城市都有孵化器，创业者可以选择各种各样的众创空间、加速器，在资本助力下面，中国走出了有中国特色的双创路径。行业在迅速职业化、规范化，机构的链接作用非常重要，前端对接孵化器、后端二级市场，中段行业专家，国家助力也是非常明显。目前我国在创新创业方面基本上已经成熟了，好的项目不愁去找到投资，而且值得感恩的是，我国政府现在对创新创业也很支持，有很多政策和资金支持，包括投贷联动，真的是非常好的事。相关负责人介绍，创客小镇共享办公空间中 578 个工位目前投入使用，未来共计将有 2.68 万平方米的空间对外开放。“楼上住人、楼下办公”的新模式，将让创业团队极大提升工作效率。除了提供办公空间外，小镇还为创客们提供会客厅、路演大厅、展示中心、视频会议室、健身房等基础设施，并提供创业辅导、创投基金、财税法咨询等创业资源服务。在生活方面，创客小镇将配备共享餐厅、分时汽车租赁、公共自行车、社区门诊、物业管家、室内保洁等服务。创客小镇公租房瞄准的是在海淀注册不足 5 年的企业，创业团队要由 100 位投资人、创业导师组成的专家小组评审通过。这些企业刚刚起步，底子薄，收入不高，住房一旦有所保障，便能解决一大块心病。

第五章　海淀大众创新创业面临的机遇与问题

新时期创新创业作为推动经济和社会发展的重要动力成为全球关注的焦点。以创新引领发展成为各国经济发展的重要战略举措，一场以创新为标志的国际竞争已经拉开帷幕。海淀作为北京全国科技创新中心区核心区和我国创新的重要源泉，肩负着提升区域和国家创新能力，参与国际创新竞争的重大使命，机遇与挑战并存。党中央、国务院审时度势，高瞻远瞩，从实现中华民族伟大复兴的战略高度，提出"建设创新型国家"的战略目标，党的十七大又把增强自主创新能力、建设创新型国家作为国家发展战略的核心和提高综合国力的关键。十八大报告中指出，要推动实现更高质量的就业。就业是民生之本。要贯彻劳动者自主就业、市场调节就业、政府促进就业和鼓励创业的方针，实施就业优先战略和更加积极的就业政策。

第一节　海淀区大众创新创业面临的机遇

一、国家和北京市创新政策制度调整带来的新机遇

立足未来竞争，我国作出了建设创新型国家的战略部署，指明了我国创新发展的方向，在全国范围内形成了加强创新能力建设的良好氛围。党的十八大后，中央和地方加快做好创新创业的支持与保障工作，充分调动创新创业主体的积极性，更加主动地投入创新创业活动，全力建设创新创业生态系统，在全社会形成了合力。2014 年 9 月，国务院总理李克强在夏季达沃斯论坛开业幕式上首次提出大众创业万众创新，在之后许多重要场合中频频阐释这一关键词。大众创新、万众创业活动，让千千万万创新创业者汇聚起发展经济社会的巨众创新力量正式成为我国政府实实在在的立脚点。在此背景下，国家陆续出台了一系列促进大众创业万众创新政策性文件，如《国务院关于大力推进大众创业万众创新若干政策措施的意见》《国务院办公厅关于发展众创空间推进大众创新创

业的指导意见》《国务院办公厅关于加快众创空间发展的指导意见》等等。《若干意见》① 是国家引导和调控全社会创新，也是直接作用于创新创业活动的政策工具，能够改善创新创业要素供给，培育创新创业载体，把握大众创业万众创新政策指引和价值取向，进一步带动就业链，解放和发展生产力，掌握大众创新服务能力，通过政府支持协调等保障手段，便于地方政府有效地制制机制，强化创业政策扶持，构建有利的政策环境和创新政策措施，进而加以推进和落实。国家推进大众创业万众创新政策出台，有利于加快发展创业孵化服务、大力发展第三方专业服务、通过一系列的制度安排或发展“互联网＋”创业服务、构建系统化的政策体系，提升创新能力，增加创业公共服务新模式，打造创业创新公共平台、用好创业创新技术机会，营造创新创业环境，弥补市场失灵，促进经济转型发展。在海淀范围内评选内部创业创新优秀案例，给予表彰并宣传推广，遴选一批具有示范推广作用的内部众创平台给予一定资金支持和奖励。支持高校科研院所国有企事业单位工作人员开展多种形式的创新创业，通过打造内部创业平台保留离职创业人员身份等措施，给予创业创新行为支持。鼓励开放式创业创新各单位设立内部创业创新的众创平台，向单位外部机构和人员开放，实现资源共享利益共享。

响应国家大众创新创业战略指引，北京提出了建设创新型城市和推进大众创新创业的目标，从资金、人才、政策、知识产权等方面对大众创新予以大力支持，区域创新创业环境进一步优化。在海淀范围内评选内部创业创新优秀案例，给予表彰并宣传推广，遴选一批具有示范推广作用的内部众创平台给予一定资金支持和奖励。支持高校科研院所国有企事业单位工作人员开展多种形式的创新创业，通过打造内部创业平台保留离职创业人员身份等措施，给予创业创新行为支持。鼓励开放式创业创新各单位设立内部创业创新的众创平台，向单位外部机构和人员开放，实现资源共享利益共享。过去三十多年，在改革开放大旗的指引下，北京高度关注改革与创新，推进科技与经济的结合，在国家创新能力、国家经济实力和社会发展方面取得了巨大成就。未来一个时期，北京将面临国际国内环境的深刻变化，迎来创新北京和京津冀协同发展的重大战略机遇。顺应国家和北京创新创业战略的指引，立足基础、总结经验，海淀应该积极承担历史责任，在大众创新创业中发挥重要作用，成为创新型国家建设的先行探索者，成为提升国家创新能力的动力引擎，成为全球重要的研发中心和领先科技成果发源地，引领北京参与国际创新和发展竞争。为实现这一系列目标，海淀就必须深入分析发展面临的机遇，积极应对存在的问题，坚持不懈的推进大众创新能力建设。

大众创业万众创新是在新型技术支撑利好、政策支持市场需求变化以及载体不断增加的情况下，创新创业主体由精英向大众、由少数到多数的一种跃迁

① 《国务院关于大力推进大众创业万众创新若干政策措施的意见》的简称。

的过程。经济新常态下创新创业因其深刻的国际国内背景以及受经济技术社会文化等多维因素的影响，而产生了新的变化具有了新的特征。鼓励建立内部众创平台，支持内部创业创新，鼓励企业高校科研机构内部资源平台化，积极培育内部创客文化，激发员工创造力。海淀是我国创新要素最密集、创新能力最强的区域，引领着我国高技术产业创新方向，在增强我国自主创新能力中发挥着重要作用。海淀通过三十多年创新形成了很好的积累，在中央和北京大力支持创新的环境下，有基础、有条件，也应该在落实国家自主创新战略中进一步发挥先锋和引领作用。国家实施自主创新战略及北京创新型城市建设各项部署能够为海淀的创新创业发展提供良好的外部环境，有助于海淀创新创业活动的顺利展开及园区创新环境的优化提升。

二、大众创新创业热潮兴起带来的新机遇

当前，我国正处于双创蓬勃发展的创业时代，国家通过简政放权优化服务减免小微企业税费建立创投引导基金等措施，最大限度激发了市场的活力，激励全社会在创新中创业、在创业中创新，形成了新的创新创业热潮。一是创新创业主体大众化。创新创业的主体正从过去的小众化转变为大众化，有越来越多的草根创业。如海归创业、精英创业、返乡农民工创业、大学生创业，极大激发了全社会的创新创业热情，全国各地新登记注册企业增长、市场主体快速增长、网上零售额增长、高新技术产业增长，创新创业的涌现显示了改革的巨大作用和市场的无限潜力，新一轮创业潮的涌现表明，创新创业已经不是少数精英的专利，而是多数普通人的机会。二是创新创业组织形态不断涌现。经济转型升级、产业变革与科技革命的历史交汇催生了新的研发组织形式和新的创业模式。全球经济社会格局正进入深度调整期，科学技术越来越成为推动经济社会发展的主要力量，由信息技术、互联网、大数据等引发的新一轮科技革命和产业变革正在孕育兴起，创新驱动发展创业促进就业是大势所趋。高端创新项目和人才成为各个国家和地区竞相争夺的热点，新型创新机构、创新模式成为先进国家吸引创新人才、推动产学研结合、加快成果产业化、就业普及化的重要平台，美国、英国、日本等国家和地区也加大对新型研发机构、创业模式的支持力度。互联网、虚拟空间拉平了以前高大上的创业机会，双创[①]在一些

① 双创是指大众创新万众创业，泛指我国各地的城市与企事业等单位的两项创建工作。国务院总理李克强 2014 年 9 月在夏季达沃斯论坛上公开发出“大众创业、万众创新”的号召，“双创”一词由此开始走红。2015 年政府工作报告予以推动。在 2015 年 6 月 4 日的国务院常务会议后，“双创”再度吸引了人们的注意，该次会议决定鼓励地方设立创业基金，对众创空间等办公用房、网络等给予优惠；对小微企业、孵化机构等给予税收支持；创新投贷联动、股权众筹等融资方式；取消妨碍人才自由流动、自由组合的户籍、学历等限制，为创业创新创造条件；大力发展营销、财务等第三方服务，加强知识产权保护，打造信息、技术等共享平台。

地方和区域已经有了成功的模式，特别是利用互联网创新创业多样化的众创空间如雨后春笋蓬勃发展，一些发达城市诞生了一大批各具特色的众创平台，成为帮助广大创业者聚集和链接各类创业资源的孵化平台，不仅有千千万万中小微企业投身创新创业，一些大企业也在积极以各种方式参与创新，通过众创、众包、众扶、众筹等方式搭建了多方参与的高效协同机制，拓展了创业创新活动与市场资源的对接通道，优化了劳动信息知识技术管理资本等资源的配置方式，丰富了创业创新组织形态和创业方式，为社会大众广泛参与创业创新共同分享发展成果提供了多元的途径和广阔的空间。三是创新创业服务体系不断健全。近年来，各地不断创新服务手段，加强政策支持，建立各类平台，为创业者努力解决面临的资金需求、市场信息、政策扶持、技术支撑、公共服务等问题，最大限度地拓展市场空间和创业机会。这些表明，创新创业已经在全国上下形成了深厚的氛围，科技研发、技术成果转移、创新活动、创业能力成为当下最为重要的关键词，派发更多的人们投入到双创大潮中，在这样的形势下，更有利于推动海淀区的创新创业活动，也为海淀实施新的创新创业规划提供了很好的外部环境和良好的机遇。

三、海淀提升创新创业能力，为持续发展带来新机遇

十八大提出要深入贯彻落实科学发展观，增强自主创新能力，加快经济发展方式转变。具体到海淀区而言，科学发展、转变经济发展方式就是实现科教兴区的持续发展与快速发展的统一，实现科技创新又好又快发展，就是要摆脱依靠资源要素投入和以生态环境为代价的发展方式，转向依靠提升创新要素投入，提升创新创业能力，走集约化、可持续发展的科技创新道路。海淀过去三十多年的成就已经证明了科技创新是建设和发展的重要动力，并在创新方面积累了丰富的经验，走在了国内创新的前列。十八大转变经济发展方式的提出，一方面为海淀在新时期的创新创业带来了良好的机遇，同时也对海淀的科技创新核心区建设、对海淀以创新率先实现经济发展方式转变提出了新的要求。

从历史沿革的角度看，海淀区具有良好的创新创业基础与社会氛围。海淀人敢为人先，中关村号称中国“硅谷”。近几年来，海淀区有了多张城区创新名片，如国家自主创新示范区核心区、国家自主创新政策试验区、全国科技创新中心区核心区等多张创新名片，其背后是海淀完善大众创新创业生态环境的不懈努力，既吸引了许多外来创新创业力量的关注与投入，也推动了内在创新创业热情的高涨。从历史数据来看，海淀现有高新技术企业 2 万多家，中小工业企业数量为 20 万家，经济发展的主要指标数量均在稳步上升。中小企业、民营经济是创新创业的重要领域，也是创新创业的重要支撑。民营经济中很大一部分是中小企业作为创新创业的主体力量，在海淀的经济发展中中小企业的贡献与作用日益加大。海淀设立了创新创业投资引导基金，金融机构创新金融产

品和服务，为创业项目提供优惠贷款，科技部门打通科技创新成果转化为实际生产力的通道，促进各种创新成果以不同方式转化为创业，同时完善股权激励和分红激励政策，促进创新人才愿意创新、愿意转化。

从海淀支持创新创业的机制看，形成了比较完备的体系。党的十八届三中全会对全面深化改革作出整体部署，上海张江、武汉东湖、南京等全国重点地区都在谋划重要创新政策突破，北京中关村“新四条”“京校十条”[①]“京科九条”等新政策也陆续出台。海淀区作为中关村国家自主创新示范区核心区，其政策变化有一定的代表性。2009 年国务院批复以来，核心区发展进入新阶段，肩负起建设“具有全球影响力的科技创新中心”“国家战略性新兴产业策源地”“人才特区”的使命。为在新一轮发展格局中巩固和强化海淀区核心竞争力，抢占发展先机，核心区明确了“优化创新创业环境、聚焦重点产业发展”的思路。海淀区在对原有政策进行修订、整合、废止的基础上，新增《海淀区促进中小微企业发展支持办法》《海淀区促进企业创新发展支持办法》《海淀区促进科技服务业发展支持办法》《海淀区促进人才创新创业发展支持办法》，支持重点产业发展、重点企业服务和引进两个办法、加快建设中关村科技金融创新中心实施办法。

2014 年 7 月，海淀区对自主创新和产业发展政策体系进行了重新修订完善，并正式发布了“1 +4 +1”政策体系。在“1 +4 +1”政策体系中，“1”是一个意见，即《关于进一步加快核心区自主创新和战略性新兴产业发展的意见》；“4”是四个政策办法，即《海淀区优化创新生态环境支持办法》《海淀区激发科技创业活力支持办法》《海淀区提升企业核心竞争力支持办法》《海淀区促进重点产业发展支持办法》，这四个办法分别涉及创新环境五条、创业活力五条、核心竞争力六条和重点产业六条；最后的“1”即指一个试行评价方法，即《海淀区技术创新项目市场化评价实施细则》（试行）。结合新形势和新需求，在 2017 年 4 月提出了中关村“1 +4”政策体系：“1”是指《关于支持中关村国家自主创新示范区重大前沿项目与创新平台建设的若干措施》。“4”是指《中关村国家自主创新示范区支持人才发展优化创业服务资金管理办法》

---

① “京校十条”指：1. 开展高等学校科技成果处置权管理改革。建立符合科技成果转化规律的市场定价机制，科技成果的知识产权由承担单位依法取得，赋予高等学校自主处置权。2. 开展高等学校科技成果收益分配方式改革。高等学校科技成果转化所获收益可按不少于 70% 的比例，用于对科技成果完成人和为科技成果转化做出重要贡献的人员进行奖励。3. 建立高等学校科技创新和成果转化项目储备制度。4. 加大对高等学校产学研用合作的经费支持力度。5. 支持高等学校开放实验室资源。鼓励高等学校和企业联合共建实验室。6. 支持高等学校建设协同创新中心。支持高等学校校际之间以及与企业、科研机构共同建立协同创新中心，联合开展科研项目攻关和科技成果转化。7. 支持高等学校搭建国际化科技成果转化合作平台。8. 鼓励高等学校科技人员参与科技创业和成果转化。9. 鼓励在高等学校设立科技成果转化岗位。10. 制定高等学校在校学生创业支持办法。

《中关村国家自主创新示范区提升创新能力 优化创新环境支持资金管理办法》《中关村国家自主创新示范区促进科技金融深度融合创新发展支持资金管理办法》《中关村国家自主创新示范区一区多园协同发展支持资金管理办法》。“1+4”政策体系的特点：一是实现更加精准支持。调整后的“1+4”政策体系更加聚焦形成一批具有全球影响力的重大科技创新成果和新兴产业集群，精准支持高端创新资源。二是更加注重环境营造。支持资金更多投入到适宜企业成长和发展的环境建设和优化上。三是政策更加简便易行。更有利于资金统筹使用，也更有利于创新创业主体了解政策、用好政策。

在支持方式上，新政策重点加大了对支持项目“后补贴、后奖励”等支持方式，提高注重绩效的“事后补贴”专项比重，实现支持方式“效果化”转变。《海淀区激发科技创业活力支持办法》以激发创业活力为核心，重点聚焦创业对接平台、科技人员创业、创新创业人才、创业企业市场培育、创业交流活动等五大支持创业板块，简称“创业活力五条”。《海淀区优化创新生态环境支持办法》主要围绕创新创业环境要素，重点聚焦中小企业公共服务环境、研发服务平台环境、知识产权服务环境、融资服务环境、信用服务环境等五大子环境，简称“创新环境五条”。

在支持对象上，新政策实现“普惠制”转变。更加突出对各类创新平台的支持，弱化对单个项目、单个企业或机构的散点式支持。

在支持领域方面，突出对高校院所创新效能释放、重点产业发展、军民融合创新发展等内容支持。《海淀区提升企业核心竞争力支持办法》围绕创新链，重点聚焦增强企业自主创新力、提升多主体协同创新力、以基金等运作方式提高科技成果转化力、强化专利标准品牌竞争力、提高军民融合创新发展水平、提高企业创新国际化水平等六大创新竞争力板块，简称“核心竞争力六条”。把打造创新生态环境作为未来区域竞争的核心战略，把激发创业活力作为未来一段时期核心区发展的重中之重，把强化企业自主创新作为区域核心竞争力提升的根本，通过进一步聚焦战略性新兴产业，引领区域产业高端化发展和转型升级。《海淀区促进重点产业发展支持办法》围绕高端产业和产业链高端环节发展，重点聚焦战略性新兴产业发展、重点企业引进、存量企业服务、产业聚集区建设、楼宇经济发展、产业有序转移等六大支持产业发展板块，简称“重点产业六条”。此次政策调整在推动中小企业普惠制服务、鼓励科技人员创业、推进产学研协同创新、改进政策实施和管理流程等方面的支持措施具有较大突破，对海淀区加快自主创新和新兴产业发展步伐、建设具有全球影响力的科技创新中心将起到有力的推动作用。

新型研发机构在海淀的迅速成长，有外部形势变化，也有内部发展需求，有发展环境孕育，也有官方力量引导；有经济发展因素，也有科技发展因素。在整体大背景大环境下孕育而生的新型研发机构本身就带着独特的创新的特质，而这些特质又为推动大众创新万众创业的发展起着重要的作用。新型研发机构助推大众创新万众创业，新型研发机构采用科学管理模式、市场化运行机制，将产学研用创新创业与孵化育成相结合，成为助推大众创新万众创业的新生力量。一是具有新内涵、新模式、新技术、新业态四新特质，带动激发创新活力。2016 年海淀新型研发机构已有 2000 多家，不仅包括院校区共建的新型研发机构，还包括一批改制的科研院所大型企业内设研究院、民营企业研究院等，这些新型研发机构主要以四新激发创新活动，营造良好的创新创业氛围。新的内涵形式并非停留在生产制造层面，而是采用双向驱动即自上而下的创新驱动、自下而上的产业需求驱动，将科研开发、市场需求有效结合，推进科技创新和成果转化，提升创新创业效率。采用新的组建模式、管理模式。新型研发机构的投资和建设主体呈现多样化，包括政府、高校、科研院所、企业产业联盟、创投基金等，其管理模式也较为灵活，如事业单位性质采用企业化管理模式，人才选用上不拘泥于传统资历，大胆启用新人。以新技术为发展动力，主要体现在源头性技术创新和根植地方产业发展需求，提升产业升级，如新型研发机构催生了超材料、基因测序、生物工程等一批新兴产业，机器人等成为前沿技术的领军者。新业态升级地方经济发展质量，新型研发机构作为一种新的发展业态，不仅创新技术发展、促进成果转化，在人才培养与带动产业升级方面也做出积极贡献和探索。新型研发机构发展越好，其经济与科技的粘合度也越高，对于营造创新创业的氛围具有较强的带动作用，在人才配套上等给予一系列优惠和支持，并在人员激励上采取市场标准，不仅解决了科研人员的后顾之忧，还极大地释放了科研人员创新创业的活力。

作为高水平的孵化器，大大提高创新创业的成活率和成长质量，新型研发机构作为高水平的孵化器，借助科研院所、海内外的创新资源，依托科研和金融结合的力量，建立起聚集人才、技术、资金、载体四大要素的立体式孵化体系，新型研发机构创办或孵化的创新创业公司，具有较高的科技含量，在成立之初就得到资金、人才、运营管理等一系列保障和支持，能够建立产业化基地，打通上下游产业链，形成新的产业经济增长点，因此具有较高的成活率。作为新型研发机构中的重要组成部分，以企业为主导建立的研发机构数量增加，主要以大型企业或研发为主导的企业所成立，具有较强的产业行业影响力，如技术转移研究、中华医药研究、节能环保制冷技术研究、创新研究院等，新型研发机构不仅具有较强的研发实力，快速市场响应能力，还能够根据自身发展调动上下游产业链资源，纵向扩展发展，通过依托标准化的实验室平台和业务推广网络，创办子公司，在产业链上向上拓展，形成集孵化、研发、应用于一体的产业链，带动了新的经济增长点。建立产业投资基金，带动战略性新兴产业发展。随着新型研发机构的不断发展，设立产业创投基金已成为推动创新创业的重要途径之一，大部分新型研发机构具有国内知名高校的背景，在技术人才及市场敏锐度上具有得天独厚的优势；灵活的体制机制及对海淀产业市场的深入了解，通过结合产业资本设立产业投资基金或投资公司，加速科技成果转化，扶持科技型企业发展，创造巨大的社会价值，带动了产业的整体发展，培养创新型人才，为创新创业添加发展动力。

第二节　海淀大众创新创业存在的困难与问题

在看到海淀面临重大发展机遇的同时，还必须认真审视发展面临的挑战。对海淀而言，在某些行业“创新泛化、政策变化、创业弱化”已成为现实的问题。一方面全国各地创业活动越来越多，各类创新创业之间的发展竞争日趋激烈；在原有园区创新多年的发展中，创新范围多次扩张，原有固定界限内优惠政策逐渐向周边地区辐射，使得创业的概念开始泛化。另一方面国家的支持创新创业的政策出现变化，由最初的针对各类特定、地域范围的创业优惠政策支持逐步转向区域性的扶持、产业和行业性的支持，这在一定程度上弱化了中心创新区域对高技术企业的吸引力。同时，海淀多年来持续快速增长，核心区空间渐趋饱和，受规模的影响，发展速度趋缓，海淀的优势地位受到国内其他地区的有力挑战。应对创新创业发展的机遇和挑战，海淀必须进一步深化改革，加强创新，探索发展的内生式增长机制，以创新来建立新的竞争优势。近年来，海淀区保持经济中高速增长和中高端发展，亟待以创新为手段，加快推进创业转型升级。尽管海淀区近几年在创新创业方面取得了一定的进步，但也存在许多问题，除了创业类型单一、创业成功率低等普遍性问题外，还有些不可忽视的个别性问题。

一、政策制度方面有不足

（一）推进大众创新创业政策滞后

创新创业过程为政策所规范，及时完善大众创新创业法律法规及其配套政策，能够促进创新创业的进步、发展及其效益的提高，不合时宜的政策则会阻碍创新创业的发展。从海淀现有的大众创新创业政策本身的发展看，推进大众创新创业政策在不断适应新的形势过程中有所改进，有的方面还进行了比较大的改变，有力保障了创新创业。但还存在一些不足，一些政策的制订出台缺少与专业人员和民众的沟通，导致有的政策执行起来效果不够明显，政府作为创业的协调者和促进者，主要是通过经济、法规、政策的制定，有效的科技投入体系，技术评估体系，合理的资源配置等手段发挥作用。针对创新创业实体而言，政策应当充分发挥其研究和开发新技术的积极性，在这方面已经有的优惠税收政策、充足的资金投入、可控的资金管理、技术的专利和许可证所有制度等，特别是在提高技术转移方面研究和开发新技术积极性的同时，如何进一步发挥它们研究和开发的潜能的相关政策，以及在促进新技术的不断产生和科技进步方面的相关政策不够具体。比如，创新创业政策应该突出技术成果在技术转移中的作用。目前对技术发明、技术创新、技术传播等众多与技术本身相关的现象还没有相关政策的严格规范。

（二）推进大众创新创业政策内容配套不够

一是中央及其部委出台法规和政策后，海淀区域性相关配套政策与之协同落实不够。目前海淀的科技体制改革仍存在部门主导、单兵突进、分散推进的现象，科技管理的“条块化”、创新资源的“碎片化”和创新活动的“孤岛化”问题仍然没有从根本上得到破解。这不仅影响了改革的整体成效，也不符合全面深化改革要强化系统性、整体性和协同性的导向要求。国家中长期科学和技术发展规划颁布实施以来，国家出台了一系列促进技术转移的政策，特别是党的十八大以来，中央、国务院加快深化科技体制改革步伐，各部门围绕技术转移调整完善已有政策。北京地区也相继出台了一些政策，海淀作为国家科技创新中心核心区在相关政策制订与推进落实上力度不够。比如，在创新有利于技术转移和科技体制上还没有迈出实质性步伐，有一部分技术成果因为政策不到位难以落实。

二是政产学研在创新创业中作用政策导向不够。创新创业的关键是打通政产学研之间的技术转化通道，目前，海淀区在这方面政策规范存在覆盖不全，有的政策措施难以落实。政策规定不一、政出多门、程序衔接不当，操作不易。高校、科研院所与企业价值追求的差异，大学和科研院所追求科学知识的增长和学术价值的实现，而企业的目标则是利润最大化，是其商业价值的实现。高校教师和科研院所研究人员普遍缺乏技术转移热情。在现行政策规定下，技术转移能否落地与研究者关系不大，因为无论研究成果最终能否转移，反正课题费早已揣进了研究者的腰包。科研人员职称、奖励等评价过程中，大学往往只将学术论文、获奖等级、专著等作为硬指标考核，而对科研成果的转化推广及其产生的经济、社会效益摆在次要位置。

三是与全国科技创新中心区核心区的定位协调不够。科技创新中心要求相关推进大众创新创业政策适应创新支持创新服务创新。现有创新创业政策中有一部分仍然带有行政计划体制的痕迹，没有瞄准全球最具有吸引力的科技创新前沿、创业中心和战略性新兴产业策源地的功能定位，在高端创新要素上存在障碍、科技资源潜力市场化转化的体制机制不够灵活。这几年，为加速推进创新创业，清华大学、北京大学等重点高校成立了技术转移中心，海淀也成立了相应的创新创业机构。尽管政府在创新创业政策调整方面做出了大量努力，并取得了一定成效，但与发达国家和地区相比，海淀区推进大众创新创业政策仍存在诸多问题。区域内大学、科研机构、企业和创业者的创新能力还比较弱，创新创业政策体系最薄弱的环节是缺乏高新技术人才保障的配套政策，以及技术与经济的衔接政策，技术转移后需要的配套服务政策跟不上，创新激励与利益分配政策不健全，对创新成果的标准化评估政策有待完善。另外，现行创新创业政策支持办法存在着重点不够聚焦、直接补贴较多、项目市场化评价不足等问题，已不能完全满足创新创业发展的新要求。

（三）与国际规则对接不够

随着市场国际化的发展，海淀作为首都中心区与国际城市和地区交往增多。不同国家之间的规则要求推进大众创新创业政策适应这一形势，主动对接国际规则，建立与国际创新创业规则要求相适应的政策体系，提高国际化合作水平。而目前这方面还比较欠缺。在推进大众创新创业政策执行上与国际规则不同。国外发达国家重视创新技术落地，而海淀区创业者作为技术成果产业化的最终实现者，其对于先进技术的接收和消化能力有限，由于政策引导不够，创业者缺少资金的投入，很少有为创业者配备足够的研发团队，进行后续的跟踪研发。相当一部分企业或创业者没有强大的生产能力和市场开拓能力，以支撑整个技术转移活动的顺畅进行。在科技成果知识产权归属政策上，审批程序还不够简化，影响技术转移主体的积极性。一些审批限制阻碍了科技成果市场价值的发挥，至今还没有彻底取消和废止。

（四）激励创新创业的政策需要进一步改进

一是创新成果处置和收益权改革有待深化。职务科技成果处置权收益权方面，没有完全理顺政府单位职务发明人三者关系，不利于充分调动各方的积极性。主要体现在审批程序繁琐、时间长，创新成果处置权有严格的限额规定，限额以上科技成果处置需要报批，成果转化收益也须上缴国库；科研人员享有的收益比例偏低，且难以落实等问题，虽然出台了高新技术产业企业股权和分红激励措施，但门槛高、手续繁杂，落实下来难度大。二是激励创新创业的税收优惠的普惠性不足。研发费用加计扣除、技术交易税收优惠等政策实施效果不理想。如研发费用加计扣除范围受到限制，扣除力度不够，操作手续繁琐，企业和创业者用于研发费用中一般有不能享受加计扣除，甚至有些企业享受加计扣除的费用与实际发生费用的比例差距大，影响了所得税优惠功能的发挥。创新创业税收优惠政策实施效果不理想，尤其是营改增后，增值税负转嫁给了卖方，影响了卖方的交易积极性。三是体制内创新创业需要更加宽松的政策。近年来，科研人员创业的政策逐步收紧，推行绩效工资后，科研事业单位实行工资总额限制，一定程度抑制了科研人员的创新创业积极性，受全国乃至全球经济下行压力以及小富即安等思想的影响，鼓励创新宽容失败的氛围还不够浓，风险共担利益共享的政策还不完善。

二、创新创业的内生动力还不够强

一是受宏观经济环境影响，创业者普遍存在资金困难问题，资金不足成为创业最主要的障碍，导致投资意愿不强，创新项目不多，创业者比例偏低。政府、企业和个人等主体相互作用、有效协同，是由领军企业、高校院所、高端人才、天使投资和创业金融、以新型孵化器为特色的创新创业服务、创新创业文化六大要素组成，集合政、产、研、学、资、介等关键资源要素，形成良性循环。高科技园区的竞争已经进入创新要素集成的新时代，过去单要素竞争已经变身为园区综合系统的竞争，像海淀北部新区一样的创新园区，在逐步完善硬环境的同时，应着重软环境提升，力争实现三个转变：由区域创新系统向全球创新系统转变，构建跨区域、跨国界研发产业链，集聚全球创新资源；由实体服务平台向系列化、专业化、智慧化结合的服务平台转变，吸引全球行业的领导者投资；由经济实物的资产建设向网络建设资产转变，充分利用产业联盟、标准联盟等拓展全球合作空间。

二是以企业为主体的创新能力不足。总体上看，企业创新发展的整体水平不高、有自主创新能力的企业规模偏小、个体偏少不够，产业层次偏低、原始创新少，产业技术中的核心专利技术少，引进技术的消化吸收能力薄弱，企业间没有广泛建立和形成技术创新的战略联盟或协作关系，创新创业领军人才不足，尤其是既懂科技研发又精通互联网＋思维的人才严重缺乏，支撑引领创新驱动发展的能力有限。创新创业的集聚化程度不够与驱动力不足。改革开放以来，海淀就地取材量体裁衣，发挥本土化优势形成了特点鲜明的园区经济，因此那些以资源集约化形式发展起来的园区外经济，主要是农村集体经济和城乡结合部地区的传统产业，就具有布局分散、技术含量低、资源利用率低、单向度发展的缺点。在产业转型升级的背后需要的是创新集群创业集群的支撑，然而现有的创新驱动力却明显不足，许多企业缺乏支持创新的技术人力财力物力，同时创新的风险与利益分配机制不明确，也使得许多企业不敢贸然创新。

三是创新创业环境有待优化。主要表现为：第一，重管理轻服务，行政审批包括资质的认定、门槛的准入等还是过多，比如，在公司增资扩股项目申报、政府采购等方面还存在这样或那样的条件限制，在服务上各部门的服务没有打通形成链条，存在服务孤岛现象。尤其是对上下游产业技术需求创新创业团队国际国内技术合作交流，以及有利于潜心创新创业的配套服务等方面的关注不够，还没有建成有利于创业创新的科技基础平台，大型科研设施分散落后，科研资料数据严重匮乏，无法实现科技资源的有效共享。海淀区目前服务机构数量较多，但业态多样化不足，市场调研、管理咨询、质量认证、招投标等服务机构数量不足，样品生产公司、科技产品推广公司等更加细分的科技服务业态尚未出现。第二，重政策制定轻落实。创新创业优惠政策难以有效落实，阻碍了创业的发展。究其原因，一方面是政策宣传不到位，相关政策不配套，操作程序较复杂；另一方面是督促检查不够，对试点中出现的问题，没有及时总结分析和制订针对性的解决措施。目前，海淀区关于科技金融的配套政策体系已十分完善，按照政策执行可以极大地缓解企业的融资难题，但是在调研中本课题发现有许多企业根本不了解区内和专门针对他们的各项融资优惠政策，错失良机。这说明海淀区在这方面的宣传力度还不够，导致好的政策企业不知道，从而无法落实。虽然海淀区已经大力鼓励和支持各类金融机构开展中小微企业融资产品创新试点，但是总体来说，这些产品创新都是针对发展期和成长期的企业的，针对初创期的科技型企业的金融产品和金融服务还是微乎其微，远远不能满足初创期的企业融资需求，虽然海淀区为此已经大力发展天使投资，但是覆盖面很小，企业融资难的问题在初创期这一层面仍然表现比较突出。在多层次资本市场的建立过程中，投融资并未形成良好的对接渠道，区域数量众多的中小企业仍然存在融资难的问题。另外，城乡金融发展不平衡的局面没有完全解决。国有企业和大型民营企业具有较强的资金偿还能力和较高的信誉，较易得到金融机构信用支持，而创业创新的中小企业大多不具备这种优势，这些中小企业融资能力较低，虽有风投机构，但能得到风险投资支持的企业所占比例极低。众多创业创新的中小企业在没有渡过艰难的成长期就会因资金链断裂而胎死腹中。服务从业人员专业知识不足、行业经验缺乏，高端专业人才短缺，在传统科技服务机构转型升级中，从业人员很多是原行政工作人员转型做科技服务，而新型科技服务机构从业人员自身专业能力较强，但缺乏跨行业、跨领域的综合性技能，如中技所等成果转移转化机构普遍存在缺乏跨技术、管理、金融和市场等领域综合性的专业人才和团队等问题，导致市场化运作及专业服务能力不够。另外，信用体系建设相对落后。海淀区虽然在科技金融创新方面走在了前列，但是受整体信用体系建设落后的影响，相应的金融信用信息数据库尚属空白，中央银行能提供的企业征信数据库只纳入了曾经在银行系统有过信贷行为的企业，对于大多数没有获得过银行贷款、没有进入该数据库的中小微企业，海淀区无法获得其基本的信用信息，导致很多金融产品和金融服务的创新因为缺乏信用根基而无法成行，大大抵消了科技金融的效率。

（一）众创空间建设整体水平偏低

海淀有部分“众创空间”在业内颇有影响力，但是大多依托既有的科技园区、科技孵化器、大学科技园而建，虽然有利于充分利用园区的资源优势和创新优势，但由于多数园区之间隶属关系不够明确，难以形成行业集群效应。各类园区和孵化器往往具有浓厚的政府背景，民间资本和社会力量难融入，也会一定程度上降低“众创空间”的运行效率，促进创新创业的整体效果差。创新创业意识不强，真正意义上的创客较少，致使部分“众创空间”门庭冷落，甚至组织的培训、联谊活动还需要依靠多方动员才能勉强维持；有的“众创空间”的平台建设严重滞后、资源整合能力有限，往往只能为创新创业者提供办公场所、通讯网络、基础设备、工商注册等初级服务，在思想配装、创意设计、成果转化、天使投资等高端服务方面难以满足创新创业者的需要。虽然目前关于“众创空间”的认定已经确定了法人资格、办公场所、基础设施、人员、制度、配套服务、投资基金等标准，但仍有不少“众创空间”只是为了通过概念炒作享政策红利，或者只是传统孵化器换了个牌子，打着“众创空间”的招牌经营其他业务。

国务院办公厅《关于发展众创空间推进大众创新创业的指导意见》已经明确了我国发展“众创空间”的基本思路和根本原则：创客空间、创业咖啡、创新工场等新型孵化模式是发展众创空间的经验源泉和实践原型，创新与创业相结合、线上与线下相结合、孵化与投资相结合是众创空间的运行特征。按照这个要求，海淀众创空间、企业孵化器专业服务不够灵活，部分还停留在做行政服务和物业服务上，部分科技企业孵化器也在尝试提供创业培训项目路演、天使投资等创业服务，但机构入驻量规模难以长期保证，很多场地空置、部分民营众创空间发展势头较好，但场地、人力、物力、财力等方面投入能力不够，加之创业者普遍购买服务能力不足，很难实现盈利支持创新，市场化投入机制不健全，天使投资和创业投资虽有机会成为推动大众创业万众创新的主力军，但海淀天使投资机构的数量、投资资金的总量以及决策风险把控能力与发达国家地区相比差距明显。国有投资在投入退出等环节程序繁琐，国有创投公司的体制、机制需要更加市场化，现有的中小板创业板准入门槛较高，场外交易市场不发达，企业往往因研发费用难达标准等问题丧失上市的机会。新型创业孵化机制不能满足实际需求。拥有科技孵化企业以投资为主导，集聚了技术资源、创业资金、创新人才等重要要素，但同时大部分孵化机构无法提供技术支持、融资渠道、管理培训等孵化前、孵化中、孵化后的服务内容仅仅只能承担一部分，公共服务的职能甚至有时形同虚设。海淀在创新创业方面的保障机制仍不健全。例如，科研人员的管理机制有待完善，如科研经费的自主配置权、科研成果转化的利益分配机制等，如在鼓励高校大学生等主体开展创新创业的同时，是否应提供科学合理的退出机制与补偿机制，以降低创新创业风险等问题都需要进一步明确。科技服务领域建立协同、合作、开放的服务生态是大势所趋，而目前海淀区科技服务业态刚刚形成，科技服务机构间正在探索专业分工基础上的协作，尚未形成协同发展的生态。

大企业主要在系统内拓展服务链条，如新浪建立科技博客、联想投资设立联想之星（创业教育）等，与各专业领域的科技服务机构的协作活动较少；中小型科技服务机构主要通过延伸服务链条拓展服务，在突出自身特色专业服务的基础上，自主开发新的服务内容，但难以其专业服务能力，并跟已有服务机构造成不必要的竞争。目前多数机构服务功能单一，对服务对象需要的金融信息服务、法律服务、市场评估、经营服务、财会服务等难以满足，通过行业间紧密分工协作提高整体服务效率的能力需要加强，如知识产权价值评估、运营、担保、贷款等机构间的服务协作程度较低，能够为科技企业提供知识产权融资系统解决方案的机构较少。海淀区各类孵化机构尚未建立起现代科技孵化机构的市场运营机制，如管理方式传统，缺乏创造价值的紧迫感和相应的能力，缺乏人才激励机制，难以吸引高层次、有经验的专业管理人才，专业增值服务方面发展不足等。孵化机构投资结构不合理，海淀区孵化机构中部分是政府投资或有财政性资金投资，由于国有资本保值增值的要求，这类孵化机构面临着投资额受限、国有资产监管等问题，减弱了孵化器主动发掘筛选优秀项目、引进高端专业服务人才帮助企业成长的激励；同时单一的投资结构使得孵化机构财力不足，也制约了入孵企业的发展。

（二）人才引进与培养发展有待突破

在人才的户籍管理、身份管理、住房和社会保障等制度上的缺陷，成为制约海淀区创新创业人才自由创造、自由流动的壁垒，国际化人才在海淀区创业和工作等方面还存在许多制度性障碍。服务从业人员培养机制尚未建立，现有大学院所和培训机构的培养方式和手段陈旧，难以跟上科技服务这一新兴行业的专业技能培训需求；服务高端人才激励管理机制相对不健全，目前科技服务各领域的人才没有纳入“海聚工程”“高聚工程”“千人计划”等北京各级政府的高端人才支持工程和计划，科技服务人才也没有纳入中关村股权激励试点范围，难以享受相关激励机制。比如，现行的外国人永久居留制度下，外国人申请“绿卡”的门槛比较高，程序也非常繁琐。海淀现行人事聘任及考评制度、科研项目、科研课题管理制度、行政服务体系还存在一些深层次的问题，对海淀区吸引、留住顶尖人才和充分发挥其作用有一定的制约。比如，院士当选之后可以享受副部级待遇，对于院士的科研经费要有优厚的资助额度，“院士”身上附加了优厚的科研资源，而院士评选中的“国籍”指标要求十分严格，不利于顶尖人才或者归国不久的顶尖人才积极性和创新能力的发挥。创新创业的成功不仅需要专业知识和领先技术，更重要的是为这些专业知识和技术的价值实现找到“作用点”，这就需要发现技术和市场或社会需要的“结合点”，需要对相关的技术产品进行人性化的设计并探索相关的技术方案和创新产品，或服务为社会所接受的商业模式。在当前新一轮鼓励高校大学生创业创新热潮中，相关的支持政策更多强调对学生提供创新教育和创业培训课程、创新创业经费的支持、设置各类“创客”空间，而对大学生创新创业的跨学科合作能力培养和实战经验重视不足，对实用性技能人才使用不够，唯学历轻能力、重视政府项目忽视个体项目，在一定程度范围内存在、影响创新创业人才的开发和充分利用。

（三）创新创业资源整合力度不够

现行的创新创业政策的着力点过分聚焦在科研院所和出国留学、接受过高等教育或获得高级学位的专家层面，而对草根人士和普通大众的创新创业资源的需求关注不足。大部分专家和决策者在讨论促进创业创新的政策时，更多强调的是科技和金融如何结合，让科技成果尽快地转化为现实生产力。这没有错，但如果我们将创新创业的主体拓展到“万众”或“大众”的草根层面，就会发现创新创业者最缺乏的资源可能不全是“科技”或“金融”，而是开放的信息和创新资源，比如必要的研究和市场信息、产品设计开发的技术平台或实验条件。目前在创新创业资源供给方面存在的最大问题是非平衡性和公平性，相关的行政部门乐于将更多的优质创新资源集中供给某些被“锁定”的创新创业者群体，以为密集的资源投入一定会下出“金蛋”。孰不知如此过多的资源投入可能会磨灭青年才俊的创新创业热情，甚至会诱导他们逆向使用这些资源而不是将其最大化地用于创新创业活动。如果我们能超越“门第”观念，让那些对市场和生活需求有强烈的变革意识和动手能力的草根创新创业者获取必要的创业创新资源，比如破除图书馆和科技信息资源的部门所有制和过分行政化的管理，让草根创新创业者有更多的机会和渠道获取各类资源和信息，并有缘“偶遇”各类专家和志同道合者，可能会在未来碰撞出很多思想火花，缔造出很多投身于科学技术事业和社会经济发展的创新者和企业家。

创业主要分为两种类型，追求商业机会而从事的创业活动即机会型创业，没有其他就业选择时的创业活动即生存型创业。全球创业观察组织 2014 年发布的创业动机指数，数据显示：非欧盟国家（挪威和瑞士除外，这两个国家都有较高的动机指数）和非洲经济体的动机指数最低，而动机指数最高的经济体是北美。当动机指数低于 1 时，说明早期阶段创业活动中的大部分创业者受需求驱动创业，这也可以推导出该经济体的经济形势（比如克罗地亚是 0. 64，而希腊是 0. 88）。我国这一指数仅为 1. 37，说明我国机会型创业率低。一方面因为创新创业者大多缺乏客观公正的社会认可。创新创业者多在体制外发展，且成长周期较长，因此创新创业创新者大多被认为是被体制内机关企事业单位抛弃的人，较长一段时间难于被社会认可，这对“成家立业”的青年来说，无疑会增加较多的“成长烦恼”。另一方面因为创新创业者大多缺乏安全稳妥的社会保障。在现有社会保障体系不完善的状态下，心存后顾之忧是困扰创新创业者的头等大事。由于传统的“单位制”人群存在，现有的社会保障体系存在“二元结构”，创新创业者对体制内社会保障体系更信赖、更留恋，不愿冒失去现有“铁饭碗”的风险。

（四）创新创业文化尚未全面植根

目前，传统的轻商文化已在当代国人心中形成较深的影响，有碍于崇尚创新、敢为人先运用互联网思维打造新商业模式等现代创新创业文化的建立和传播。全民创新创业意识的培养和创新创业氛围的营造仍需要长期大量的投入。创新创业政策的宣传引导亟待加强。当前，尽管政府对大学生创业在税费减免、创业贷款、专项扶持资金、创业服务平台等方面有很多的帮扶政策，但他们对政府相关政策不知情或不敏感，这不仅导致大学生创业的成功率低，也抑制了部分人的创业激情。不少普通市民全然不知众创空间是干什么的，大部分人不能清楚阐明众创空间的真正目的与功能，加强创新创业政策的宣传引导将成为大众创业、万众创新的重要任务之一。政策对创新创业的开放度、包容性不强。海淀正在推行工商登记先照后证等审批制度改革，但部分行业前置审批仍然较多，对创新创业的包容性不够，三证合一未全面铺开。

（五）协同创新创业力度要进一步增强

一是在协同发展的认识上有差距。海淀作为全国科技创新中心区核心区在协同发展上具有示范作用。如何正确认识海淀各方面工作具有的代表性、指向性，进一步增强政治意识、大局意识，始终与党中央保持高度一致，坚决维护中央权威，确保中央政令畅通，不断增强服务全国政治中心的功能，高水平履行好国际交往中心的职能；特别是在工作中把自身发展与周边地区发展形成相互补充、相互支持的良好局面，实现京津冀区域社会平衡转型，减少区域发展的经济社会代价的要求落到实处，让人民群众的工作生活更加便利，把搞好协同体现在北京工作的各个方面，在服务全党全国工作大局中实现自身的发展方面还需要进一步加强学习、提高认识。

二是在协同规划布局上有待进一步完善。目前已经有的规划方案，还不够具体细致，要根据北京市的发展战略及目标任务，在遵循综合性和系统性等基本原则的基础上，构建一套科学的协同发展指标体系。这些指标主要包括功能定位、经济发展、结构调整、科技创新、社会民生、资源环境等方面。重点要突出协同建设过程中约束性指标，最大限度地分析掌握在北京目前经济社会发展阶段特征的基础上，对指标参数要作细致论证和科学测算，目标值设置既要体现一定的前瞻性，又要符合北京的发展实际。丰富社会发展协同的内容，不仅要重视科教文卫体等领域的协同，而且要围绕区域协同发展的需要，突出社会公共事业建设，强化共同体意识、缩小贫富差距，以前瞻性的战略规划引导区域协同健康发展。合理优化发展空间布局，既要秉承“十二五”规划中的区域发展思路，做深做实区域发展这篇文章，也要结合当前新形势和新要求，保持空间协调和空间均衡作为“十三五”发展规划的重要内容，强化对首都周边欠发达区域的研究，进一步合理提升发展空间布局。

三是在产业协同聚集上还有差距。南部城区与中关村西区集中企业多，吸纳就业人员多，大量就业人员居住在城区外围和城乡结合部地区。北部新区由于规划设计上强调以新技术产业为主体，就业人员没有就近安排住房，也没有可供购买的商品房，加剧了“卧城”和“产业空心化”。空间上缺乏层次性，各个组团之间互相联系配合不够，难以支撑海淀高科技创新中心的发展要求。集体资产处置缓慢。集体资产变现资金缺口较大，在一定程度上对集体经济组织的正常经营发展造成影响；集体土地等资源性资产未纳入集体资产处置环节，随着征地拆迁的推进，当集体土地资产变成征地款时，这部分资产如何分配，目前仍没有明确规定；股份经济合作社的法人地位和职能定位仍不明确，导致集体经济组织管理效率较低。要推进新型工业化、信息化、城镇化、农业现代化同步发展，主攻方向是通过市场的作用和企业兼并重组等形式，调整存量，做优增量，压缩产能过剩产业，大力发展实体经济和新兴产业、服务业，增强战略性新兴产业和服务业的支撑作用，着力推动传统产业向中高端迈进。完善区域政策，促进各地区协调发展、协同发展、共同发展。要从要素投入驱动为主转向创新驱动为主，着力采取有效的政策措施，把创新积极性激发出来，调动起来，积极发现培育新增长点，使其成为新常态下经济增长的重要支撑。

四是在深化协同、服务民生上有差距。海淀区第六次全国人口普查资料显示，全区常住人口密度为7616人/平方千米，远高于全市常住人口密度（1195人/平方千米）。海淀区常住人口地区分布不平衡，人口密度梯度分布明显，东南密西北疏。人口密度最高的街乡镇是北太平庄，高达38772人/平方千米。人口密度最低的街乡镇是苏家坨，为554人/平方千米。城乡结合部集聚大量外省市来京人口。外省市来京人口主要是务工经商，生活多聚集在海淀区的城乡结合部。公共服务发展不平衡。南部中心城区城市基础设施配套齐全，北部山后地区土地高质量利用不够，公共服务设施不到位。在同一城区内形成很大的反差，一边是繁荣的都市，另一边却是落后的农村。城乡结合部地区道路、绿化、水、气、热、管线、供电、环卫设施等不足，公共交通短缺，教育、医疗卫生、文化等资源不平衡，加之大量外来人口的涌入，给基础设施和公共服务带来难以承受的压力，导致城乡结合部成为环境脏乱差的典型，违法建设急剧增加，安全隐患增多。就业保障不平衡。知识密集型产业不利于农民就业，劳动密集型企业由于某些政策的障碍无法从根本上解决农民就业问题。许多本地劳动力择业观念陈旧、期望过高，普遍存在等、靠、要的依赖心理等诸多因素，认为绿化、保洁等简单劳动工作管理严格、工作量大、不体面及工资水平较低而不愿意从事。集体（乡镇）企业发展相对较慢，就业吸纳能力不强；绿化隔离带地区的功能特征定位和劳动力素质整体偏低存在矛盾，其配套的产业项目没有起到引导农民就业的作用。而且本地劳动力文化素质、就业技能普遍偏低，不能适应海淀区以高新技术产业、现代服务业为主的产业结构需求，尤其40、50

岁人员就业选择面更窄，出现结构性失业。要围绕破解经济社会发展突出问题的体制机制障碍，提高行动能力，进一步处理政府与市场的关系，使市场在资源配置中起决定性作用和更好发挥政府作用，形成对外开放新体制，加快培育国际竞争新优势。坚持以保障和改善民生为出发点和落脚点，全面解决好人民群众关心的教育、就业、收入、社保、医疗卫生、食品安全等问题，让改革发展成果更多、更公平、更实在地惠及广大人民群众。要认真研究分析区域和城乡发展、居民就业、社会保障等方面的问题，切实规划好人民关注的就医、就学、停车、垃圾处理等问题，实实在在地体现谋民生、惠民生、促民生。

第六章　国内外推进大众创新创业典型经验及启示

进入新的世纪以来，经济全球化浪潮风起云涌，国际竞争更加激烈。为了在竞争中赢得主动，依靠科技创新提升国家和城市的综合实力和核心竞争力，建立创新体系，走创新型发展之路，成为世界许多国家政府和地方政府的共同选择。尽管世界各国和城市的历史文化、现实国情和发展水平存在着种种差异，但各国政府都在认真思考和积极部署新的科技发展战略，调整科技政策，高度关注科学技术发展趋势，重视对科技的投入，推进大众创新创业，并在创新系统的建设方面显示出各自鲜明的特色。世界一些大城市正在让创新创业方面成为人类发展的区域性样板。我国已经明确了未来一个时期努力将我国建设成为一个创新型国家，科技促进经济社会发展和保障国家安全的能力要显著增强，基础科学和前沿技术研究综合实力要显著增强，并要取得一批在世界具有重大影响的科学技术成果。我国尚处在以“创新”为国家战略的起跑线上，创新型国家发展之路任重而道远。而欧美一些发达国家和地区国家创新体系相对完善，创新创业体系内各主体运作相对规范。因此，我们在加快推进创新体系的建设、充分激发全社会的创新活力、整合社会各主体的创新能力等方面，仍需借鉴别国和其他城市、地区的有益经验。

第一节　国外典型经验及启示

本文选取了九个在创新创业方面具有一定优势的国家作为考察对象。在2000年里斯本欧洲会议上，欧盟就提出以创新科技为发展主轴的发展战略，创立了创新指标体系（包括创新驱动力、知识的创造、创新与创业、应用、知识产权5项一级指标及26项二级指标），并每年发布欧盟创新排行榜，目的是使欧洲各国能专注于高科技的创新发展，以此改善欧盟生产力不足和企业研发投入不够等现象。考虑到美国和日本在世界经济、科技创新等各个方面举足轻重的地位，将其也纳入到创新排行榜，用以合理评估欧盟各国的创新水平在世界上的位置。在欧盟2005世界各国政府均把鼓励创业、发展创新经济作为国家知识创新等方面的综合实力。因此，本文首先选取了这四个国家作为考察对象。虽然在该年排行榜中美国排第六位，但考虑到美国作为世界头号科技强国及其拥有相对成熟的国家创新体系，这对我国国家创新体系建设有着尤为重要的意义，因而也将美国作为本文的考察对象。通过考察五个国外创新型国家在国际创新体系建设方面的经验和特点，归纳总结出几点对海淀创新创业的有益经验和启示。

一、国外推进创新创业的主要经验

（一）美国：以完备的创新创业体系促进创新创业

美国拥有世界上最为完备的国家创新体系。从法律政策上看，美国是世界上实行知识产权制度最早的国家之一，已基本建立起一套完整的知识产权法律体系，美国通过对其知识产权在全球范围内实施保护，为企业和个人营造了创新的环境，并维护了本国的利益。同时，建立企业技术创新退税政策；实施一系列政府—企业伙伴关系计划和鼓励出口贸易推动中小企业的技术创新；从创新平台看，官产学研各类机构互为补充，密切互动，形成了一个有机整体。美国国家创新体系的执行机构主要由私营企业、大学、联邦科研机构（如NIH、NIST、联邦实验室等）、非营利性科研机构及科技中介服务机构等组成。其中，大学担负着人才培养的重要任务，并承担了国家主要的基础研究任务。联邦科研机构则主要承担与国家使命相关的基础研究和关键技术的开发，在美国国家创新体系中具有不可替代的作用。从创新经费看，有充足的风险资本和可供选择的退出机制。由于创业板市场的前瞻性、低门槛和便捷的进出通道，为那些发展潜力巨大的中小企业和高科技企业提供超常规金融支持。私营企业是美国技术创新的主要执行者，其研发经费约占美国研发总支出的70%。非营利研究机构不隶属于任何政府部门，又不设在大学或由大学管辖，也不像工业企业那样以赢利为目标，主要是指各种私人非赢利研究所或公司，其中比较著名的有国际斯坦福研究所、德拉皮尔实验室、巴特尔研究所、兰德公司、米特公司等。此类研究机构虽然数量不多，但对美国科学技术的发展很有影响，是其他三类研究机构的有益补充。科技中介服务机构主要包括技术转让机构、咨询和评估机构、政策研究机构、风险投资公司等，它们对美国国家创新体系架构的桥梁作用不容忽视。

上述各个类型的机构在执行各自的任务过程中并不是完全割裂的，如在企业和大学之间、企业与政府研究机构之间的合作伙伴关系有日益加强的趋势。此外，中小企业是美国国家技术创新的核心力量。研究表明，美国有一半以上的创新发明是在小企业实现的，小企业的人均发明创造是大企业的两倍，而且小企业的研发回报率比大企业高出近15%。从创新基础设施看，美国的高科技产业处于世界领先地位，和美国具有较为成熟的风险投资体制也有非常直接的联系。发达和完善的资本市场体系为创新企业提供了直接融资场所，促进了社会化的科技创新体系的形成和完善，并且有力地弥补了金融系统中间接融资与科技创新不能有效结合的制度缺陷。创新基础设施主要包括信息网络基础设施、大型科研设施、数据库和图书馆等。美国在创新基础设施方面凭借其巨大的投入和不断的积累，为美国创新型国家的建设奠定了重要基础。从人才资源看，美国拥有世界最优秀的大学，美国高等教育投入占全球高等教育投入的40%，其世界一流大学的数量和整体大学质量均位居世界第一。依托众多高层次人才，美国通过引领创新潮流的尖端科学技术抢占科技发展的制高点，利用大数据提升国家竞争优势。美国拥有世界上最具创新能力的丰富人才资源，其主要原因，一方面，美国特别重视本国国民教育。美国是世界上教育经费支出最高的国家，1999年教育投入金额高达6350亿美元，占GDP的7.7%，为其成为教育强国和人才强国奠定了雄厚的物质基础。美国拥有世界上最发达的高等教育，在世界大学前100强排名当中，美国的大学要占到一半以上，这是美国科技领先于世界的重要原因。另一方面，在培养本土人才的同时，美国还广泛接纳全球优秀人才，使美国成为了一个人才的磁场中心，吸引着世界各地的优秀创新人才，奠定了其超级大国地位的坚实基础。

加强知识产权体系建设，大力提高知识产权创造、管理、保护、运用能力，是增强我国自主创新能力、建设创新型国家的迫切需要。首先，政府要进一步健全和完善知识产权创造、保护、开发的机制和环境。制定和完善与知识产权相关的法律、法规；建立完善的奖励机制和专利预警机制；促进专利的信息化，利用互联网络提高专利信息的可获取性；健全知识产权咨询的社会服务体系；健全知识产权专业人才培养机制，加强国际交流与合作。其次，企业要建立完善的知识产权创造和保护体系。优化科技资源配置，积极拓展技术创新发展空间；设立专门的知识产权部门，为创新提供全程的信息服务；选择适宜的知识产权保护方式，提高知识产权保护效果；树立国际化的知识产权经营意识。第三，建立技术转移机构，促进高校、科研单位与企业的合作。该机构可以对技术成果评估后，购买该技术，再转让给企业；该机构也可以将高校、科研单位的技术成果中介给企业实施，还可以与知识产权的权利所有人成为共同合伙人与企业建立合作等。

（二）德国：完善服务助推创新创业

德国的高校、科研院所与企业之间存在各种行之有效的新型知识转化渠道，例如德国在2006年至2011年间共投入19亿欧元，打造了一批世界一流大学和一流科研机构，建立了创新中心、创新技术平台、创意城市、创新联盟、科技创新园区等，使得他们之间能有机联系。政府、企业对研发高度重视。近几年来，德国的研发支出一直处在上升趋势，即便是在金融危机期间研发投入也未削减。而私人企业、高校和独立研究所在研发方面也给予了更多支持。在支持研发方面，政府设有三个不同层面的补助：欧盟、联邦政府和地方政府。政府资助平均能够占到企业研发支出比例的50%。联邦政府针对一些特殊未来项目（包括可持续发展、数码投资、能源短缺等）提供补助，联邦政府层面每年单对高科技领域的研发支持就有50亿欧元。

（三）日本：以知识产权制度促进创业

日本国资源匮乏，依靠自主创新增强产业竞争力成为日本全社会的共识。以高度中央集权化的管理、完善的知识产权体系为特色，建立起政府同“产学合作”积极互动的国家创新体系。21世纪以来，日本每年新增专利近20万件。知识产权的持续创新成为日本创新的源泉。2002年，日本建立了知识产权战略委员会，颁布《知识产权战略大纲》《知识产权基本法》，实施《知识产权创造、保护、应用的推进计划》，促进大学及研究机构的知识产权创新。日本政府强调知识产权战略的主体是公众、是知识产权的创造者和使用者，政府的重心在于推出有利于知识产权战略的创新性公共服务。日本专利局逐渐向民间专利信息服务从业者提供更容易使用的专利数据库，回应国民对专利信息检索多种多样的需求，也是为了使专利信息服务具有更高的附加值；加快知识产权的审查过程，建设实质上的“专利法院”功能。对于地方经济的振兴与创新，日本专利局通过促进地方利用知识产权，促进地方公共团体利用其拥有的知识产权建立灵活的转让、许可制度，并改善应用状况；在合理的情况下，官方采购要优先选择中小企业、风险投资企业的知识产权产品。培育多种可信赖的地方品牌，为培育地方品牌，应在开发产品、举办展览、市场调查、开拓销路、出口等方面提供支持；建立和公布地方品牌标准，并在政府和相关团体网站上发布信息；调查、收集各地创立品牌的成功事例并予以公布。

日本政府建设了国家信息基础设施网络，促进企业公开知识产权信息，培养现有技术调查机构，建立风险投资体系、无形资产评估体系。企业将知识产权作为竞争获利的重要手段，拓宽知识产权流通渠道，增强市场竞争力；企业设立专门机构，配备高素质专职人员，注入巨额研究开发资金，开发和保护自己的知识产权。为鼓励发明创造，企业设立了报酬与贡献、效益挂钩的奖励机制，给予发明人或对知识产权有贡献的员工精神和物质奖励。日本企业间建立了专利联盟，有效地创造国际标准。如形成了DVD6C联盟，即六家生产DVD的核心企业（日立、松下、三菱、时代华纳、东芝和JVC）在DVD生产方面形成技术核心联盟，实现了专利支持、标准共定、技术分享。政府出资创办专门为中小企业创业提供贷款业务的金融机构，来支持小企业技术开发、技术创新服务，如全日本有185所专门为地方中小企业提供中试的官办工业试验所。除此之外，政府还为中小企业贸易开拓提供援助。

（四）以色列：以高度的众创意识与浓厚氛围推进创新创业

拥有800多万人口的以色列，没有特别明显的区位优势，也缺乏广阔的市场和丰富的自然资源。在短短的几十年间，以色列成就“创新传奇”，拥有近6000家创新科技公司，初创企业总数仅次于美国硅谷，创业密度世界第一。以色列理工学院是以色列最著名大学之一。该校诺贝尔奖获得者人数排在世界第八位，校友所领导的公司出口量占以色列工业出口的54%。以色列十分重视人才培养，将教育视为决定国家未来发展的关键所在。仅2016年，以色列便涌现了1000多家创新科技公司，平均每天诞生3家。以色列的创业、创新优势主要体现在互联网创新、大数据、网络安全、无人机和医药产业等领域。以色列著名众筹公司“OurCrowd”首席执行官约翰·麦德维德表示，以色列在美国纳斯达克上市的企业为150家，且几乎全部为高科技企业。据统计，以色列每百万人口中高学历劳工的比例和专业研究人员数量都位列世界第四，高达45%的以色列人口受过高等教育。以色列的教育还有宽容失败的理念传统。据统计，平均每一位以色列创业者可能会经历3次失败，不过与许多国家的文化不同的是，以色列风投公司会更加青睐这部分人士，因为他们会比新手更加有经验，成功的几率更大。通过创立企业实现自己的想法对以色列人有着很大的吸引力。以色列创业者的平均年龄为35岁，这个年龄段的人服过兵役，心理上更加成熟。除了犹太民族敢于创新、勇于挑战的文化影响外，这离不开政府的一贯支持，以及产业和研究机构的良好互动。以色列经济与工业部首席科学家、创新局主任艾维·汉森说，从20世纪70年代起，以色列政府就出台各项措施鼓励科技创新，并成立风险基金，对有发展潜力的项目进行投资。以色列创新局的主要任务是将科技创新转化为经济效益，并通过开展企业孵化、提供无偿研发资金等帮助创业企业发展。夏罗默·迈特尔说，创业公司有着高潜力和高风险并存的特点，而银行对风险会天然规避，缺乏资金对于初创企业来说非常要命。政府提供创新孵化器，为企业的创业失败“埋单”，逐步吸引私人投资到创业、创新公司，随后政府会在恰当的时候退出。

“Sealantis”是一家由以色列理工学院校友创办的藻类仿生组织黏合剂生产商，该公司首席执行官托马·福其斯说，依托大学的科研及人脉能够更好地为企业创新提供条件。以色列理工学院校长佩雷茨·拉维表示，“以色列高校非常注重对学生创造力的培养和塑造，在我们的培养体系中，从本科生阶段就要求学生至少参加两项研发或创新活动，从2004年起我们就通过‘学生创业计划’项目帮助学生或者校友来促进其创业。我们的学生中有23%在其职业生涯中至少创办过一家企业。借助以色列理工学院强大的科技研发实力，以色列理工校友所创办的企业在高科技领域崭露头角，成为行业发展的领导者。”

（五）瑞典：提升以企业为主体的众创能力

瑞典是全球公认的创新型国家。瑞典推进创新创业整合了政府产业发展署、大学和企业三大主体的创新资源和研发实力，其高强度的研发投入、企业出众的创新能力和完善的公共研发体系，对从学术界到产业界的技术转移起到了强大的推动作用，进而为创新创业提供了良好的氛围。自2003年起，瑞典研发投入一直稳定地占该国GDP的4%左右，是世界上占比最高的国家。2005年，瑞典全年科学研究与试验发展经费投入已超过了瑞典GDP的4%。瑞典的国家创新体系为两大模式：第一是以私营部门为主，多为各大企业进行的以任务为导向的应用性研究，服务于产品开发和海外市场的开拓；第二是以政府为主导，除了国防科技的研发外，多为以大学和发展署为主导的自发性研究项目。在瑞典的研发资金投入中，瑞典政府的研发投入并不高，仅占全部研发投入的1/3左右，其余均为私营投入。2015年，政府研发投入为246.32亿克朗（约27.37亿欧元），占GDP的1%。

由于瑞典私营企业部门的研发投入庞大，所以瑞典应用性研究的发展十分迅速。狭小的本土市场无法令大部分瑞典企业满足，它们不得不耗费更多的精力开拓海外市场，在国际上保持强劲竞争力是瑞典企业获得可持续盈利的唯一方式，因此，瑞典的大部分企业都非常重视通过自主创新来提高生产能力和服务质量。瑞典的爱立信（ERICSSON）是全球知名的通信解决方案供应商。早在10年前，爱立信在无线研发上的投入就超过了营业额的13%。2001年其研发费用超过250亿克朗，占营业额的20%。爱立信在斯德哥尔摩以北的Kista地区创建了名闻全球的“移动谷”，成为世界移动通信领域企业和人才最集中的地方。爱立信拥有Kista地区全部29000名研究人员中的10000名。同时，爱立信拥有同行业中超过1万项的认定专利。瑞典企业出色的自主创新能力由此可见一斑。瑞典的公共研发基金体系非常复杂。1995年总金额180亿克朗的公共基金中：国防部门占24%、政府代理机构和研究理事会占29%、政府直接财政拨款占46%、市镇部门占1%。除国防外，公共基金的约85%被分配到了高等教育机构，而与国防有关的研发支出的80%又进入了企业。公共基金总额的约6%花在国外，主要是国际组织成员国。20世纪90年代以来，瑞典政府在研究与技术政策、研发基金组织结构方面，发生了重要的变化。一是1995年瑞典加入欧盟后，成为欧盟研发计划的积极参与者。瑞典每年给欧盟框架计划支付约7亿克朗，而欧洲委员会给瑞典的研究团体和企业的研发项目基金至少也有同等的数额；二是许多新的研究基金建立后，接着又在政府的研发基金管理下被淘汰掉；三是大学有了更多的独立性，但同时也被要求要更重视建立与周围社团，特别是与企业的有效联系；四是在制定研究和技术政策时越来越重视中小企业和地区发展方面的目标。

（六）瑞士：全民创新的社会氛围和政府的全力支持

仅有700万人口的中欧小国瑞士，在创新动力、知识创造、创新与企业精神、创新应用、知识产权等五个方面的指数均超过美国、日本以及欧盟绝大多数国家。瑞士每百万国民拥有460项专利，每1000人中从事科研的人数达到12人，发表论文17篇，论文被全球引用指数达到12.4%。如此瞩目的创新能力，引起了世人的广泛关注。瑞士除了水资源外，几乎没有可资利用的资源。因而瑞士人立足国情，注重科技创新，加大自主创新和科技研发投入，开发出耗费材料少、有独创性高、精、尖、特产品，通过高附加值出口获利。善于钻研是瑞士人的优良传统。实用方便的拉锁是瑞士人发明的，防倒滑的齿轮登山火车为瑞士首创，优美动听的八音盒也是瑞士人最先发明的。瑞士政府每年投入的科研费用高达上百亿瑞士法郎，而企业的研发投资远远高于政府。按人均计算，瑞士是世界科研投入强度最高的国家。在瑞士人看来，唯有不断创新才是生存和前进的不竭动力。700多万人口的瑞士，培养出了20多位诺贝尔奖获得者。瑞士兴师重教蔚然成风，其基础教育、职业教育和高等教育均衡发展，尤其是职业教育独树一帜，为瑞士科技创新成果投入实施奠定了坚实基础。在瑞士，九年义务教育结束后，绝大多数学生从事各类职业，继续上大学的比例并不高。瑞士人认为，一个国家不能只培养科学尖子，还要在各行各业培养职业技能人才。瑞士有一套严谨、完整、高水平的职业技能培训系统，涵盖数百个工种。各工商企业、行政机构、私营企业都十分重视对职工的培训，以保证本行业后继有人，持续发展。技艺高超的专业技工将科研成果转化为深受各国消费者喜爱的产品，使“瑞士造”成为享誉世界的品牌。此外，瑞士特别善于利用外国智力资源，凭借“中立政策”和良好的生活和工作环境，广纳全球科技人才。瑞士联邦政府长期以来重视对国家整体创新能力的培养与开发。瑞士联邦政府早在20世纪90年代初就设立了联邦科研领导小组，由一位国务秘书担任主席，协助主管科研工作的联邦委员兼内政部长领导全国的科研工作，主持制定并负责实施联邦科研促进计划。还成立了由政府有关部门负责人组成的科研促进政策协调委员会和技术政策协调委员会。此外，瑞士联邦政府还在财政允许的最大限度内保证对基础研究领域有足够的投入，在科学家自选课题领域加大资助力度，为科学家创造了更加宽松的环境。同时，瑞士联邦政府将生物学、微生物学、医学等生命科学列为对国家经济和社会发展具有战略意义的研究领域，并重点保证这些科研项目得以顺利实施。

（七）芬兰：极为完善的创新中介服务网络

芬兰是第一个从国家创新体系的高度，对国家科技发展和创新进行规划的国家。早在20世纪90年代，芬兰就将企业、知识和技能的创造者（大学和研究机构)、负责支持和指导 RTDI（研究、技术、开发和创新）活动的政府部门，以及为创新融资的服务机构纳入国家创新体系。而遍布全国的创新服务中介，在芬兰产学研相结合的国家创新体系中，发挥了重要作用。芬兰中介服务机构主要包括两类：一是半公共性质的融资服务机构。芬兰最为重要的为中小企业研发提供融资服务的风险投资机构，包括半公共性质的国家研究发展基金会、Fin - pro、Finnvera 三大基金会和产业投资公司。这些风险投资机构早期均是由芬兰政府为扶持产业发展而设立的。自 1950 年代起，政府股东以一种缓慢而自然的方式陆续卖掉所持股份。至今为止，这些机构名义上虽仍隶属于政府，但均依法独立运作，不接受任何国家财政拨款。二是地区性创新服务中介。芬兰贸易和产业部、劳动部和农林部三大政府部门共同组成的地方性联合体——15 个就业和经济发展中心（TE - Centers)，依靠来自芬兰创新基金会的专家网络，为推动芬兰企业、大学和其他知识创造者进行创新而提供“一站式”服务，包括专家咨询、项目评估、财政支持、政策支持、创新成果的商业化和市场营销、为企业管理层提供培训等。其中，尤以财政拨款支持中小企业创新发展最为完善。这些中心分散于芬兰 15 个不同的地区，同各地区的企业保持着紧密联系，形成一个紧凑的中介服务网络。同时，就业和经济发展中心通过国家技术发展署实现地区和国家创新资源的共享，任何一个地区的就业和经济发展中心发起的任何一项发展项目，只要条件允许，都可以在整个芬兰寻找合适的资源与项目合作者（包括大学、研究机构和企业)，从而地方和社会各界采取多种形式进行高技术风险投资。其次，引导、激励企业增大对科研的投入，力争在短时间内实现由多元化投入过渡到以企业投入为主。政府应制定有利于企业进入资本市场的法规和实施办法，如优惠的税收政策、宽松的信贷政策等。

（八）爱尔兰：大力扶持创新创业

爱尔兰现行的国家创新体系分为决策层、操作层和执行层三个层次，决策层面主要由政府内阁和经济复苏及就业内阁委员会构成，负责国家科技创新战略的制定；操作层面主要由政府各部门及其下属的机构构成，负责研究制定科技创新政策、出台科技创新规划和计划，以及组织管理科技创新项目等；执行层面则是科技创新活动的主体，即高等学校、政府科研机构和企业。1996 年爱尔兰政府发表了第一个政府科技白皮书，明确了政府内阁负责总体战略协调工作，科技创新政策的制定与实施由当时的企业贸易就业部以及教育科学部承担，政府各部门负责其领域的科技创新工作。2002—2011 年两届政府中，为了加强科技创新在经济发展中的作用，由爱尔兰副总理兼企业贸易就业部长主管科技工作，强化了国家创新体系的决策效率。2011 年，爱尔兰将“科技创新内阁委员会”改为“经济复苏及就业内阁委员会”，将“教育科学部”改为“教育技能部”，加强了原“企业贸易就业部”的科技创新管理职能，将其改为“就业企业创新部”，在操作层面使得科技创新与经济发展的联系更加紧密。2012 年初以来，爱尔兰通过吸引外资和鼓励创新创业，创造了 13.8 万个的新就业岗位，仅 2015 年就业企业创新部支持的企业就创造了 2.2 万个就业岗位。制定科技创新规划，爱尔兰企业贸易就业部于 2006 年发布了《2006—2013 年科技与创新战略》，该战略将科技创新对经济发展和社会进步的重要性提升到国家战略高度，提出发展知识经济的目标，并制定了具体的措施和行动计划。2015 年底，爱尔兰政府又发布了《创新 2020—科学技术研发战略》，主要内容包括在对经济和社会发展具有重要战略意义和影响的领域形成卓越研究能力；具备实现强大创新和有国际竞争力企业的基础，不断增加就业、销售和出口；在公共研究系统和产业部门之间建立新的、能够最大限度地发挥人才和知识作用的人才库；建设链条完整的创新生态系统，捕捉新的机会，并通过知识创造和应用提升科技进步的作用；建设具有国际竞争力的研发体系，使其成为吸引人才和企业的磁铁和催化剂。旨在使爱尔兰成为全球创新的领导者，实现强劲的、可持续的经济增长和更好的社会发展。集中创新资源，加大对重点产业领域研发活动的支持。作为一个小经济体，爱尔兰对科技领域的支持没有采取“撒胡椒面”式的方式，而是选择一些对产业发展具有重要影响的重点领域给予集中支持，以取得重大突破。

经过对重点领域的长期持续支持，爱尔兰逐渐在一些方面取得了领先优势。根据汤姆森路透集团的最新《核心科学指标》论文的引用率看，爱尔兰纳米科学位居世界第一，计算机科学和免疫学位居世界第二，动物和奶制品研究位居世界第三，材料科学位居世界第五。爱尔兰政府在重视基础研究的同时也十分注重依靠科技创新实现产业的转型发展，大力发展信息和生物医药等高技术产业，使之成为推动爱尔兰经济发展的新引擎。爱尔兰科学基金会作为重点支持基础研究的部门，也十分重视科学研究对重点产业发展的支撑作用。为提升重点产业的技术创新能力，爱尔兰科学基金会在全国范围内择优支持成立了 12 家研究中心，2016 年还要继续新建 3 ~5 家研究中心，研究领域涉及大数据、软件、可再生能源、新材料、环保和功能食品、医疗器械以及生物医药等。爱尔兰科学基金会将投入 3.55 亿欧元支持这些研究中心的建设，同时要求研究中心必须与企业合作开展研发。目前，产业界承诺的投入超过 1.9 亿欧元，已经有超过 200 家企业与这些研究中心合作，签订 52 项合作研究合同，包括 115 项与跨国公司的合作，以及 116 项与中小企业的合作。2015 年，爱尔兰科学基金会为了支持产业界开展前沿科学研究，促进产业界与学术界的合作，提升爱尔兰的竞争优势，新启动了《爱尔兰科学基金会产业计划》。该计划设立了“产业研究员”项目，目的是促进产业研究人员的替换，或者通过技术转移和培训激发学术人才智慧，使得研究人员能够接触到新的技术路径和标准，并培训他们使用专业研究基础设施。学术人员如果想到世界范围内的某个企业去工作一段时间，或者世界范围内的企业的研究人员希望到爱尔兰的研究机构工作一段时间，都可以申请该项目的经费支持，每人最高可获得 1.2 万欧元的直接费用支持。该计划通过设立“伙伴计划”项目，为产业界和学术界的重大合作研究项目提供灵活的资助，采用风险共担的机制，爱尔兰科学基金会对产业界的投资匹配一定的资金，支持企业参与世界级的学术研究活动或使用研究设施和知识产权。该计划通过设立“研究中心项目”，对影响较大、在世界上领先、规模较大的爱尔兰研究中心予以 100 万～500 万欧元的直接费用支持，但政府资金占研究中心的预算不能超过 70%，另外，至少 30% 的资金必须从企业界获得，而且来自企业界的支持中至少 1/3 是现金支持。大力提升企业创新能力，全面推动创新创业。为了使政府资助的研发活动产生经济价值，爱尔兰就业企业创新部所属的企业局资助建立了企业技术中心。这些技术中心是由企业建立并运营的合作实体。它们借助高校和研究机构的高质量研究人员，开展以市场为导向且能够使产业受益的战略研发工作。该项目由爱尔兰企业局与投资发展局共同组织实施，因此可以使得爱尔兰企业和跨国公司一起在这些技术中心工作。爱尔兰一共建立了 15 个企业技术中心：乳品技术加工中心、生物提炼与生物能源技术中心、信息技术创新中心、应用纳米技术中心、复合材料技术中心、微电子技术中心、食品技术中心、制造业研究中心、国际能源研究中心、创新学技术中心、云计算技术中心、金融服务技术中心、互联医疗技术中心、数据分析技术中心、制药技术中心。每个技术中心可以连续 5 年每年获得 100 万欧元的经费支持。爱尔兰企业局还在全国范围内建立了由 15 个技术门户组成的科技服务网络，为爱尔兰企业提供面向市场需求的技术解决方案，为所有规模的企业提供开放的接入点，使企业以获得爱尔兰研究基础设施的广泛资源。

自 2013 年建立技术门户网络以来，共完成产业项目 800 个，资金超过 900 万欧元，其中 46% 的项目直接来自企业。爱尔兰企业局通过“创新伙伴关系计划”，支持企业与高校或政府研究机构开展合作研发，帮助企业从全国研究机构获得最新的专业知识和技术，开发新的或改进的产品、工艺和服务，产生新的技术诀窍。单个项目经费可到达 25 万欧元，最高可支付 80% 的研发项目成本。爱尔兰企业局还为企业内部研发活动提供资金支持，如技术可行性研究基金、小型研发项目基金（15 万欧元以下）、标准研发项目基金（不超过 65 万欧元）、创新创业基金、合作研发项目基金等。爱尔兰失业率已经从最高的 15.1% 下降到 2016 年 2 月份的 8.8%，为 2008 年以来的最低值。爱尔兰科学研究学位和高层次人才的可获得性在吸引投资和创造就业岗位中发挥着重要作用。2015 年《就业行动计划》强调了在科学、技术、工程和数学（STEM）领域保持和增加就业的重要性。

爱尔兰计划到 2018 年将 STEM 高等教育毕业生数量增加到 13800 人，以确保爱尔兰有足够的从事科学技术职业的劳动力资源，有足够的高层次人才能够持续开展科研活动。爱尔兰科学基金会准备实施“目标研究员吸引计划”，引进国际上一流的能源研究人员；通过“产业研究员”项目，培训能够符合产业就业需求的研究型人才；通过加强对科研团队的培训，使更多的人才能够开办自己的公司。

爱尔兰推进创新创业经验所带来的启示：创新文化是创新创业的思想源泉。创新是爱尔兰经济腾飞的主要因素之一。爱尔兰国家虽小，但却拥有众多的“世界之最”，这也体现了爱尔兰的创新传统和文化。良好的创新制度和国家创新体系是创新文化传承的土壤，爱尔兰在经济发展的不同阶段都会根据内外部环境的变化适时调整国家创新治理体系，出台新的创新战略和规划，引导全社会创新创业，使得政府的无形之手和市场力量都发挥较好的作用。根据世界知识产权组织发布的《2015 年全球创新指数》报告，爱尔兰的创新指数进入世界前 10，排在第 8 位。

科技创新是创新创业的内在动力和源泉，爱尔兰政府始终把科技创新作为国家优先发展的领域。自 20 世纪 90 年代开始，爱尔兰政府相继成立了科学基金会、企业局和高等教育局等半官方机构，通过这些机构对大学、研究机构及企业开展的研究提供资金支持，进行指导协调。进入新世纪，爱尔兰政府先后两次发布科技创新战略，制定近中期科技发展规划，引导全社会增加科技投人。同时，爱尔兰政府重视高技术产业的发展，不断提高产业的知识密集度。如今爱尔兰已经进入知识经济时代，成为创新型国家。

对外开放是创新创业的快捷途径。爱尔兰曾是一个以农牧业为主的国家，仅仅依靠本国的创新资源很难快速实现经济转型发展，对外开放是爱尔兰经济转型成功的捷径。在爱尔兰从落后的农牧经济跨越发展成为以高技术为主的知识经济的几十年发展过程中，对外开放始终是爱尔兰各届政府奉行的基本政策。作为欧盟成员国，爱尔兰积极依赖欧盟大市场，并成功成为非欧盟国家进入欧洲市场的桥梁和“桥头堡”。爱尔兰政府利用税收优惠政策吸引大批外资企业在爱尔兰投资发展。政府对企业统一征收 12.5% 的所得税，比其他欧盟国家的税收政策有较大幅度的优惠，这对跨国公司有着极大的吸引力。爱尔兰投资发展局专门从事招商引资工作，并为来爱尔兰投资建立的企业提供研发资金支持，目前爱尔兰已经成为引进外资最多的欧洲国家之一。爱尔兰人口仅占欧洲的 1%，每年却吸引了欧洲全部外来投资的 6%。许多世界 500 强企业都将其欧洲总部设在爱尔兰。微软、亚马逊、谷歌和苹果等跨国公司都已经在爱尔兰落户。中国的华为、腾讯等领先企业也已经进驻爱尔兰，其中，华为在爱尔兰设立了多家研发中心，仅 2005 年，华为在爱尔兰的研发投资就高达 3500 万欧元。从 2006 年起，爱尔兰又引入了全球第一个符合经济合作与发展组织（OECD）税收政策的“知识发展盒”，以吸引海外高技术企业投资爱尔兰，在爱尔兰开展研发和创新活动，同时也鼓励本土企业进行研发和创新。

政府资金是创新创业的重要杠杆。在支持中小企业创新创业，特别是初创企业方面，爱尔兰公共财政支持发挥着非常重要的作用。爱尔兰政府实施的“商业拓展计划”和“种子基金”等计划已经成为科技创业型企业最重要的投资来源，政府投资风险基金成为初创企业的重要资金渠道，也为科研成果的商业化提供了催化剂，起到了四两拨千斤的作用。爱尔兰政府还对一些创业项目提供种子基金，如果初创企业最终失败，政府不会追讨投资；如果创业成功则可以壮大创业基金的规模。这些政策极大地鼓励了年轻大学毕业生创业。创新人才是创新创业的根本保证。爱尔兰的发展得益于拥有大批受过良好教育的年轻人力资源。爱尔兰政府意识到，作为一个小岛国，要想在世界上具有竞争力，必须大力培养高素质人才，兴办高技术企业。自 20 世纪 70 年代起，爱尔兰政府开始大幅度增加教育投资，扩大高校招生规模，国家公共教育投入强度居西方国家前列。在瑞士洛桑全球竞争力报告中，爱尔兰被评为“欧洲教育质量最高的国家”。另外，爱尔兰政府积极吸引海外高素质人才，鼓励海外留学和工作的移民回国创业。爱尔兰居住在海外的侨民数量众多，在美国有 4000 万爱尔兰后裔，其中很多都是美国经济、科技和政治界的杰出人士。不少大型跨国公司的创始人或掌门人具有爱尔兰血统，到爱尔兰投资成了这些侨民的首选，仅美国在爱尔兰投资的企业就达 500 余家，这一数字还在逐年增加。为了吸引和使用海外人才，爱尔兰政府、企业、大学和研究机构都制定了一系列优惠政策和鼓励措施，吸引了大量外籍高层次人才来爱尔兰就业或创业，给他们提供各种工作优惠条件。这些人员带来了最新的技术和急需的资金，为爱尔兰的科技创新和经济发展注入了新的活力。

二、重要启示

（一）政府的高度重视和全力支持是创新创业的根本保障

国外一些发达国家支持创新创业，注重以政府为主导建设国家支持创新体系，把各种资源有效整合起来，以加强体系内各个创新主体的互动。在它们的大众创新体系中，政府主要通过经费投入和政策法规体系发挥主导作用。首先，加大国家对科技开发的投入，积极引导企业和社会组织增加研发投入比例，以增强自主创新能力。其次，建立和完善激励创新的政策和法规体系。创新能力强的国家都根据政府和市场的定位，确立了公法与私法在实现自主创新战略中的作用，构建支持大众创新的法律体系，按照有利于科技开发、有利于科技成果的运用、有利于科技人员的创造性活动的要求，实施对科技创造性活动的法律保护。在宪法制度、行政管理法律制度、产权和市场管理法律制度、科技和教育管理法律制度等方面实施了有利于推进自主创新的调整。在政策上，根据自主创新大众创业的要求，完善产业技术政策，调整和优化产业结构；淘汰落后技术和设备，鼓励发展高新技术产业和新兴服务业；完善创新激励政策，包括财税、金融和采购扶持政策、分配激励政策等。第三，加强创新服务。成立科技政策委员会，为企业研究与开发提供咨询服务和经费资助等。为此，支持创新创业要处理好政府主导和企业主体之间的关系。现有创新创业形成的企业主体格局是建立在完善的市场经济体制基础上的，一方面处在当前市场经济体制完善期，另一方面又处在构建创新体系的转型期，在这一阶段，要特别强调政府的主导作用，在此基础上，逐步引导和培育企业的主体功能。

（二）以企业和社会组织带动创新是创新创业的重要环节

发达国家的经验表明，企业和社会组织能否成为科技创新的主体是创新系统成败的关键。企业和社会组织创新能力的高低关系到国家创新系统的生命力和活力，企业和社会组织应成为一个国家大众创新能力提升所必需依靠，而且是可以依靠的重要力量。长期以来，我国企业和社会组织的科技创新能力不足成为创新创业的“软肋”。因此，要转变观念，把企业和社会组织创新能力建设真正置于国家战略的高度，使企业和社会组织最终真正成为技术创新的主体。要加快推进企业和社会组织产权及现代管理制度改革，克服研发投入的体制性障碍，强化企业和社会组织自主创新的动力机制。要加强企业和社会组织科技人才队伍建设，积极引导人才向企业和社会组织流动，规范人才流动秩序。要加强对引进技术的消化吸收和自主创新，设立技术消化吸收专项基金，引导鼓励企业、社会组织和科研单位一起对引进技术进行消化吸收再创新；制定优惠政策，大力鼓励自主创新和对引进技术再创新，促使自主研发的技术和产品所占比重逐步增加。要促进企业和社会组织创新体系的建设与发展，积极支持企业和社会组织建立完善研发中心，并设立专项基金，加强对中心人员的培训；产学研结合模式必须以企业为主，国家组织的产学研项目，特别是应用性较强的项目，要以企业和社会组织为主体，由企业和社会组织来牵头；促进企业和社会组织建立和发展各种形式的创新战略联盟，大力推动应用基础性、行业共性、战略性技术的研发，以此推动大众创新创业。

（三）培育全民创新的意识和良好创新氛围是创新创业持续发展的前提

推动大众创新创业、增强自主创新能力，最根本的是要形成一种全民意识，使创新成为一种思维方法、一种生活方式、一种民族文化，使创新贯穿于生产生活的全过程。一项新技术的诞生、发展和应用，最后转化为生产力，离不开观念的引导和支持，离不开勇于创新、乐于创业、允许失败的文化精神。可以说，全民的观念创新是创新创业的根本。公众具备科学素质，需要了解基本的科学技术知识，掌握基本的科学方法，树立科学思想，崇尚科学精神，并具有应用科技知识处理实际问题、参与公共事务的能力。公民只有具备基本的科学素质，才能以求真务实的科学精神、科学态度、科学方法发现问题、分析问题、解决问题，获得创新性成果，推动社会进步。因此，应通过教育体制改革和开展科学技术教育、传播和普及活动，努力营造激励创新、尊重个性、鼓励冒尖、宽容失败的良好氛围，培养独立思考、理性判断的精神，不断增强公众的创新意识和创新能力。

（四）高效健全的知识产权体系是大众创新创业的有力保证

制度是管根本和长远的，大众创新创业最为重要的是要建立严格的知识产权保护制度和机制。创新投入大，形成的知识产权保护如果没有相应的保护机制，就会影响创新创业的工作积极性。同时，知识产权在增强国家经济科技实力和国际竞争力、维护国家利益和经济安全方面有着十分重要的作用。大众创新创业更需要有良好的知识产权政策体系，以保护创新创业者的积极性和平共处利益，激发更多的投入到创业潮中。

（五）提高研发投入强度是大众创新创业的重要动力

综观世界先进创新国家，无一不具有高强度的研发创新投入，以此推动大众创新创业。我国研发经费投入占 GDP 的比重虽然持续增长，但仍低于发达国家甚至是一些发展中国家，也不符合创新型国家研发强度达 2% 以上的国际惯例。因此，加大研发投入、提高研发强度已刻不容缓。首先，要改变我国研发资源配置不合理的现状，建立多元化多渠道的资金投入体系，加大高新技术产业的资金投入力度。设立国家高新技术产业发展基金，专门用于技术创新和成果转化，以及扶持带有共性的技术引进、消化、吸收项目。应把建立风险投资基金和风险投入机制作为一项重要的政策措施。

（六）完善的科技中介服务网络是创新创业的桥梁纽带

芬兰等国家的经验表明，中介服务机构在科技创新中发挥着桥梁和润滑剂的重要作用。完善的科技中介服务网络对政府、各类创新主体与市场之间的知识流动和技术转移发挥着关键性的促进作用，是促进科技成果商业化和技术创新的重要工具，是国家创新体系的重要一环。经过改革开放三十多年的发展，我们科技中介服务得到了较大提高，但从总体上看，我们科技中介机构发展仍处于起步阶段，一是相当一部分科技中介机构服务水平、服务质量和人员素质偏低，缺乏竞争力；二是支持科技中介机构发展的公共信息基础设施薄弱，公共信息流通不畅；三是政府改革还不到位，对科技中介机构的管理和支持存在错位；四是缺乏促进和规范科技中介机构发展的政策法规体系，市场秩序不规范。对此，要适度扶持发展公共科技中介服务体系，建立政府型科技中介机构。要大力鼓励和促进综合型非营利科技中介机构的发展。要通过培育市场需求、培养人才和制定法律规范等手段，促进专业型中介公司在市场竞争中大量出现和成长。国家应该实施人才培养计划，在学习国外的经验的基础上，建立起自身的科技中介人员培训系统战略和政策取向，创业日益成为国家或地区经济的活力源泉。2015 年 10 月，我国“十三五”发展规划明确提出，“必须牢固树立创新、协调、绿色、开放、共享的发展理念”，要“激发创新创业活力，推动大众创业、万众创新，释放新需求，创造新供给”。在经济步入新常态下，经济增长的模式需要转型升级，现已进入增速换挡、结构调整、方式转变和动力转变的发展阶段，适应和引领新常态既是挑战、也是机遇。

第二节　国内释放创新创业活力的经验

一、上海浦东新区

近年来，浦东积极落实科技创新政策，开展创新创业大赛、培育发展孵化器和众创空间，推进自贸区海外人才创新创业离岸基地建设。孵化器发展方面，认定孵化器累计 99 家。2016 年新增认定 35 家，新增孵化面积 30 万平方米以上。2016 年，以“智汇浦东创见世界”为主题的浦东新区创新创业大赛举行，共有 2198 家企业和团队报名，经审核参赛项目 1764 个，占全市的 1/4。产生了 3 个“最具创意赛点”，3 个“最贴心服务赛点”，3 个“最具人气赛点”以及 89 个浦东新区优秀项目。浦东新区科技创新促进中心积极组织中型投融资对接会，到场科技企业 1191 家次，路演企业 80 多家次；为促进企业融资效率，对优质路演项目还提供“一对一”服务，邀请金融和投资机构进行专业服务。浦东还推进孵化器高管培训、提升孵化器服务能级。2016 年，浦东新区共有经认定的孵化器和众创空间 99 家，其中市级以上的科技企业孵化器 37 家（国家级 10 家），市级以上众创空间 30 家（国家级 13 家），区级孵化器 62 家。基本形成“苗圃 + 孵化器 + 加速器”孵化链条。浦东新区民资背景的孵化器和众创空间占比超过 65%，孵化器和众创空间建设资本多元化格局初步形成。近年来，新区建设一支具有国际视野的高端知识产权人才队伍，借助这支力量来有效提升知识产权服务业整体水平和效能，推进现有科技成果转化，助力科创中心建设。浦东新区科经委在“小微企业创业创新基地城市示范”专项政策中，明确了对于众创空间引进境外创新项目给予奖励。同时，离岸基地向区市场监管局注册许可分局申请集中虚拟注册。离岸基地一直致力于探索离岸创新创业新模式，促进海外创新创业人才及优质创新资源集聚，力争成为“海外人才创业首站”。目前，离岸基地已签约保税区人才大厦、陆家嘴创业街区、自贸区临港洋山“科创一号”、上海芬华创新中心等 7 家合作空间，由此形成互为依托、互促互进的离岸基地网络形态，基地空间总部对整个基地网络起到重要的支撑引导作用。与13家海外团体，11家市级科技社团，5家服务机构达成合作协议。在此基础上，以“创响自贸，链动全球”为主题的“海外人才上海自贸区创业汇”离岸基地大型交流对接活动，参与活动人员专业化程度很高，与会创业人才拥有丰富的海外学习、工作经历，平均海外工作年限约为12年，在国际知名企业有高管任职或知名高校研究经验的达57人，占比过半，对海外技术、经济环境十分熟悉。活动通过项目路演展示、圆桌论坛、参观考察等，对接政府相关部门、孵化器及投资机构等，帮助海外人才了解自贸区创新创业环境，吸引其前来创业，进而实现创新资源的跨境流动。2017年浦东在加强创新链、产业链和资金链的“三链融合”方面，进一步深化和努力。这其中包含聚焦小微双创环境，推进国际化、专业化、多元化的众创空间建设；聚焦公共服务环境，拓展公共服务范围、深化公共服务功能，为企业提供全产业链生命周期服务；聚焦科技金融环境，落实浦东新区“行动方案”明确的科技金融相关政策等。

目前，新区内孵化器主要有7种类型，缺乏由企业链领导企业为驱动内部创新能力、增加企业创新业务收入而创建的孵化器，缺少科研院校为带动外部技术成果转移而创建的外延式孵化器。浦东将引导跨国公司、大企业等建设创业孵化基地，引导大学和研究院所等设立孵化器，发挥自贸区的优势，持续推进优质海外创新资源的落户发展。浦东还将引导更多社会资源参与公共服务平台的建设，按照普惠性、公平性原则支持公共服务平台的发展，集聚科技金融、科技咨询、知识产权、技术转移、法律咨询等科技中介服务机构，为企业提供优质、高效的服务。围绕上海建设具有全球影响力的科技创新中心，浦东新区依靠科技创新提高创新发展能力、发展生产力；瞄准世界科技前沿，集中力量建设好张江综合性国家科学中心；紧紧抓住人才第一资源，培育集聚全球优秀创新人才，通过提升面向全球的创新要素集聚功能、创新成果的生产力转化功能和区域创新体系建设的先行先试功能，体现核心功能区的辐射带动服务功能，推动大众创新创业。一是创新创业主体不断集聚。浦东新区围绕“聚焦张江”战略和张江国家自主创新示范区建设，以中国（上海）自由贸易试验区建设为契机，依托中科院上海药物所，推动中科院药物创新研究院建设；加快中科院量子信息与量子科技前沿卓越创新中心建设，推动国家量子技术中心落地；加快中科院上海高研院特色研究所建设，积极开展原始创新和集成创新研究；积极对接中科院科技体制改革计划，吸引创新研究院、卓越创新中心、大科学研究中心和特色研究所落户。依托国家重大科技基础设施，吸引海内外顶尖实验室、国际知名研究所、世界知名高校，直接或联合设立全球领先的用户实验装置、科学实验室；鼓励跨国公司研发中心、坚持把大众创新创业作为推动经济社会发展的强大动力，初步探索形成了具有浦东特点的大众创新创业道路。截至2015年，浦东新区经认定的高新技术企业1510家，占上海市的25%；经认定的技术先进型服务企业147家，占上海市过半；经认定的企业研发机构527

家，其中国家级 38 家，市级 155 家；建成了上海光源一期、国家蛋白质科学中心、上海超级计算中心等重大科技基础设施；集聚了上海科技大学、上海纽约大学等高等院校，中科院上海药物所、中国商飞上海飞机设计研究院、上海微小卫星中心等国家级科研院所，罗氏、诺华、GE 等跨国公司研发机构，抗体药物与靶向治疗、专用集成电路与系统等 8 家国家重点实验室。二是科技创新人才高地初显成效。积极推进大部门制改革，探索扁平化管理新模式。改革科技评价制度，建立短期和长期相结合的有效评价机制，实行科技分类评价管理。优化科技计划布局，将科技计划整合形成知识创新、技术创新、协同创新、创新环境建设、科技应用示范计划五大类。建立公开统一的科技管理平台，从网上征集到资金拨付实现“一站式”办理。积极实施人才强市战略，努力打造人才宜居宜业城市。制定出台引进高层次专业人才“1 + 6”文件、人才安居工程等政策，落实广东省“珠江人才计划”，实施引进海外高层次人才“孔雀计划”等，为创新驱动发展提供了有力的人才支撑。

截至 2015 年，浦东新区人才总量达 128 万人，其中与浦东建立工作关系的两院院士 18 人，累计入选中央“千人计划”人才 173 人，上海“千人计划”人才 169 人，浦东“百人计划”人才 44 人。中信国健培育了国内首个大规模产业化的抗体类药物益赛普，中国商飞承担了具有自主知识产权的 C919 大飞机总体设计。“十二五”期间，浦东新区累计获得国家科学技术奖 41 项，上海市科学技术奖 335 项。浦东战略性新兴产业稳步发展，2015 年，浦东新区战略性新兴产业（制造业部分）总产值达 2608. 8 亿元。浦东新区探索“基地 + 基金 + 实训基地 + 产业联盟”四位一体模式，推动以中小微企业为主的“四新”经济发展。科技创新空间格局初步形成，创新创业服务体系更加完备，科技创新环境继续优化等。集聚全球科技创新要素民营行业龙头企业和社会资本共同参与，在重点领域，打造若干具有全球影响力的重点实验室、开放型应用研究平台及联盟。浦东将在全球范围内引进和聚集一批国际高端人才、行业领军人才和国际顶尖创新创业团队；制定发布年度引进海外高层次人才工作计划，推行人才实名制推荐制度，优先支持高层次人才领衔国家和上海市科技重大专项；坚持引才与引智并举。浦东还发挥张江国家自主创新示范区与中国（上海）自由贸易试验区的“双自”联动优势，以制度创新和开放创新推动科技创新，在政府科技管理、财政科技资金、科技成果转移转化等方面先行先试，不断激发创新创业活力。从 2006 年初发布《关于实施自主创新战略建设国家创新型城市的决定》，到 2008 年获批首个国家创新型城市试点，再到 2014 年成为首个以城市为基本单元的国家自主创新示范区，深圳浦东新区坚持将创新作为城市发展主导战略，加快全面创新改革试验，率先提出并积极构建综合创新生态体系，形成了以创新为主要引领和支撑的经济体系和发展模式。采取量身定制的政策措施，布局建设一批高端科技基础设施。加大核心技术攻关力度，围绕前沿技术、新兴产业和交叉领域，实施“登峰计划”，积极抢占科技制高点。加速重大创新成果转化，组织实施技术成果应用示范计划，在云计算、物联网、卫星导航等领域建立了高水平产学研联盟，推动科学发现、技术发明和产业一体化发展。培育壮大科技服务业，设立科技服务专项资金，成立科技服务业协会，积极培育和壮大科技服务市场主体，形成了涵盖研发设计、技术转移、知识产权等在内的科技服务体系。

二、天津滨海新区创新创业经验

党的十八大以来，滨海新区先后承担了30多个国家级和市级制度改革试点工作，在全国率先实施了一系列重大改革举措，推进了大众创新创业，形成了一批可复制、可推广的经验。近3年来，滨海新区GDP年均增长13%。滨海新区优化调整产业结构，将现代服务业作为突破口，已初步建立起以银行、证券、保险为主体，以金融租赁公司、财务公司、信托公司等为补充的较为完善的现代金融组织体系。滨海新区从完善电子商务基础设施入手，初步形成了电子商务产业集聚区。滨海新区制定了《落实京津冀协同发展战略三年行动方案》，承接北京非首都资源，加强与河北省的区域合作。以占京津冀地区1%的土地面积，创造了京津冀地区13.3%的地区生产总值。京津冀通关一体化、推进区域交通一体化建设、京津冀地区大气和水污染联防联控。目前滨海新区正逐渐成为三地要素交汇、产业融合、大众互动创新创业的实践平台。

在推动创新创业方面，天津滨海新区具有优势条件，比如说，产业具备相当的基础，具备完整的产业链条，有良好发展的氛围，孕育培养了一批科技小巨人企业。在产业孵化器的运营方面也积累了丰富的经验，清楚了解创业者需要怎样的支持。从新区发展的历史来看，这里历来对青年创业者厚爱有加，一批批青年从这里成长为成功的企业家。滨海新区还在不断优化人才引进政策，强化人才磁石效应。滨海新区区域内的创业创新氛围浓厚，各个部门和功能区根据现有阶段的发展特点，推出了很多含金量十足的扶持政策。政策的效果也正在显现，一大片创业型企业正在涌现出来。值得注意的是，滨海新区在双创方面着眼于创造诞生更多有利环境，分清了政府与市场的界限。专门为中小型外贸企业提供信息服务，包括数据挖掘、竞争监控和信用认证等大数据解决方案。众多创业者对“政策高地+价值洼地”的天津双创特区表示出极大兴趣，在新区落户发展的企业创新创业条件更好、热情更高，前来落户的企业越来越多。最新统计显示，目前新区已建成众创空间24家，正在建设的有29家，各功能区的创新创业生态各有特色，相互补充，新区已经形成了创新创业的生态圈。腾讯天津众创空间联合政府、创投、高校和产业联盟等社会力量，建立了一体化的线上加速、线下扶持的全要素、立体式的服务体系。在这里，创业者拎包入驻，只需要做自己最擅长的事，其他的交给运营商来解决，从企业设立、财务税务、知识产权、法律咨询，到投融资服务、上市咨询等服务，一站式、一体化的保姆式服务，极大地简化了创业流程，降低了创业的难度。目前已经签约入驻28家企业，储备项目80多个，这些企业完成A轮以上融资的超过10亿元，这些企业的市场估值已经超过100亿元。自9月21日双创特区在中心商务区揭牌以来，截至12月18日，累计新增注册1813户（企业1522户、个体291户），注册资本金336.98亿元，注册资本金5000万以上217户，外资38户。双创特区还通过成立产业联盟的形式，实现创业企业和行业巨头的共赢。不久前，京津冀跨境电商产业联盟在于家堡成立，联盟会员企业涵盖跨境电商平台、自营企业、服务商、大型商品流通企业、国际物流和第三方支付等上下游产业链。“企业特别看中联盟里上下游企业的资源共享，这样，各种不同类型和提供不同服务的企业之间可实现共赢。

除了双创特区，新区各功能区的创新创业热情同样高涨，而且各具特色。在自创区空港科技园，依托区域先进制造业的产业基础，充分发挥企业的主体作用，建设认定了智能制造应用研发平台、机器人和3D打印产业支撑平台，有效地促进了华鸿科技、清鹤鸣、正天医疗、力通机械等一批企业由传统制造向智能制造的飞跃。2017年共发展各类孵化转化载体11家，其中民航科技产业化基地、北京大学创业训练营通过首批市级众创空间认定。在大众创业、万众创新热潮的带动下，西子联合、瑞普生物、先声药业、东软集团、融和广场、漾美家居、中兴通讯、科大讯飞等一批知名企业纷纷结合自身的产业发展，建立平台、设立基金、开辟载体、招商引资，创新与创业氛围日渐浓厚，科技转化载体快速增加。

自创区开发区科技园设立2500万元的创业投资鼓励计划专项资金，成功举办了第二届泰达科技创业大赛和“诸神之战”创客大赛京津总决赛，大赛吸引了海内外参赛项目483项，累计扶持优秀创业企业和项目239个。科技园积极落实高新技术产业扶持政策，截至2017年11月末累计批复各类科技扶持项目400个。通过组织孵化资金项目，重点支持64家初创期科技企业，扶持资金近1500万元。滨海新区在打造自创区的过程中，不断探索新模式、新经验和新做法，积极推广成熟的示范区政策，研究制定加快创新创业载体建设的若干举措。初步形成了被称为“津领七条”的天津国家自主创新示范区版原创政策和正在论证编制的“示范区十条措施”。

扶持政策优势。由于政策优势明显，目前，中心商务区已吸引各类创新创业人才5000余名到双创特区发展。双创特区揭牌当日，就推出了十大高含金量的政策，这些政策继承了天津及滨海新区既有的好政策，并针对创新创业的现实需求进行了再创新。而随着双创特区不断发展，大力度的资金扶持细则正在逐步落实。入驻“双创特区”的企业和机构，享受天津国家自主创新示范区“6+4”的优惠政策，与中关村保持一致。除此之外，双创特区还率先构筑有利于创新和创业的政策体系及激励机制，从政策扶持、融资对接、人才落户等方面全方位落实了扶持政策细则，助力创新创业。

“在吸引人才方面，双创特区也将做到‘给房给户口’。”中心商务区相关负责人介绍，双创特区还非常重视对知识产权的保护，破解初创企业的创业难题。目前，华北知识产权运营中心、滨海新区知识产权保护服务中心与天津仲裁委员会知识产权国际仲裁中心已落户中心商务区，这也大大提升了整个区域的创新创业环境，营造更加有利于“大众创业、万众创新”的良好氛围。

滨海新区的政策同样给力，作为国家自主创新示范区的高新区率先在全国范围内推出首个“创新创业通票”制度，通过互联网管理系统，把现行政策资金兑现的财政后补贴方式调整为先由第三方机构垫付、再通过合作银行兑现的新方式，破解困扰企业的融资难和政策兑现难两大难题。新区实施一系列鼓励创新创业的制度创新举措，构建良好的创新创业环境。力争实现“一个体系、五个突破”的“三年行动计划”，即构建一个适于“大众创业、万众创新”的载体体系，并从知识产权、国家高企、研发机构、“小巨人”、新三板五个方面实现新的量级突破，力争三年内新增企业 1 万家，新增小巨人企业 300 家，新增新三板挂牌企业 200 家，形成中国战略新兴产业资本市场的“天津高新”板块。

滨海新区特点和国家定位还包括先进制造业研发转化基地。新区在制造业领域有比较好的产业基础和配套链条，目前除了一些新兴领域的创业项目，新区也在努力打造支持制造领域的创业项目和众创空间。“新区将充分利用京津冀协同发展战略，不拘一格引进首都创新资源。”新区将推进产业技术创新战略联盟建设，鼓励以企业为主体，多渠道多形式地实施产学研科技合作。加大人才引进、培养与支持力度，吸引聚集国内外高端领军人才，创新团队、创客极客群体，高校师生、企业高级管理人员，核心工程技术人员及高技能人才在新区创业、就业。构建全面覆盖、全程支持的人才政策体系，激发创新创业活力，释放人才红利。

三、江苏苏州

（一）建立创新产业集群

苏州 1994 年建立工业园区，2015 年 9 月 30 日，苏州工业园区成为全国首个开展开放创新综合试验区域。目前，400 余家高科技研发企业，近万名高层次研发人才，新药创制、医疗器械、生物技术、纳米技术等产业集群已形成。近年来，园区通过加大政策、资源等倾斜力度，累计建成各类科技载体 360 多万平方米、公共技术服务平台 30 多个、国家级创新基地 20 多个，国际科技园、创意产业园、苏州纳米城等创新集群基本形成。

（二）加大科技经费投入

2015 年 5 月，苏州发布了全力推进苏南国家自主创新示范区建设的实施方案和《苏州工业园区关于发展众创空间鼓励大众创新创业的指导意见》等一系列助推区域创新创业的政策，经认定的众创空间可享受不超过 50 万元的启动资金支持和不超过 30 元/平方米/月的用房补贴；由众创空间推荐，在国内外知名创业大赛获奖或者一次性获得 200 万元（含）以上投融资的项目，每个优秀众创项目可享受不超过 30 万元的创业补贴和不超过 20 万元的众创服务补贴额度。

四、广东东莞推进创新创业的主要做法

东莞是一个组团式的现代化城市，在后工业化时代，这种特殊格局很好地顺应了高端产业和人才向往魅力小城和美丽乡村的追求，是东莞参与区域竞争的重要优势和基础。东莞也是一个地处穗港深经济走廊的典型通道城市，只有把城市品质和承载力提升上来，才能发挥自身优势，产生先进制造业“洼地效应”，与周边中心城市形成分工明确、联动发展的良好格局。否则，高端产业和人才过境而不留，优质要素反倒因周边中心城市“虹吸效应”而流失。顺应“互联网 +”时代大融合、大变革趋势，东莞市大力发展众创、众包、众扶、众筹等创新模式，涌现出一批新型创新创业载体，全市各类创新创业活动显著增加。2016 年东莞市 V – Work 梦工场孵化器，面积 1500 平方米的，有 20 个项目签约入驻。针对创业者运营经验不足、融资困难的问题，梦工场配备了强大的创业导师、投资人队伍。邀请了易事特集团董事长何思模、团贷网创始人兼 CEO 唐军、盟大集团董事长兼 CEO 李实等，为孵化器创业者保驾护航。他们能够给创业者平易近人的感觉，能够把自己的亲身经历分享给这些创业者，带给创业者一些切身的帮助。

东莞市政府常务会议审议通过《东莞市建设“互联网 +”创新创业示范市实施方案（2016—2020 年）》，提出，到 2020 年，建成一批深度融合互联网，广泛对接创新资源和创业主体的四众平台，其中，众创空间数量达到 50 家以上，众创空间在孵团队数量达到 300 个以上。站在新的起点上，东莞将“提升城市品质和内涵”作为一项重要工作，细分出 8 项工作，为新常态下东莞提升城市竞争力、发展软实力指明了方向。利用 3 ~ 5 年窗口期，提升城市品质赢得发展主动。从区域城市来看，随着深中通道、港珠澳大桥的建设和即将开通，珠江两岸的联系愈发紧密，东莞的地缘优势不再突显。东莞需要抓住深中通道、港珠澳大桥建设的窗口期，利用自身产业基础、经济基础、环境和管理等方面的优势，在新一轮产业发展中占据先机、赢得主动。人是城市最基本的资源，产业是城市活力的所在，城市是产业和人才的支撑，彼此之间相辅相成。从这个角度来讲，东莞面对新挑战，需要抓紧在窗口期增强自身的创新力。东莞松

山湖科技产业园区（简称松山湖）是 2001 年 11 月经省人民政府批准设立的高新技术产业开发区。松山湖位于东莞几何中心，坐落于“广深港”黄金走廊腹地，南临香港、深圳，北靠广州，园区总面积 103 平方千米，坐拥 8 平方千米的淡水湖和 14 平方千米的生态绿地。松山湖加速与创新驱动发展主要集中在最近五年，开发建设五年多来，快速推进各项建设，已建成 130 多千米道路和 100 万平方米设施，初步搭建起新城市框架。建成生产力促进基地、留学人员创业园、国家电子信息产业基地、中国青年留学人员创业基地、虚拟大学园和中小科技企业创业园等一批科技创新载体，吸引了武汉大学、华中科技大学等一批院校及培训机构，引进了广东电子工业研究院、广东华南工业设计院等一批科研机构和科技企业，建立了电路设计与实验中心、电子产品标准研究与测试中心等公共创新技术平台以及集成电路设计、纳米技术、电化学等一批重要实验室。

园区内有一批具有核心竞争力的龙头企业和产业集群，国家高新技术企业 107 家，高新技术产品产值达到 1000 多亿元。已引进华为机器、华为终端总部、中集集团、新能源、宇龙通讯、生益科技、易事特、普联、东阳光药业总部、大连机床、光启、普门科技、合泰半导体等一批国内外行业龙头企业，以及 350 家发展潜力大、后劲足的中小型科技企业。目前园区拥有上市、挂牌企业 20 家，上市后备企业 14 家。已经形成了以电子信息、智能终端、生物医药、机器人、新能源、云计算等主导产业的现代产业体系。目前，园区在全国高新区的综合实力排名已从 2013 年的第 53 位跃升到 2015 年的第 30 位。力争到 2020 年，排名跃升至第 20 位左右。园区着力打造东莞的科技中心和创新中心，大力实施“松湖赶超”战略，把松山湖建设成为东莞创新驱动发展的集聚区、生力军、加速器。一是推行政府与社会资本合作（PPP）模式。积极撬动社会资本参与园区建设，在公共基础设施、水生态文明建设等领域推行 PPP 模式，加快推进园区开发建设和完善各项功能配套。二是设立创新发展专项资金。结合实际，加大政府资金支持力度，每年从高新区税收分成资金中按不低于 10% 比例提取资金，设立松山湖高新区“扬帆启航”专项资金。同时强化“大投入才有大产出”的理念，东莞市财政每年安排一定数额资金，由松山湖管委会直接管理使用，用于支持科技创新、产业发展、人才引进、配套设施建设等方面发展。三是两岸协调创新发展模式。松山湖台湾高科技园是由中共中央政治局委员、原广东省委书记汪洋倡导下成立的。园区管委会发挥地域优势，搭建了两岸共赢发展的台湾高科技园平台，推动了园区发展。台湾高科技园按产业功能主要分为三大部分：高端电子信息产业聚集区、两岸生物技术产业合作基地和粤台金融合作试验区。东莞台湾高科技园和台湾地区主要涉及“八大项目”合作：水资源回收系统项目；全球移动 4G 网络项目；LED 灯具业务；电动汽车及智能公交等项目；生物医药项目；动物实验基地、临床药物试验基地；产业投资基金的“两个平台一个基金”。松山湖坚持台湾高科技园、两岸生物技术产业合作基地和粤台金融合作试验区“三位一体”的发展战略。坚持两岸共同规划、共同开发、共同经营、共同管理、共同受益的开发模式。四是管理推行市场化运作模式。松山湖成立之初，开发管理、建设融资等事务基本上由政府包办。随着园区的发展壮大，以政府为主体的开发建设模式已不能适应发展需求。为此，东莞市开始推行园区市场化运作模式。按照市场经济要求创新高新区行政管理体制，建立国际化运行机制，根据高新技术产业发展规律建立产权管理体系。放手让市场做，政府只要为企业服好务，企业不需要的不去做。园区的融资和开发建设也逐步向以公司为主体的市场运作模式转变。园区人才实行员工聘任制，定岗定人，实行年薪制、合同制、雇员制结合引进人才。从目前的运行情况看，向市场转变的力度不断加大、速度不断加快、市场化程度越来越高，开发建设能力越来越强。

五、深圳前海开发的主要特点和做法

深圳前海紧紧抓住新一轮深港合作的机遇，深化在经贸、科技、教育、文化、环境保护、基础设施建设等多领域的全方位合作，落实中央“一国两制”政策和 2016 年 12 月 17 日习近平总书记视察时的讲话精神，为促进香港长期繁荣稳定作出贡献。鉴于前海开发具有示范性前瞻性等特点，对于推进海淀经济转型和深化改革有一定的借鉴意义，区委党校坚持跟踪研究，及时对有关情况进行收集分析。现将前海合作区开发的最新情况报告如下：

（一）突出顶层设计，优选前海合作开发方案

在战略定位上，把前海打造成为我国转变经济发展方式、发展现代服务业的排头兵，着眼香港的稳定和深圳特区建设的深层发展，从制度、体制机制创新上进行有益探索和先行先试，努力建设成特区的特区。重点发展高端服务业、发展总部经济，打造区域中心，并作为深化深港合作以及推进国际合作的核心功能区。

在发展规划上，前海占地面积约 15 平方千米，均由填海造地而成。计划用 10 年时间完成，创造两个世界纪录：土地每平方千米 GDP 达到 100 亿元以上，人才聚集密度创造世界纪录水平。2016—2020 年，建成基础设施完备、国际一流的现代服务业合作区。地区生产总值达到 1500 亿元左右。建成现代服务业示范区，其中地上 2600 万平方米，地下 780 万平方米，达到 15 万居住人口，60 万工作岗位。

（二）破解改革难题，促进重点领域持续性创新

一是政策创新。继 2010 年国务院批复《前海深港现代服务业合作区总体发展规划》、2011 年建立前海部际联席会议制度之后，2012 年 6 月 29 日国家发展

和改革委员会在香港公布了中央政府支持前海开发开放的政策，在深圳前海实行比经济特区更加特殊的先行先试政策，内容涉及金融、财税、法制、人才、教育医疗以及电信等六个方面共22条。新政策具有创新性、引领性、与其他地区不可比拟性。为深化深港新一轮创新，广东省近期出台推进前海合作开发37条措施的专门文件，已经上报审批，通过不断完善配套政策全面推进滚动式创新。

二是体制机制创新。首先成立国务院领导下的部际联席会议制度。主要成员有国务院24个相关部委，以及香港、广东、深圳等政府工作人员87名。其中部长级28位，司局级29位。形成境内外联动机制和强有力的推进机制。其次是设立有中央领导参加的前海咨询委员会。再次是在非金融领域行使相当计划单列市的权限。实行法定机构管理模式，由政府为主转到由政府、社会、市场三方良性互动运作方式，有效借鉴西方，特别是新加坡、香港经验。实行企业化政府，市场化管理，履行公务服务职能。

三是法治示范区建设创新。从传统的政府驱动向法治驱动转型。传统的法制机构与其他法治机构并存，逐步健全法规体系，建立商事争端解决机制。探索香港仲裁机构在前海设立分支机构，成立商事服务机构：香港律师事务所和新加坡国际法律中心。这对境外有很大的吸引力，德国已经来考察。学习借鉴香港、迪拜等国家和地区最先进的管理模式，实现人治到法治的转型。

四是人才特区创新。通过特殊的人才政策，实现从引进海外华人为主到吸引全球优秀人才的转变，促进世界级商业领袖到前海来创业。统筹各类创新人才发展和完善人才激励制度。加强高水平领军人才、实用人才等培养。完善科技人员收入分配政策，建立符合实际的创新人才薪酬制度，使各类人才能够充分体现自身价值，更广泛吸收世界各民族人才聚集，使之形成区域人才高地。香港的人才可以以本地的执业资格进入前海，内地与国际人才资格互认，对高端人才实施税收减免优惠，可以举办独资国际学校、医院，设立与国际接轨的电讯专用通道，像打市话一样打国际电话，实行多元化特色服务。

五是现代服务业创新。从服务业发展形势看，目前全球服务业在总经济额中占比中平均是70%，我国的北京是75%、广州是61%、上海是60%、珠三角中40%。从整体看我国的服务业还不发达，存在环保、权益分配、经费、科技投入等难题、很多服务项目还处在低端。通过探索服务业创新之路，推动前海2020年从工业经济时代进入到服务经济时代，使前海形成高端制造业、现代服务业双轮驱动发展的新的发展模式。

（三）聚力抓好落实，高效率推进开发工作

一是金融改革迈出新步伐。建设中国金融业对外开放试验示范窗口，内容包括构建跨境人民币业务创新试验区，探索试点跨境贷款，在CEPA（《内地与

香港关于建立更紧密经贸关系的安排》）框架下适当降低香港金融企业的准入条件等。在财税政策方面主要是支持在国家税制改革框架下，发挥前海在探索现代服务业税收体制改革中的先行先试作用，内容包括对前海符合产业准入目录及优惠目录的企业按15%的税率征收企业所得税等。支持设立股权投资母基金、外资股权投资基金、创新型金融机构，探索建立新型要素交易平台，促进总部经济集聚发展。立足于开放、跨境、创新，实现三个打通——打通境内境外、在岸离岸、本币外币。实现跨境人民币贷款，推动人民币国际化，建立人民币国际化业务中心。深港互补，辐射全国，支撑香港，加快金融改革创新步伐，建立世界性的金融中心。

二是土地管理形成新局面。在土地用途管制、土地有偿使用、土地产权制度等方面有所突破，并大胆探索、完善“充分授权、封闭运作”的法定机制。建立差别化的土地供应方式、创新土地资源、资产、资本一体化运作模式、高水平推进土地节约集约利用、创新土地市场调控和监管机制、完善土地预申请制度和管理体制、灵活土地供应年期，实施公告出让办法（不用招投标）。设立产业发展鼓励基金，逐步使土地价格达到香港的每平方米25万元，人口主要靠城市产业功能保障，不允许炒房地产，不搞传统的土地财政，区域开发达到地上地下打通，生态优良、生活文明，空间品质达到世界一流。

三是行政改革取得新突破。整合纪检、监察、司法等多部门中的廉政监督职能，设立前海深港合作区特别监督机构，实施多职能于一体的监督。深圳市直29个部门职能下移，广东省的一些权限也要下放，设立“一站通”服务窗口，快速高效办理行政事宜。推动法定机构改革，完善法定机构治理，人员能上能下、职务能高能低，薪酬与个人价值相匹配（人才和人才价格相匹配）。计划制订金融隐私法，改革万能政府，强化创新和市场化、与国际接轨的理念，营造“公正、透明、高效、廉洁、诚信”的一流管理环境，提升软实力。

四是区域建设跃上新台阶。坚持高起点、高标准、高速度地推进单元开发建设，避免零打碎敲，22个单元，102个街区，每个综合单元有30万~50万平方米，上层快速，下层慢速，单元顶部是人行道。现在正抓紧做细规划和城市设计。已完成15个单元设计、同步投资100亿元，带动150亿元GDP。2017年落实近22个项目，正在谈的54个项目2800亿。采取以商引商，注重软实力。2012年前海合作区有302家企业和机构获批入区，注册资本达372.7亿元人民币。目前共有859家企业进入，机构注册总量超过南沙区和横琴新区。

（四）启示及建议

根据海淀区目前的实际情况，结合建设全国科技创新中心核心区的要求，“创新是引领发展的第一动力，必须把创新摆在发展全局的核心位置。以科技创新为重点，大力实施创新工程，推进创新型城区建设，激发全社会创新活力和创造潜能。按照这一要求，结合上述先进地区释放微观主体创新创业活力的路径及特点，我们总结出以下几点重要启示：

一是营造利于创新创业的环境。深化创新体制和机制改革。要大力促进创新型城市协调发展，实现在创新产业、创新体系和创新环境等多个方面的协调发展。加强区域创新文化制度建设，营造鼓励创新、尊重创新、敢于创新、宽容失败，形成有利于各类科技人才脱颖而出、充分施展才能的良好社会氛围。强化企业创新主体地位和主导作用，形成一批有竞争力的创新型领军企业，支持科技型中小企业健康发展，着力构建层次分明、梯度发展的创新型企业体系。按照核心区发展目标，重新研究功能定位。政府定位在于营造利于创新创业的生态环境，利于企业成长的生态环境，利于人才成长的生态环境。要做好产业链配套，提高技术吸纳能力，吸收国内和国外技术，使全世界技术都能在中关村、海淀园落地，各类人才都能在中关村、海淀园成长壮大。

二是加强社会化服务平台建设。创新的主体是企业，而江西目前大部分企业缺乏高级人才和自主创新的科研条件，员工素质普遍较低，技术创新能力不够。首先是要建立创业指导业务中心。组织具有创业经验的专家为创业者提供创业咨询，使创业者能够得到良好的创业指导。其次是要健全社会中介服务体系，吸引、组织和协调各类中介服务机构，为创业者提供专业指导。再次是构建高效透明的行政服务环境，严格落实“审批权力进清单、清单之外无审批”的要求，为创业者提供优质良好的服务环境，建立适应市场经济要求和江西产业发展规律的新体制。要秉承开放合作的科技创新理念，打破个人主观偏见、摒弃部门利益，加强部门之间、行业之间、地区之间的协调配合，加强企业与高校、科研院所的合作，形成强大的工作合赛，支持联想之星、创业邦、创业家、3w 咖啡等创业为支持小企业创新活动，帮助小企业从高校或政府研究机构获取专业化的知识服务。积极构建金融服务体系。深圳积极推进创新链、产业链和资本链有效融合，建立从实验研究、中试到生产的全过程科技创新融资模式。开展财政科技资金投入方式改革，建立无偿与有偿并行、事前与事后相结合的财政科技多元化投入机制，通过银政企合作、科技保险、天使投资引导、股权投资等支持方式，撬动银行、保险、证券、创投等资本市场各种要素资源投向科技创新。实施科技创新券制度，以普惠性政策提高全民的创新积极性。鼓励银行创新金融服务，支持开展投贷联动、知识产权质押贷款、股权质押贷款等创新业务，加快科技保险等多样化金融服务方式发展。

三是探索创新创业的绩效管理制度。按照市场经济要求创新高新区行政管理体制，建立国际化运行机制，根据高新技术产业发展规律建立产权管理体系。借鉴国内先进高新区做法，允许对行政、事业单位工作人员，在保留其现有身份、级别以及正常选拔任用渠道的前提下，参照公司化运作模式，对工作人员实施绩效考核管理，将绩效奖金与岗位职责、工作业绩挂钩，激发工作人员工作积极性。实行“整体规划、成片开发、集中代建、引智选商”的高强度快速开发模式。按照“产业集中、土地集约、资源集聚”的思路，整体谋划园区产业布局和开发重点，集中力量推进片区建设，确保开发一片、建成一片、繁荣一片，避免“碎片化”发展。同时，用好在疏解非首都功能、实施产业转移过程中腾出的土地，将其纳入园区开发建设。激发草根创新创业活力。发挥移民城市的优势，在全社会大力营造“勇于冒险、追求成功、崇尚创新、宽容失败”的创新精神，激发全社会的创新思维和创新活力。积极打造国际创客中心，出台促进创客发展若干措施。健全市场监管体系和社会信用体系，积极打造国际化、法治化的市场环境。出台加强知识产权保护工作若干规定。

四是大力开展招才引智。借鉴深圳人才80条经验，同时上海在北京大规模招聘高科技人才，力度之强史无前例。因此，建议加强海淀与美国硅谷、英国伦敦等海外人才工作站合作，探索高端退休人才引进机制。聚焦重点产业、核心技术、突出高精尖缺，大力引进一批高层次人才团队。探索留住高精尖人才体制机制，处理好疏解非首都功能区与留住高精尖人才的关系，营造人才创新创业的良好生态。据调研，上海市在当前全国严格规范公务人员出国考察行为背景下，依然申请了特殊政策，加大人才培养力度，多次选派优秀工作者外出考察学习。建议海淀区从加快建设全国科技创新中心核心区的高度，申请先行先试政策，有序开展选派工作人员外出学习考察，提高科技创新服务能力，拓宽国际化视野。加大对科研人才的培养和支持，创造更多高技能岗位。实施“就业行动计划”，以减少失业人口，提高就业率。就业行动计划通过跨部门协调方式，采取了改善金融环境、降低商业成本、鼓励重大创新等一系列措施。就业行动计划实施以来取得了显著的成效。

五是加快调结构促转型。海淀区在园区建设和发展中要增强决策执行力度，加快引进重大项目落地海淀。同时，在调结构促转型中坚持供给侧结构性改革与创造市场需求相结合、淘汰落后产能与改造传统产能相结合、培育新产能与创新驱动相结合、市场主导与政府推动相结合，加快产业结构调整，淘汰落后产能，有序推动劳动密集但仍有国内外市场需求的传统优势产业向外转移，不断增强经济持续增长动力。聚焦重点区域、领域，提高科技创新的集中度和显示度。进一步聚焦重点区域和重点领域，吸引和集聚国内外优质资源和优秀人才，培育一批引领发展的创新型企业和高科技产业，迅速提高科技创新的集中度和显示度。处理好重点突破和系统集成的关系要找准制约创新发展的瓶颈，集中资源加强攻关、迅速突破，同时要加强各项改革创新措施的系统集成，把中关村国家自主创新示范区核心区建设与国家科技创新中心核心建设紧密结合起来，突出综合统筹，形成更系统、更协调、更有力的叠加效应。实施更加积极的人才政策。聚焦创新人才发展，形成科学的人才评价导向，建立社会评价与企业评价的有效衔接机制，用好公安部推出支持北京创新发展的20项出入境政策措施，简化外籍高层次人才签证、工作、居留以及“绿卡”办理手续，提高全球配置人才资源的能力。

六是扩大创新主体处置创新成果的自主权。突出市场配置资源的决定性作用，构建市场导向的科技成果转移转化机制，突破产学研用结合的体制机制障碍，加快科技成果的转化应用，进一步激发创新创造活力。政府要顺应新技术、新产业、新业态、新模式的发展，探索管理服务的新规律。深化行政审批制度改革，进一步梳理现在涉及科技创新管理的审核事项，深化和扩大改革试点。推动工商行政管理改革，优化创新监管方式，营造良好的创新创业环境。

六、上海杨浦推进国家双创示范基地建设的经验

上海杨浦区探索突出“校区、园区、社区”三区联动的特色，形成“整体合力+深度融合”的示范效应。在“三区联动”的基础上，将推进学城、产城和创城的“三城融合”，把建设国家双创示范基地作为区域内高校、科研院所、企业发展的共同机遇，促进创业创新的深度融合。“分三步走”，形成一批可复制可推广的制度体系和经验，营造更有效的创业创新生态环境，发展一批具有领军型的创新型企业，目标是在国家双创示范基地建设中走在全国前列，引领辐射长三角区域的创业创新发展。启动上海双创投资母基金与杨浦区政府共同出资的上海双创孵化投资母基金，引导社会资金支持创新创业。同时，争取上海市科技创新类的证券、投资和各类基金等，向杨浦进一步集聚。在上海杨浦国家双创示范基地建设的实施推进中，扶持一批重点项目和企业。相关部门人士介绍说，对国家技术转移东部中心、上海太赫兹波谱与影像技术产业化平台、MIT－CBA 中国研究院等重点在建项目，加大跟踪扶持力度；对国家北斗科技创新中心、上海类脑智能研究院、上海基于工业大数据的智能生产平台等拟建项目，加快协调启动。同时，通过对创新创业企业的全面梳理，确定了一批成长性好、潜力大的企业，纳入培育领军企业的重点名单。以全国双创活动周上海分会场活动为抓手，进一步提升杨浦双创示范基地影响力，激发校、企等各方主体积极性，建立和完善一批可持续提升的双创活动品牌，共同营造杨浦特色的双创文化氛围。杨浦进一步拓宽已组建的 17 家院士专家企业工作站以项目为纽带的合作模式；发挥中国科协和上海市科协院士专家的智库咨询模式，推进区域及企业创新创业发展目标、产业布局、中长期规划、产业转型升级等决策咨询合作模式；发挥全国学会和市级学会在其学科领域内的学术优势和联系广泛的特点，对入驻园区、孵化器、众创空间的创新创业人员提供专业化支持。

（一）整合资源创新工作方法

成为创新驱动示范区，中国科协及所属全国学会专家团队直接为杨浦区域发展战略、产业规划、重点企业转型升级等提供智力支撑。积极引入中国科协

创新驱动助力工程，旨在发挥中国科协和上海科协科技社团的人才优势和科协组织的桥梁纽带功能，在更大范围、更高层次、更深程度上助推杨浦区大众创业万众创新工作。打造和完善“复旦创新走廊产学研联盟”，组织科技社团、高校、科研院所和企业等围绕相关产业拉长产业链，实现上、中、下游的有效对接，联合开展共性技术创新、开发、攻关，突破产业发展的核心技术；发挥中国科协“海智计划”上海杨浦工作基地及区高层次创新创业人才服务中心引进海内外人才的作用，推动高端人才来杨浦创新创业；依托复旦大学、同济大学、上海财经大学、上海理工大学、上海电影学院、上海海洋大学、上海体育学院等 7 家国家大学科技园及其他 13 家科技园区，吸纳各类大学生和创新创业青年到杨浦发展。杨浦区科协征询创新需求20～30 个项目，组织 2～3 次与征询项目相关的全国学会、市级学会来杨浦，助力 20 家左右的相关企业进行现场指导与对接活动，并根据“双创”需求，新组建5～8 个众创空间，建立相应的新型产业联盟。在助力工程推进过程中，杨浦将坚持“东西联动、南北互动”原则，着力提升以创新创业为核心的“西—中—东”城市空间布局：西部核心区构建“创新经济走廊”，形成以五角场城市副中心为核心，复旦创新走廊、环同济知识经济圈为支撑的“一核两翼”功能布局。中部提升区构筑“创客生态社区”，主动承接东西功能溢出和辐射效应。东部战略区高品质打造“滨江国际创新创业带”，使之成为产业高端化、环境生态化、形象国际化、服务现代化的战略高地。依托杨浦区高校、科研院所集聚的特点，积极顺应科技创新国际化发展趋势，不断破除制约科技创新的体制机制障碍，激活科技社团资源，引导更多符合市场规律的研发力量和科研成果转化为经济发展的引擎和动力；建设一批国际水平的创新孵化、技术转移、科技金融、科技中介等服务机构和开放式创新平台，促进区域创新创业服务功能大幅提升；优化空间格局，打破物理围墙，强化全国协会、上海市级学会与杨浦区科技创新要素密切结合，推动国内外众多创新创业资源汇集，建成创新要素集聚、创新平台完善、创新企业汇聚、创新人才云集、创新文化活跃、创业引领能力较强、创业服务便捷、创新氛围浓厚、在全国具有重要影响力的创新创业城区，对标国际国内创新创业先进区域，力争成为创新活动最活跃、创业最容易成功的区域之一。

（二）乘势而为提升服务能力

杨浦区拥有众多高校、科研院所和科技企业等丰富的科技创新资源。上海市杨浦区科学技术协会是杨浦区推动科学技术事业发展的重要社会力量，现有所属学会、协会等科技社团 19 个，涉及理、工、医、设计、管理和综合性学科等多个领域，拥有团体会员近 500 个，个人会员 4000 余人，其中具有高级职称的成员近 900 人；有大学科技园和高新技术创业中心等基层科协 8 个，授权管理科技型民办非企业单位 15 个，并在各街镇设有科普协会。以积极探索科协工作的改革创新为重点，在广泛听取意见的基础上，制定了《上海市杨浦区科学技术协会改革实施方案》。根据方案，杨浦区科协将进一步做强学会、夯实基础、提升能力，坚持为科技工作者服务，为创新驱动发展服务，为提高公民科学素质服务，为党和政府科学决策服务的职责定位，全面推动开放型、枢纽型、平台型组织建设，真正把科协组织建设成为党领导下团结联系广大科技工作者的人民团体，成为提供科技类公共服务产品的社会组织，成为国家创新体系的重要组成部分。联合上海市科协、相关委办局、科技园区以及创新型科技企业开展了2016“创响中国”巡回接力上海站活动在杨浦的启动工作；与上海知识产权园合作承接中国科协、上海市科协有关专利科技信息推送杨浦子站试点区工作；7月底前已帮助163家科技型应用企业完成应用注册与保密协议签订工作；配合市科协开展上海市知识产权战略巡讲（中国·上海）活动，中小微科技企业科技人员技术职称申报受理工作与相关培训等工作。吴晓童表示，今后杨浦区科协将进一步发挥科协组织特有的“软实力”工作优势，融入杨浦创新发展体系，不断提升服务杨浦创新发展的能力和水平。

（三）丰富创新活动内容

作为上海创新高地杨浦区，同时也作为全国金融创新示范点，杨浦区政府精心组织主办“万众创新聚杨浦约咖创业大学路”系列活动，掀起上海市“双创”热潮。上海信隆行信息科技股份有限公司、前海通证券、钜派投资集团共同启动创新之匙启动双创活动。同时邀请钜派投资集团、联席董事长兼CEO倪建达、达晨创业投资有限公司总经理傅忠红、上海国际集团创业投资有限公司总经理郭建、上海正海资产管理有限公司董事长王正东、前中海基金副总经理俞忠华和硅谷银行金融集团董事总经理龚彦焱接收本次活动特约大咖导师荣誉并就全国双创热点和杨浦创新创业发展分享了各自的观点和感触。活动现场邀请多位嘉宾，就杨浦区双创工作和金融创新服务方面做了多场主题演讲和圆桌论坛，如“创新之路是中小企业赢得资本的王道”“互联网+产业+资本模式助力创新创业”、圆桌论坛“传统金融融合互联网+”“如何构建具有杨浦特色的金融创新融合示范”“资本结合创新孵化模式”等，活动还邀请德邦证券董事长姚文平“中国企业发展即将面临新金融时代洗礼”并与现场媒体、学生和企业代表进行互动问答。活动现场，上海信隆行隆重推出一融APP产品，并依托大学路咖啡文化特色，结合移动互联载体，与杨浦区金融办联合举办手机现场约咖活动，创新式融合了杨浦区金融发展特色，现场吸引300多家金融机构参与，数千家企业面对面约咖导师，改变传统约咖导师的方式，充分体现互联网+概念，融入O2O服务元素和理念，获得了企业、机构乃至媒体的高度评价和盛赞，充分体现了李克强总理强调政府要做创业创新者“后台服务器”的主张，成为本次活动的一大亮点。为了进一步响应国家“创业创新、汇聚发展新动能”号召，充分展示政府做好创业创新者“后台服务器”的成果，上海信隆行将借助一融品牌全国巡演的活动，自2017年10月20日至12月16日，在全国25个省会级城市，与地方政府联合举办多场手机现场约咖活动，让地方政府更有效的展示自己“后台服务器”的价值和服务内容，信隆行借助一融平台全面升级地方金融服务平台，全方位落实“后台服务器”的服务功能和特点，配合政府完成当地金融产业融合升级工作。

（四）坚持创新发展的思路

杨浦拥有百年大学、百年工业、百年市政“三个百年”历史。自2003年以来，在上海市委、市政府的领导下，杨浦积极发挥科教人才资源集聚优势，坚持以自主创新为核心，在全国率先提出大学校区、科技园区和公共社区“三区融合、联动发展”的核心理念，走出了一条从“工业杨浦”到“知识杨浦”、再到“创新杨浦”的创新驱动转型发展之路。2010年，科技部命名杨浦为国家创新型试点城区，国家发改委明确杨浦为国家高技术服务产业基地；2015年，上海市委、市政府将杨浦定位为建设具有全球有影响力的科技创新中心重要承载区，要求杨浦率先建成万众创新示范区。2017年5月，杨浦成为全国首批、上海唯一的全国双创区域示范基地。创业创新是一项市场化、专业化、全要素、开放性的系统工作，杨浦将始终坚持国际视野和开放包容的态度，充分尊重市场经济规律，加快集聚各类创新主体和高端人才，不断完善各种创新功能资源，努力把杨浦区建成高水平的国家“双创”示范基地。将加快实施创新驱动发展战略，从推进拓宽市场主体发展空间，强化知识产权保护，加速科技成果转化，加大财税支持力度，促进创业创新人才流动，将从协同创新和开放共享等六个方面聚焦关键环节和重点领域进行改革突破。围绕国家双创示范基地建设，杨浦将传承历史文化底蕴，有效整合空间资源，推进科技创新与城市更新不断融合，形成“西部核心区+中部提升区+东部战略区”的空间发展格局。重点打造创智天地、国定东路、长阳路和环上海理工大学创新创业街区，建造一批低成本、便利化、全要素、多元开放、各具特色的众创空间。以智力密集型现代服务业和战略性新兴产业为优先发展方向，围绕重点项目、重大工程，加快培育新兴产业，支持建设一批国家级、区域性创新中心，带动一批创新型企业发展。率先形成育才、引才、聚才、用才的人才服务模式，通过市场化机制集聚一批高端创业创新人才，努力营造适宜创新创业的工作和生活环境。同时加大双创文化建设力度，与高校、科研院所共同举办各类创业创新活动，推动成立区域性、全国性的双创联盟，树立双创标杆，努力营造鼓励创新、宽容失败的社会氛围。杨浦牢牢把握双创示范基地和大数据这一创新发展的宝贵机遇，着力打通体制机制、产权保护、成果转化、新兴产业、政府服务等“最后一公里”，努力构建创新要素完整、创新服务完备、创新政策精准的创业创新生态环境，成为创新活动最活跃、创业最容易成功的区域。根据国家发改委、中国科协等相关部门关于在全国范围开展2016年“创响中国”巡回接力活动的总体部署要求，“创响中国”巡回接力上海站活动于2016年7月12至14日举行，活动由国家发展改革委、中国科协、上海市人民政府主办；上海市发展改革委、上海市科协、杨浦区人民政府承办。活动期间将集中开展“五个一”系列活动，即一次政策宣讲、一次创业培训、一次创业沙龙、一次创意设计和一系列自选活动。展示近年来双创活动的主要成果，持续营造浓厚双创氛围，打造双创热点，传播双创理念，释放全民创业创新潜能，激发全社会双创活力。

（五）发挥老工业基础在双创中的作用

以工业遗存为代表的老工矿是时代留给人们的财富。随着经济的转型、城市的发展，大片、大面积的工矿厂区亟待完成华丽转身。老工矿的嬗变，不仅呼应经济转型、产业创新，更关乎城市发展路径、发展方式。上海杨浦是我国近代工业文明的发源地之一。随着上海全面促进产业转型，这里的厂区关停、建筑荒废、场地空置，但人们并没有忘记这片记录着城市人文、精神气质形成的地带。目前开展的杨浦工业遗存转化利用工作，既把工业历史保护好，又使得现实与传统交相辉映。对于工业遗存，最好的保护就是再利用。文化历史的沉淀，留存于建筑，同时也体现于生活。在杨浦，历史感、智慧型、生态型、生活化的融合图景开始呈现。长阳创谷结合中国纺织机械厂原厂房的特点，凸显“绿、光、锈、合”的生活理念。“绿”是绿意，“光”是老厂房内部阳光与空气的引入，“锈”指的是工业记忆的保留，“合”则侧重于生活气息和沟通交流，各类活动的可达和顺畅。长阳创谷保留和修复了部分工业旧址建筑，将传统元素与现代设计相契合，老工业材质与现代建筑彼此映衬融合。工业遗存变成各种新空间、新产品，城市产业获得转型契机，为城市功能注入新活力。工业遗存谋变的新路，让绿色发展、循环发展理念在城市发展中有了更多的路径选择。长阳创谷从整体园区规划到建筑室内外环境都充分体现了对原有场地的尊重，诠释了后工业景观改造过程中如何进行取舍，又如何实现多元化发展，从而创造了一个宜人的Campus园区。开放共享的新发展理念让升级版的老中纺机厂区充满亲和力。长阳创谷的变身、转型、升级，焕发生机，在刷新产业业态、改善百姓生活、推动城市发展等方面，彰显出其特殊价值和独特魅力。

（六）大力推进人才制度创新

持续深入开展区域“3310”引才计划和“4+4”人才工作模式，发布实施科创双创人才政策“新十六条”，涵盖专项支持、政策激励、培养平台和综合配套服务等，从市场化、系统化角度进一步优化引才育才环境。组织开展大众创业人才支持计划暨首届“杨浦创业之星”大赛，在1139位人才双创项目中评选出120名创业之星。目前，区内共集聚11批中央“千人计划”共160人，约占全市总数的五分之一；5 批上海“千人计划”共 100 人，约占全市总数的七分之一，累计集聚创业类“浦江人才”32 人，海外人才创业企业达 564 家。2009 年，杨浦在荣获国家级“海外高层次人才创新创业基地”称号的基础上，发布“3310”计划，主要引进扶持海外高层次创业人才带团队、带创意、带项目、带资金到杨浦创新创业。“3310”计划是杨浦引进海外高层次创业人才的政策简称，一方面政策立足区域社会经济发展，设定集聚人才、培育成果、构筑产业的“三大工程、三大目标”，另一方面根据人才创业的基本规律，在创业启动、创业初期，创业保障方面，给予“降低创业成本”“缓解融资难题”“提供人才学术环境和生活配套服务”三类 10 项具体政策。杨浦还通过投入政府资金，引导社会资本共同组建 2 亿元的“海创 1 号”“海创 2 号”创业引导基金，专门投资早中期的海外人才创业项目，联动增强“3310”计划引才聚才的能力。“3310”计划构筑了一系列支持政策良性运行的机制和环境，实现了海外人才引进公开均等，公开评审程序、公示评审结果，公正政策兑现，并直接受海外人才和社会各界监督。排除其他人为干扰，建立严密的“三方两审”引才评价机制。配套发布《杨浦海外高层次人才创新创业基地启动资金管理暂行办法》等 10 项具体政策的实施办法，在政策兑现主体、标准、程序等方面明晰权责。同时，杨浦成立了由区委、区政府领导，各高校、科研院所领导组成的海外高层次人才创新创业基地建设领导小组作为决策层，成立了由区委组织部、人社局等单位领导和高校、科研院所人事处负责人组成的基地建设领导小组办公室作为协调层，成立了专门推进“3310”计划政策的单位——杨浦区高层次人才创新创业服务中心，作为执行层。政策推出以来，形成了“人才 + 项目”“创新 + 创业”“资金 + 基金”“一站式 + 个性化”的人才工作模式，“管宏观、管协调、管执行”的组织运行日趋成熟。

近年来，杨浦海外高层次人才队伍不断壮大。海外人才集聚度在全市处于领先地位。当前，选择到杨浦创业的海外人才正呈现毕业于世界一流大学、拥有博士学位和自主知识产权核心技术的比例逐步增多的趋势。在入围“3310 计划”的海外人才中，拥有博士学位的占比约为 70%；拥有一项以上自主知识产权的约占 75%。45 岁以下的中青年海外人才占比稳步提升。“3310 计划”的创业者，几乎均为科技型人才，其本人或团队掌握的科技大多处于前沿，有些甚至是国际领先，能填补国内空白。此外，“3310 计划”充分依托组织和机制优势，与高校、科研院所签订一系列共建协议，在人才的引进与共育、科研成果的共享、实验室和图书馆的开放、服务平台综合利用等方面，搭建能够最大程度支撑人才创新创业活动的工作平台。先后共建“3310”科技园、海外人才创业大厦、“千人计划”创业大厦，打造产学研战略联盟，营造多元开放的学术创新环境，引导创新人才和创业人才双向融合发展，即创新人走上创业之路，创业人才到高校、科研院所兼职科研。2016 年 12 月 9 日，公安部支持上海科创中心建设出入境政策的10条新措施正式颁布实施。杨浦作为政策先行先试的"双创"示范基地，为了切实有效地落实公安部人才"新十条"，第一时间制定了区域内申请享受出入境便利政策的外籍人才认定标准及相关操作细则，杨浦高层次人才创新创业服务中心则被指定为具体操作实行的认定机构，使得杨浦区海外高层次人才的服务范围更广，服务的力度也更大。

七、深圳龙岗区创新的经验

龙岗区位于深圳市东北部，辖区总面积388.59平方千米，是深圳辐射粤东粤北地区的"桥头堡"。近年来，全区坚持"一个目标、两大战略、三个转型、四条底线、五大体系、六区一城"发展思路。"一个目标"指建设现代化国际化先进城区；"两大战略"指高端引领、创新驱动；"三个转型"指经济转型、城市转型、社会转型；"四条底线"包括城区安全、治安维稳、违建查控、廉洁从政；"五大体系"包括先进的现代产业体系、精细的城市建管体系、现代的社会治理体系、完善的公共服务体系、科学的党的建设体系；"六区一城"即法治之区、生态之区、文化之区、教育之区、健康之区、体育之区和活力休闲之城。近年来，深圳市龙岗区深入实施"高端引领、创新驱动"战略，瞄准建设深圳东部中心的发展目标，推进以科技创新为核心的全面创新，持续鼓励"草根创新、小微创新、万众创新"，创造性要素流动不断加快、"双创"过程模式更加多元、分配方式形式持续创新，在创新基础、创新主体和创新方向上，开创出了可复制可推广的新模式。龙岗区以科学发展观为统领，以"深圳质量"为标杆，深入实施"高端引领、创新驱动"发展战略，不断加快对源头创新的推动，核心关键技术取得突破，高端创新资源加快集聚，区域创新体系日渐完善，为深圳建设国家自主创新示范区作出了积极贡献。龙岗区连续荣获国家科技系统"全国科技进步先进区""全国科技进步示范区"和"全国科普示范区"三项荣誉，并成为全市唯一连续16年荣膺"全国科技进步先进区"的行政区，初步形成了"大企业引领创新、中小企业敢于创新、政府助力创新、社会参与创新"的创新生态格局。未来龙岗区将全面建设众创空间新型创新载体，形成满足"大众创业、万众创新"有机健康生长的综合生态环境，打造深圳创新创业集聚区、深圳东部科技创新中心。

一是坚持政策先行。近年来，龙岗区不断完善创新驱动方案规划和政策法规，积极把握深圳获得"国家自主创新示范区"批复的机遇，针对龙岗纳入示范区规划的13个片区89.6平方千米面积，研究提出四至范围修改建议方案；出台构建现代产业体系"1+3"文件；实施经济与科技专项资金管理"1+N"文件，与其他产业政策形成互补联动。推进商事登记制度改革，取消注册资本等限制，激发市场活力，鼓励创新创业，成立重点区域开发建设总指挥部及5个执行指挥部，按照"一区一策、错位发展"的原则，集中推进五大重点片区建设；对产业部门相关职能和机构进行优化调整，突出区科技创新局在国家自主创新示范区建设、科技创新、高新技术产业和战略性新兴产业发展、信息化建设等方面的职能，将行政资源向自主创新聚焦。出台实施创新驱动发展五年行动计划、加快发展科技服务业及众创空间等实施意见和“互联网+”行动计划，深圳国家自主创新示范区（龙岗片区）发展规划纲要、空间布局规划和建设实施方案，积极争取全市示范区政策在龙岗先行先试。2017年编制出台了《龙岗区科技创新发展“十三五”规划》，重新修订《经济与科技发展专项资金支持科技创新实施细则》，研究制定促进科技创新若干措施的贯彻实施意见，初步构建起多层次、系统化的创新创业政策体系，为实施创新驱动发展战略提供了有力保障。

二是加速集聚高端创新资源。龙岗区主动谋划、超前布局，加速集聚高等院校、高端企业、高级人才、创新平台等“三高一平台”创新资源，国际大学园建设初具规模，引进香港中文大学（深圳）、深圳北理莫斯科大学、昆士兰大学等国际院校，深圳特色学院园集中校区，还拟引进UBC（英属哥伦比亚大学）、华盛顿大学、墨尔本大学等10多所国际知名大学，深圳东部国际大学城迅速崛起。高端企业资源方面，“十二五”期间，引进投资超千万项目5401宗，超亿元项目397宗，规模以上高新技术企业达514家。华为跻身“全球创新机构百强”、柔宇的0.01毫米柔性显示屏、艾尼尔的全球首个生物工程角膜“艾欣瞳”已成为全国乃至国际性的创新机构。2013年以来，与正威集团、清华控股等龙头企业达成合作意向，深圳市3D显示产业园、深圳市机器人产业园落户龙岗，太空科技南方中心、太空科技特色学院、航天航空科普公园落户国际低碳城。现有国家级高新技术企业346家、深圳市高新技术企业168家，高新技术产业产值占GDP的比重接近70%。高级人才资源方面，龙岗区现有全国“两院”及国际知名科学院院士5名，国家“千人计划”专家29人，深圳“孔雀计划”人才109人，广东省创新科研团队4个和深圳市“孔雀计划”团队6个，地方级领军人才87名引进海归创业学院（深港），承办首届中国深圳海外创新人才大赛，拥有人力资源产业园——中国深圳人力资源服务智慧广场。集聚创新平台，搭建了“硅谷——深圳（龙岗）创新创业直通车”，引进了中国工程物理研究院中试基地、国家技术转移南方中心集聚基地、中科院北京技术转移中心龙岗分中心、国家航天员训练中心等国家级创新平台，推动创新平台数量呈井喷式增长。另外，机器人研究院、电池检测实验室、卫星导航测试技术与系统实验室、北斗二代民用工程中心等一批前沿创新平台正在引进中。未来几年，北京航空航天大学有10个左右的国家级创新平台迁入龙岗，国家航天管理中心计划迁入8个项目。产学研合作快速推进，先后对接国内外30多家高校院所，与清华大学、中科院等建立战略合作关系；引进太空科技南方研究院、国家技术转移南方中心产业化基地等一批研究中心和产业化服务平台；建设香港中文大学（深圳）机器人与智能制造研究院、太空科技南方研究院、南岭牛津生物医学（中国）研究院等5家新型科研机构，创新平台累计达到119家，科技企业孵化载体22家，逐步形成以平台汇聚人才、资本、技术、项目的发展格局。

三是创新创业资本要素逐渐完善。构建区级创业投资引导基金、政策性股权资金以及社会资本“三位一体”的投融资体系。近年来累计投入9.6亿元设立区级创业投资引导基金，撬动社会资本75亿元；搭建科技金融服务平台，帮助企业解决融资难、融资贵问题，推出“创业贷”“助飞贷”等纯信用贷款产品服务，为企业提供最高2000万元的信用贷款；成立深圳首个区级创业投资广场，设立前海股权交易中心龙岗办事处，推动150家龙岗企业在前海股权交易中心挂牌，全区股权投资基金及其他股权投资机构达到135家；成立区金融投资控股有限公司，计划注入资本100亿元，现已注入40亿元。龙岗区优质创新载体建设特色明显，坂雪岗科技城获评省市共建战略性新兴产业基地（省智能制造示范基地），中海信创新产业城成为全国首批应急产业示范基地，宝龙高新园被确定为“深圳市机器人产业基地”。规划建设36个创新园区，涌现出龙岗天安数码、天安云谷、大运软件小镇、中海信、星河WORLD等在全市具有影响力的优质载体。龙岗区科技服务业快速发展，创新平台已成为科技服务业的主力军，高校已成为创新服务的智核，知识产权、咨询、法律服务等服务业不断壮大。成立区技术转移促进中心，实现了体制机制、服务模式、商业模式的创新，2015年6月启动以来，中心线上平台整合全国科技成果资源26.1万项、技术专家1.3万名、高校院所1048家，服务区内企业1.8万家次，提供对接服务5244次。目前，正打造涵盖技术转移、科技服务、科技金融、科技人才、创新载体，立足龙岗、面向全市、辐射珠三角的综合创新服务平台。全面实施“科技创新券”扶持，龙岗区“科技创新券网上管理系统”入库科技服务机构170多家，首批“科技创新券”申领及发放工作正在进行中。与国际技术转移协作网络（ITTN）合作，共同承办中美大学技术转移与创新协作大会（深圳）。引进和设立市科技服务业协会、市高新技术产业化促进中心等科技服务机构50多家。龙岗区紧紧围绕“立标杆、造环境、建载体、聚要素、优服务、强产业”战略决策，不断提高创新驱动发展质量，日益优化创新创业环境，积极推进科技基础设施建设，力争在“十三五”末期，全区高新技术企业产值达到6420亿元，占工业产值的比重不低于83%。战略性新兴产业增加值达到2535亿元，占GDP的比重不低于65%。国家高新技术企业不少于1000家，创新平台不少于180家，年专利申请量不低于15000件，形成结构合理、层次较高的科技基础设施体系，使创新驱动发展驶入快车道，创新发展成为龙岗区的一张新名片。

四是促进创新创业融合。龙岗构建了一批低成本、便利化、全要素、开放式的众创空间，率先实现创新与创业相结合、线上与线下相结合、孵化与投资相结合。出台众创发展“1+1”扶持政策，建成30个创客空间。其中纳入国家科技企业孵化器管理服务体系的创客空间有4家，获得市级认定的创客空间17家；建成众创服务平台5家，其中获得市级认定的有3家。筹建区众创联盟，举办“众创周末”活动，实现美国、日本、以色列、中国四国创客的联动，开设“众创TV”、推动创客教育、成立经美国Maker Faire授牌认证的校园创客教育合作示范基地。设立“国际青年创客联盟”，成为全球创客的“大本营”。开展深圳国际创客周龙岗系列活动，创客空间聚集区——星河WORLD创客世界落户龙岗，以创新创业为特质的众创龙岗氛围日益浓厚。完善综合创新生态体系，加强基础研究和应用研究，加快引进国家级重大科技基础设施和新型科研机构。重点推动多层次科技金融体系建设，推动创新链、产业链和资本链的无缝衔接。积极发展众创、众包、众扶、众筹空间，让每个创新创业者都有“用其智、得其利、创其富”的空间。同时，发挥大企业创新研发优势，开展产业重大科技专项和关键技术攻关，形成若干具有强大带动力的区域创新中心。强化服务企业、服务企业家意识，大力引进和培育高新技术企业，鼓励企业和科研机构、高等院校等建立产业技术创新联盟，加快协同开放创新，嫁接香港创新资源，加快筹建深港国际创新中心，实现深港共建、优势互补。深化与美国硅谷、以色列、德国等发达地区的创新创业交流，构建全球创新创业直通车网络。加快推进“3+2”经济圈合作发展，探索建立深莞惠区域协同创新中心。

五是打造东部中心“创新”。在龙岗，各种创新要素正日益成为龙岗“众创之区”的生命单元：目前形成了以深圳国际大学园为中心，以坂雪岗科技城为引领，国际低碳城、阿波罗未来产业园、宝龙新能源新城等多个组团协同发展的良好态势；坂雪岗科技城获评省市共建战略性新兴产业基地，中海信创新产业城成为全国首批应急产业示范基地，宝龙高新园被确定为“深圳市机器人产业基地”；涌现出了龙岗天安数码、天安云谷、大运软件小镇、中海信、星河WORLD等在全市具有影响力的优质载体。按照龙岗的部署，落实“东进战略”、打造深圳东部中心，大力推进以科技创新为核心的全面创新，促进各类创新要素加速集聚，加快建设深圳东部创新中心，包括规划建设国际大学园科技创新圈。充分发挥国际大学园“智核”作用，构建集科研、教育、产业、资本为一体的协同创新生态系统。推动国际大学园与周边启迪协信科技园、宝龙科技城等联动发展，引导国际大学园创新资源对外辐射。加强综合创新平台建设。争取更多国家、省、市重点实验室、工程实验室和工程技术中心落户，努力实现国家重大科技基础设施零的突破。“十三五”时期，龙岗作为东进战略的核心支点，将迎来深度城市化、拓展创新发展腹地、打造深圳东部中心的黄金机遇，高端要素将进一步扩容集聚。天安云谷未来将借东进战略的东风，在宝龙科技园区南约社区、龙岗大道沿线新生社区再打造两个天安云谷，并力争成为东进战略的率先启动示范项目。龙岗区的基础制造业基础很好，有完备的产业链和产业环境。在创新创业方面，规划建设了华为科技城、大运新城、国际低碳城、平湖金融基地、阿波罗产业园等 5 个市级重点开发区域；按照产城融合的思路，全面实施“创新产业系列园区计划”，有 18 个园区投入使用，提供产业用房 608 万平方米，入驻企业 1751 家；面向战略性新兴产业和未来产业，积极打造阿波罗产业园、大运软件小镇、中海信科技园、天安云谷、天安数码城、星河雅宝等高端产业载体，每年新增创新产业用房逾 150 万平方米。出台《龙岗区创业投资引导基金管理暂行办法》，在全市率先设立区级政府创业投资引导基金，区政府 5 年内每年安排 1 亿元，设立 10 个以上创业投资和股权投资基金；改革龙岗区经济与科技发展专项资金的扶持方式，设立区政府政策性股权投资资金，重点扶持科技型、创新型、生态型等初创期的企业和项目；以优惠政策吸引股权投资和风险投资进驻龙岗，充分利用社会资本，加强对龙岗创新型企业和实体经济的扶持，按照校区、园区、社区“三区联动”的原则，推动大学、特色学院与企业联动。在每个重点区域布局若干与周边产业相关的特色学院，推动大学、企业行业间深层次交流和实质融合。

八、武汉洪山区促进创新创业的主要做法

洪山区最大的优势在科教：包括武汉大学、华中科技大学等 7 所 211 大学在内的 37 所高等院校云集于此，坐拥 65 个国家重点学科、35 个国家级和省级科研单位、13 个国家重点实验室；最宝贵的财富在人才，拥有两院院士 48 名，正高以上职称专家教授 1. 5 万余人，在校大学生 60 余万人；最核心的文化在创新：武大系、华工系、理工大系成为武汉创新创业的代表，培育了烽火通信、马应龙药业、高德红外、力源信息等为代表的上市高科技企业，小米创始人雷军、PPLive 创始人姚欣从洪山出发走向全国、走向世界。洪山区坚持以创新驱动转型升级为主题主线，着力构建开放协同的创新发展体系、优质均等的公共服务体系、山清水秀的生态空间体系、共建共享的社会治理体系，全力打造经济、城市、民生三个升级版，努力把洪山建设成为国内一流的大学之城和武汉创新驱动的核心动力区。计划到 2021 年，地区生产总值达到 1200 亿元，公共财政总收入和地方公共财政收入突破 300 亿元和 200 亿元。全面完成“三旧”改造，基本形成现代交通体系；人均绿地面积大幅增加，湖泊水质明显改善；基本公共服务体系更加健全，民生保障水平大幅提升，城镇居民人均可支配收入与经济保持同步增长；社会治理体系更趋完善，群众“一感两度”保持在中心城区前列；党的建设全面加强，政治生态进一步优化。

注重产城融合，建好环大学经济带。大学之城建设，推动大学与城区产学研一体化、基础设施一体化、公共服务一体化、人才资源一体化发展，建设环东湖、环南湖、环黄家湖等环大学创新经济带。高铁之心建设，统筹推进征地拆迁、居民还建、基础设施建设、生态环境治理和公共服务配套，基本形成企

业总部基地和高端商务商贸中心的发展格局。生态之洲建设，坚持严格保护与适度开发、公益建设与商业运作有机结合，引进国内外一流企业进行高水平规划与开发建设。环东湖创新经济带——依托武汉大学、华中科技大学、中国地质大学、华中师范大学等高校，全力推进烽火创新谷、武汉·中国宝谷、722所国防科技产业园等重大项目。环南湖创新经济带——围绕武汉理工大学、华中农业大学、中南财经政法大学、省农科院等高校和科研院所，推进联想星空·智慧谷、理工智谷、武汉创意天地（二期）等重大项目。环黄家湖创新经济带——推进黄家湖大学城建设，进一步优化青菱高科技产业园产业定位，将园区建设成为重大科技成果产业化基地和战略性新兴产业承载平台。

拓展发展空间，打造“立起来的开发区……高铁之心核心区——杨春湖商务区区域内，打造全国高铁网络的核心枢纽、中部地区知名的企业总部基地、武汉重要的高端商务商贸中心。岳家嘴总部经济聚集区——形成与杨春湖商务区功能互补的总部经济区和高端商务区。街道口总部经济聚集区——加快产业升级，引进“新技术、新产业、新业态、新模式”科技企业总部。推进杨春湖高铁商务区集中成片高水平开发，将其建设成为全国高铁网络的核心枢纽、中部地区知名的企业总部基地和武汉重要的高端商务商贸中心；将天兴洲打造成为集体育运动、生态博览、文化创意、旅游度假多功能于一体的绿色生态之洲。策划和推动了融科智谷、烽火创新谷、武汉创意天地等一批创新创业重大项目。建设“大学之城”，打造武汉创新驱动核心动力区。

着眼创新创优，构筑一流创新环境。实施大学创新行动计划。积极支持大学、科研机构与企业和资本的对接。实施企业创新行动计划。支持企业组建高水平产学研联盟，实现高新技术企业研发机构全覆盖。建立区校企一体化的协同创新机制，打造环南湖、环黄家湖等“创新生态圈”。推动互联网 + 产业创新，促进互联网、物联网、云计算、大数据等信息技术的深度应用。打造全国文化创意产业中心。实施人才创新行动计划。深入实施青桐计划、“城市合伙人”等人才计划，激发创新者动力和活力。实施政府创新行动计划。改革财政科技专项资金投入方式，设立中心城区规模最大的天使投资母基金、战略性新兴产业引导基金、科技创新风险补偿基金。实施“创谷”计划，高品质编制规划，高标准建设创新生态，高端化发展新兴产业，加快形成信息技术、生物医药、智能制造等战略性新兴产业发展的空间布局，实施“城市合伙人”计划，引进人才比例不低于全市总数量的20%，发展壮大创业投资人队伍。扩大政府引导基金规模，探索母基金投资以债券方式进入子基金。建立引导基金原值退出机制，吸引投资人入驻武汉。

注重品质提升，打造城市升级。用好洪山得天独厚的山水资源禀赋，按照大城市、百年城市、宜居城市的建设标准推动城市品质升级。统筹抓好城市规划、建设、管理三大环节——牢固树立“规划科学是最大效益，规划失误是最大浪费，规划折腾是最大忌讳”的城市规划理念，突出顶层设计，制定大学之城总体规划，优化城市功能定位，生产、生活、生态融合发展，加强城市设计，把洪山好水好山好风光融入城市规划建设之中。大力推进旧城、旧村、旧厂“三旧”改造——统筹推进大学之城建设与“三旧”改造，优先实施大学周边城市有机更新；深入推进城中村有序改造，加强村集体产业用地统一规划和高水平招商；积极探索生态底线区内“城中村”改造的新模式，统筹推进旧村湾改造与生态建设。加强蓝网、绿网、路网三网建设——“蓝网”工程提升“大南湖区域”排渍能力，完成湖泊港渠截污，建设青菱湖湿地公园和黄家湖湿地公园。“绿网”工程，与高校共建狮子山、桂子山、南望山等大学城市公园，建设环南湖、野芷湖、汤逊湖、黄家湖、青菱湖绿道，构建山水相依、江湖相连、城郊互通的百里长廊。“路网”工程，加快推进地铁 5、7、8 和 11 号线建设，进一步完善城市主干路和微循环路，推动张家湾与南湖片区一体化发展，缓解南湖周边行路难问题。建设一批立体化、智能化公共停车场。

注重均衡共享——打造民生升级版。洪山将坚持以群众为中心的发展理念，努力走出一条民生优先的和谐发展之路。优质普惠的公共服务体系。回应群众呼声，重点在南湖、和平、张家湾和青菱地区配建一批高品质中小学，重点补齐优质高中和学前教育的短板；在张家湾片区建设三甲医院，填补洪山高端医疗资源空白。通过购买服务、合作共建等方式支持各类市场主体增加养老服务和产品供给，完善多元化养老服务体系。实现辖区高校文体资源对社会全面开放。共建共享的现代社会治理体系。深入推进以街（乡）职能转变为中心的基层社会治理创新，使街道职能回归到社会服务和公共管理上来。推动社区居民（村民）委员会回归自治，积极孵化培育引导社会组织参与社会管理和公共服务，推动“互联网+社会治理”，实现政府活动全面纳入法治轨道，构建开放、动态、透明、便民的司法机制。

第三节　国内外科技园区推进创新创业经验借鉴

一、美国硅谷支持创新创业的主要经验

从 20 世纪 40、50 年代开始，一批高科技公司在以斯坦福大学为中心的中半岛地区出现，70 年代逐渐成为美国最主要的半导体工业制造基地，80 年代后期，个人电脑工业在硅谷占据了支配地位，随着新一轮创新公司的崛起，硅谷迅速发展成为世界高技术产业和知识经济发展的中心。60 年代硅谷的主导产业是半导体工业，70 年代是微处理器生产，80 年代是软件产业，90 年代则是互

联网及其服务。硅谷共有上万家高技术企业，其中，电子和计算机两个部门在高技术制造业中约占2/3，拥有12万个就业岗位。硅谷是HP、Sun、Intel、Cisco、Yahoo等数十个成功企业的诞生地，也吸引了IBM、Microsoft等国际著名公司将工程、研发中心、客户中心等投资建设在硅谷，有的甚至将总部直接迁入硅谷。但在硅谷的上万家科技企业中，绝大多数仍然是中小企业，少于100人的企业大约占85%。这些小企业大多是从大公司或大学里分离出来的，具有很高的创造性。硅谷创业天堂和高技术产业发源地的聚集效应吸引了全球大批高素质的技术和管理的精英人才，为技术创新奠定了坚实的基础。在硅谷的雇员中，40%的人拥有学士以上的学位。据统计，美国现有的600家风险投资公司，其中约有一半在硅谷。硅谷培养出了一批素质高、管理经验丰富的风险投资家队伍。硅谷的公司一般有2~3个股东，地理上的聚集又促进了风险投资家可以经常会见并交流潜在的业务信息和与新企业的合作等。硅谷的企业大多集中资源于单一产业领域，企业生产结构是开放型的，不追求“大而全”，而是追求专业化生产及核心竞争力提升。随着产业结构不断细化，企业大多专门化于特定的技术产品或服务，从而形成水平或垂直的产业分工与合作，并且硅谷内大多是中小企业，企业的组织结构大部分很简单，没有链条很长的中间管理层。斯坦福大学不但参与高度复杂的产业和创新活动，还热衷于创造新技术企业和参与本地产业合作论坛，促进区域内小企业之间的合作。斯坦福大学还通过制定产业联盟计划，促进个别科研人员、院系之间以及大学与外部企业之间合作，进一步拓展大学在区域中的作用。在硅谷，全球竞争力的获得所依靠的是区域整体优势的发挥。区域内的合作文化渗透在区域的各个角落，既有老企业对新企业的鼓励、建议，甚至金融支持，也有各公司工程师之间非正式的交流与合作，以及公司内部各层次人员之间的非正式却是经常的交流与合作。这种在水平的、非等级化的交往中形成的交流与合作，使人们在生产过程中自我组织、自发合作、集体学习，构成硅谷独特的文化氛围。这种创新文化所具有的强烈融入性在区域内迅速扩散，确保了知识和理解在不同水平的公司之间和产业之间，以及在最低层级的技术人员和高级工程师之间畅通的流动，并诱导了对创新的激励、对失败的宽容以及对外来移民的包容等多种文化的产生。

技术进步引起的生产率提高中有60%归功于知识的进展。斯坦福大学和加州大学伯克利分校，以及加州的州立大学和社区大学为硅谷的创新创业提供了有力的知识支撑。硅谷企业与高校之间存在天然的紧密联系，为知识向产业的转移，为技术创新提供了有力支撑。硅谷的高技术企业始终将技术创新作为企业发展的原始推动力，保持了高强度的研发投入。英特尔、惠普、IBM圣荷西分部等很多硅谷高技术公司每年用于研究开发的费用占总耗资的15%左右，是其他地区企业研发投入的3~5倍。与高校这一知识源泉的紧密联结、注重技术创新的传统确保了硅谷在全球高技术产业领域的领先地位，为创新创业提供了强大动力。

美国联邦和加州政府在硅谷的发展中发挥了非常重要的作用，政府作用更多的体现在间接的为区域、为产业的创新发展提供发展环境和支撑方面。1. 国家科技政策的宏观推动。在发展的不同时期，美国政府制定了各类的科技政策，从强调政府在基础研究方面的责任到鼓励技术的开发和商业化应用，通过联邦立法来增强私人产业部门研发的积极性，还制定了具体的研发投入和税收等政策来促进科研单位和企业的研发创新。2. 政府采购的直接支持。在早期硅谷的发展中，政府采购尤其是军方采购发挥了重要作用。据统计，1955 年至 1963 年期间，硅谷半导体产业 35% 到 40% 的营业额来自于政府采购。3. 加强知识产权保护。美国实行严格的知识产权和专利制度，有效激发了创新创业者的创造热情，还在创新成果产业化、技术转移和扩散等方面进行了适宜的制度安排。4. 人才引进的制度安排。美国政府历来重视对外部人才资源的引进，通过制定宽松的技术移民政策、国外留学生政策、实施 H－1B 签证计划等途径，汇聚了大量的高素质人才，为本国高技术产业发展提供了丰富的人力资源。硅谷地区每年引进人才约占美国 H－IB 总配额的 43% 以上。

二、印度班加罗尔软件科技园区的经验借鉴

从班加罗尔科技园区的发展历程和特点来看，重要在技术创新体系、中介组织建设和政府政策支持等方面可以为我国科技园区的发展提供一些经验借鉴。一是以企业为创新主体，形成完善的技术创新体系。班加罗尔形成了以企业为中心的完善的科技研发系统。汇集了众多优秀的软件公司，其中 CMM5 级认证软件公司就有 30 多家，包括思科、IBM、摩托罗拉、朗讯、德州仪器、太阳微、Infosys、Tata 等。众多软件企业的集聚产生了集群效应，使集群中的单个主体在相互之间的作用中对人才、科技成果和资金等要素重新进行了优化组合，提高了整个集群的创新能力。仅德州仪器（Texas Instruments）在班加罗尔就获得了 150 项专利，思科（CISCO）和 IBM 则获得了 75 项专利。班加罗尔还聚集了一批大型科研机构，例如印度国家科学院、尼赫鲁科研中心、拉曼研究所（由印度诺贝尔物理奖得主拉曼博士创建）、天体物理研究所等；拥有印度理工学院等 7 所知名大学，几百所高等专科学校和高等职业学校。二是逐步加大研发经费投入，并提供政策支持。印度的科技研发经费 85% 由中央及各邦政府提供。第八个五年计划时期各级政府的科技研发费用达 2000 亿卢布，是第一个五年计划时期的 1000 倍。政府采取的政策措施包括：增加国家对科研经费的财政开支，鼓励科研机构与企业联合创新开发，促进科研成果商业化、产业化；以印度工业开发银行、印度技术开发与信息有限公司、印度风险资本与技术金融有限公司等专门金融机构为中心，对高新技术的商品化、产业化进行系统的金融扶持；制订配套的优惠政策，大力吸收海外印度科学家（主要是美籍印裔科

学家)、印侨以及跨国风险投资公司的风险资金，投入信息技术、软件技术等高新技术产业。三是通过优惠政策、政府采购支持园区产业发展。印度政府制定了《信息技术法》《软件技术园区（SPT）计划》，对进入园区的所有软件企业实行10年免税。园区企业进口计算机与相关硬件可全部免税。信息技术企业的研发费用可部分抵免所得税。呼叫中心、数据处理、互联网资源开发等信息服务出口实行100%免税。同时，实施政府采购和促进消费政策，强制性的政府购置国产IT产品。公民个人购买计算机和软件可部分抵免个人所得税。对风险投资和人才发展推出了一系列措施。印度政府大力扶持国内风险投资。在1986年颁布的《科研开发税条例》中，将研发税的40%（每年约1亿卢比）用于对风险基金的补贴；对风险投资的投资收益全部免税；建立不同层次和性质的风险基金，包括国家风险基金、联邦风险基金和私营风险基金；为风险资本设立10亿卢比的基金。在培养和吸引高端人才方面，政府部门除了继续扶持、加强原有正规的理工技术学院在信息技术及软件产业高级人才培养方面的传统优势之外，还在中学、大专院校开设不同层次的电脑软、硬件课程，形成多层次的人才培训体系，以满足软件产业发展的多种需求。开放私人资本和外资从事电脑软、硬件的专业教育。如印度最大的私人电脑教育机构APTECH已在印度全国设立1000家以上的分校，聘请具有丰富实践经验的企业家和软件工程师讲学并辅以现场实习，大大提高了软件人才解决实际问题的能力。自20世纪80年代以来，历届印度政府在税收、股权、金融扶持、工资待遇、创业辅导、子女教育等方面制订了一整套优惠政策以吸收大批印度海外科技人才回国。

三、瑞典斯德哥尔摩打造西斯搭Kista全球创新中心经验

西斯搭科学城又被称为北欧的硅谷，是欧洲第一、世界第三的信息和通信技术产业群（信息和通信技术统称为ICT）。科学城建立在斯德哥尔摩市以及周边城镇的共同愿景之上，是全世界ICT领域最重要的创新中心。科学城位于瑞典首都斯德哥尔摩北郊，15分钟到达市中心，这个地区清洁干净，人们很友好。科学城办公面积100万平方米，有5500多家企业入驻，其中700多家是高科技的ICT企业。在中心商务区有1400多家企业，其中300家是ICT企业，有六万多名员工。

（一）特色的创新——三螺旋模式

西斯搭模式是政府、企业与大学形成共识，达成合作的典范，这种模式称为三螺旋模式。这种模式在西斯搭科学城形成过程中，发挥了及其重要的作用，延续了30多年。1975年爱立信决定把总部搬到西斯搭所在的区，吸引了斯德哥尔摩大学、皇家理工大学科学研发人员，以及为爱立信工作的小型企业。1986年，银金矿基地形成，政府以及科学研究机构、企业意识到这是一个很好

的机会和平台，可以促进发展。从此，大学校区以及公寓住宅楼相关基础设施建立了起来。在产业界、学术界和斯德哥尔摩市政府的推动下，西斯搭逐渐向科学创新集群演化。这一时期的目标是成为世界领先的电子产品研发中心，从20世纪90年代在通信领域表现优异，发展到今天的ICT创新中心。三螺旋模式的核心是聚焦在教育、科学研究的前沿领域，为ICT产业创造一个更具有创新性、吸引力的大环境。

（二）完善的设施——城市ICT平台

城市ICT平台是西斯搭一个开放的、共同创造的舞台和试验平台，这个平台给予数字化开发、测试和展示的不同的机会。它涵盖了广泛而多样化的IT基础设施、展示窗口、交流场所、项目数据库，不同项目以及这些项目的创始人。其独特之处在于其广泛的IT基础设施，企业、学术界、公共部门的利益相关人，或独立、或共同参与合作。所有利益相关人参与共同的一个平台合作，具有绝对的透明度。

城市ICT平台的目标在于通过平台下不同项目的实施，实现可持续发展、促进创新，为未来创造更多就业机会。这三个方面的挑战以及问题在全世界几乎所有的国家都存在。ICT的应用通常被认为是解决这些问题的重要方案。充分发挥ICT应用潜力，促进更多解决城市持续发展独立的或与其他技术相结合的解决方案的产生，可以降低更多的成本，促进信息与通信技术，特别是物联网、大数据以及5G技术发展。城市ICT平台支持以ICT技术和服务为基础的中小企业和创业公司的发展，吸引新的人才、平台在技术劳动力方面发挥关键作用。

（三）投资与合作——创新拓展的动力

西斯搭以及周边地区作为驱动就业增长和劳动力市场发展的引擎，下一步目标是创造更多的就业机会和设置必要相关技能的要求满足未来的需要。促进新的创新企业以及创业型企业发展，可视性平台、3D可视性窗口，大家可以在上面进行演讲、展示以及竞技。一些项目通过对比应用，理解技术和知识核心。智慧城市是物联网、大数据、移动互联网、社交媒体的结合。西斯搭科学城可以找一个在资金方面支持你的合作伙伴，能得到IT基础设施，不需要支付额外费用。作为项目创始人，需要负责管理团队，负责项目内部的运营，行政的管理，在这样创新环境里完全可以独立工作。进入创新中心的标准是必须在ICT平台所要达到目标之上，同时要有好的行为习惯，通畅的交流，以及知识与经验的分享、数字化发展。

（四）良好环境条件——创新要素相互协调

西斯搭是全世界协调、结合各种因素最好的典范，为创新发展提供了非常好的环境。创新企业邀请来自大学的研发人员直接进入企业，由他来做一个试验，提供一个试验平台。他们之间建立合同模式，在这个过程中会有创新企业人员也进驻进来，进行共同合作和实践。作为公共服务机构，有很多种不同的平台服务于研发人员、企业、学生，把大家的工作与兴趣结合起来。瑞典近一千万人口，在生命科学领域具有世界上最好的研发机构，高素质的人群非常重要的。安全、被保障、稳定以及透明的金融体制，非常少的腐败。这些因素让这个地区产生吸引力，能吸引最优秀、最聪明的人。瑞典的保障制度是建立在个体纳税人基础之上，去医院就医、急救、手术，不需要花钱。无论收入多少、背景职业如何，都要保障到每个人。

城市发展成功的关键在于决策者与各方的协调合作，可持续发展城市的核心并不在于高科技，有很多简单的措施或者设施，并不需要花多少钱，比如说房子，在瑞典是不会被允许住在消耗很多燃气、电的房内，限制过渡消费、脏水排放。

西斯搭科学城形成创新中心一个重要的原因就是在国际合作上，永远持开放态度。GDP 的 3% 应用到科学研究的开发上。研发机构、研发领域永远比瑞典要大，在全世界领域的研发机构数量和体量是最大之一。

四、台湾新竹科学工业园区

台湾新竹科学园区被全球共誉为“台湾硅谷”。与美国硅谷不同，新竹科学园区是一个在台湾当局主导推动下的产物，新竹园区建设中的许多经验对其他地区园区建设和创新发展更具有实际的借鉴意义。1980 年 12 月，台湾在台北市西南的新竹县设立了第一个高新技术产业区——新竹科学工业园区。新竹与台湾高科技产业的发展休戚相关，其独具的集群效应将台湾的科技产业推向世界舞台。

在人才政策方面，新竹园区允许科技人员以高于一般比例的专利权或专利技术作为股份投资，其作价最高达总投资额的 25% 。同时，新竹园区也十分注重对本地区科技人员的培养，园区规定入区企业雇佣台湾本地科技人员的总数必须占科技人员的 50% 以上，否则撤消当年免征营利事业税的奖励；台湾当局出资在园区办理企业员工培训并邀请专家定期讲座；推动园区厂商与当地学术科研机构、大专院校的联系，奖励园区的科技人员在职进修。

台湾当局对科学园实行了二级管理体制，并制订了较为完善的法规。在台湾“行政院国家科学委员会（国科会）”设立园区指导中心，该“委员会”由“经济”“财政”等六部“次长”、若干专家以及“国科会副立委”等组成，“国科会”召集人，聘用一批科技专家当参谋，从宏观上对园区的发展方向进行把握。各个部门“次长”都包含在内，有助于各部门的协调与合作，同时指导中心又能积极听取专家学者的建议，为园区的发展提供了保证；在新竹设园区管理局，隶属“行政院国科会”，负责办理园区日常事务。两级管理机构各司其职，同时也由于台湾岛面积不大，决策链条相对短暂，信息损失率低，决策有效性高，使管理能够顺利进行。

（一）清晰的前瞻性规划部署

对于台湾当局主导推动型的园区来说，清晰的发展战略规划非常重要。新竹科学工业园区自成立之日起，就确定了“高科技化”“学院化”“社区化”和“国际化”的建设方针。规划明确了新竹要重点发展高科技产业，要加强产学研的合作，发挥教育资源的作用，要全方位推进园区建设，要积极借鉴国际先进园区经验，注重国际交流合作，以国际化标准建设园区。

（二）完善的立法及高效的管理与服务

新竹园区在建设伊始就非常注重园区的法规建设，园区选址尚未确定之时就开始着手拟定园区的管理法规。1979 年 7 月，台湾当局正式公布了《科学园区设置管理条例》，作为科技园区的“基本法”，后又经过多次的补充完善，现已形成了《科学工业园区设置管理条例》及《科学工业园区设置管理条例施行细则》等 30 多项科技园区的法规体系，为园区管理和发展提供了有力保障。在完善园区硬件基础设施的前提下，园区加强了软环境服务功能建设，设立了园区办事的“单一窗口”，土地征收、办事审批、创业投资等各方面的事项都可以在单一窗口处得到快速便捷处理；构建了园区整体的资讯网路系统，为园区企业提供及时、丰富的信息服务。

（三）对研究开发的全方位支持

台湾当局设置了大量的科技奖项和科技基金激励园区企业加大研发投入和产品创新。为了鼓励园区厂商进行研究开发新产品，园区管理局每年评选创新产品奖，并提供“科技园区创新技术研究发展计划奖”和“研究开发关键零组件及产品计划奖”。台湾当局每年对创新技术研发计划的资助占到计划总额的 20% 以上，2004 年园区管理局总共资助园区 36 家企业的 39 个项目，资助总额达 1.06 亿新台币，占资助项目总成本的 22.2%。创新技术研究发展计划奖成立 10 年来，已成为园区科技产品提升技术竞争力的重要资源。为促进高技术产业发展，台湾当局结合交通银行等“国家银行”向企业提供低息贷款，并设立研究发展奖项。园区管理局还推进了园区企业与台湾清华大学、交通大学、工业技术研究院的产学研合作。据统计，新竹园区 80% 以上厂商与工业技术研究院之间有各种合作关系；至少一半以上与台湾清华大学、交通大学及工业技术研究院有分工合作关系。

（四）发展本地创投业的有力举措

台湾没有硅谷那样强大的创投业支撑，为加速园区高技术产业发展，台湾当局出台了多项举措来大力发展本地创投业。推出了“创业投资推动方案”，并于1983年颁布了《证券投资信托管理办法》《创业投资事业管理规则》及《奖励（创业）投资条例》等一系列有关创业投资的管理法规和奖励措施。台湾当局成立了台北市创业投资公会，将新增的邮政储金拨付给交通银行等几家银行，动用“行政院开发基金”累计筹资24亿元新台币设立种子基金，直接参与创业投资公司的设立。1994年，台湾又陆续允许保险公司、民营银行资金投资创业投资公司。一系列的措施政策吸引了数百亿新台币的国际资金进入，极大的活跃了本地资本市场。

五、西安高新区

西安高新技术产业开发区成立于1991年，包括3个大学科技园、国家软件产业基地、863软件、集成电路设计、光电子、生物医药、互联网等19个专业化孵化器和创新基地，总孵化面积101万平方米，成为全国服务功能最全、孵化成功率最高的孵化器之一。2006年，西安高新区荣获亚洲孵化器年度大奖，成为中国大陆地区第一个获得此项奖励的孵化器。经过二十多年的建设与发展，西安高新区已发展成为我国中西部地区人气最旺、环境最优、发展最快的区域之一，并被誉为“关中第九景”。2016年，西安高新区在电子信息、装备制造、生物医药、环保与新材料四大主导产业实现营业收入1186亿元，占西安高新区全部营业收入的86%；集成电路产业形成了从设计、芯片制造到封装测试的完整的产业链。

（一）强大的资金支持

西安高新区自1991年创建以来，先后设立了种子基金、青年科技人才创业基金、投资担保基金和风险投资基金，一批民营高新技术企业藉此迅速成长。2007年至2011年，西安市财政还将每年设立1亿元专项资金，用于支持高新区创建世界一流科技园区。同时，“十一五”期间，设立总额为10亿元的创新基金，主要用于完善高新区技术创新体系，优化市场环境，加大创业创新支持力度，加快推进科技成果的商品化和产业化；设立总额为10亿元的“瞪羚”企业扶持基金，主要用于建设科技企业加速器，扶持软件、集成电路、电子元器件、生物医药、光电子、新材料、新能源、服务外包、创意产业等领域的小巨人企业加快发展；设立总额为20亿元的产业扶持基金，大力扶持技术先进、国际化程度高、生产规模大、市场潜力好的高技术企业，培育形成5家以上年营业收入过100亿元、10家以上过50亿元、50家以上过10亿元的骨干企业。

（二）优惠的政策扶持

近年来，西安高新区陆续出台并实施了《对研发机构实行购租房补贴政策》等一系列鼓励技术创新的政策，启动并推进了“留学人员创业计划”“百名院士亿元创业计划”“高端人才引进计划”“创新型科技企业培育计划”

“515”龙头企业扶持计划五大创新工程，从各个方面对自主创新活动给予引导扶持。建立了专利、商标、版权“三位一体”的知识产权保护机构，设立了全国高新区首家版权中心，被评为“国家知识产权试点园区”“国家知识产权兴贸工程试点基地”，并成为全国第一个国家标准化示范区。

此外，由政府引导，高新区筹集10亿元风险投资专项资金，大力发展风险投资，完善创业投资退出机制，为具有自主知识产权的高成长科技型企业建立便捷的融资通道。全面推进中小企业信贷工作和园区信用体系建设，着力推进金融中介服务，切实构筑适应科技创新的金融支撑体系，为高科技产业发展营造良好的金融环境。

（三）面向世界配置资源

西安高新区以全球为目标，面向世界配置资源。通过举办“走进西部，投资中国”论坛等形式，以项目推荐与实地考察为重点，促进西安高新区同世界各国、各地区之间的贸易与经济合作，搭建世界范围的信息沟通平台。由项目自主寻找对象，实现企业与企业的深度对接，谋求在电子信息、光机电一体化、航天航空、机械制造、生物医药等多个行业领域的广泛合作，为“官、产、学”三方直接对话提供契机，共同探讨如何通过跨国合作将全球产业的共赢变为现实。

第四节　建立与中关村核心区相适应的创新创业管理机制

第一，创新政府服务模式，破除束缚企业发展的体制机制障碍，推进简政放权，进一步释放市场活力，实现“园内事园内办”。建立快速、高效的核心区治理结构机制，从根本上解决好市、区和园区管理职能交叉、机构重叠、责任区分不够明确等突出问题，进一步理顺园区管理关系。开通包括政务公开、投资审批、网上办事、政民互动、效能监察等功能模块的海淀区网上办事大厅，各委办局积极做好网上办事大厅录入服务事项工作，实现全流程网上办理，并向下延伸，建成覆盖区、镇、社区三级的网上审批服务大厅。

第二，清理行政审批项目，营造规范、高效、透明、廉洁的政务环境，对全区各委办局的行政权力和便民服务事项进行标准化梳理，在确定全区40个委办局共1037个政务服务事项的基础上，建立健全海淀区行政职权和便民服务事项管理目录，实现各事项标准化运行，动态更新，推进行政权力公开、透明运行，进一步推进上下联动、服务高效、分工有序的三级政务服务体系构建。

第三，探索实施商事登记，降低市场准入门槛。从以下主要方面探索商事登记制度改革：一是实施商事主体登记和经营资格许可审批相分离，建立审批与监管高度统一的登记制度；二是放宽住所（经营场所）的限制；三是实施注册资本认缴制，完善公司内部治理结构；四是实施商事主体年检验照备案制度，构建有效采集和查询商事主体真实经营状况的信息基础；五是全面推行网上注册，建立电子营业执照法律制度，实现商事登记全过程网上办理；六是强化商事登记后续监管，实行经营异常名录制度，实施信用监管模式。

第四，改革注册资本金和服务方式，简化市场准入流程。有限责任公司实行注册资本认缴制，登记无需提交验资证明，股东的出资方式、出资额、出资时间等均由股东自行约定，并记载于公司章程。企业登记服务实行网上登记注册及年检，探索全流程网上操作模式，建立健全企业登记窗口服务标准化体系。

第五，倒逼监管方式改革，构建“宽进严管”市场准入体系。通过“宽进”商事登记改革的带动和“倒逼”作用，推动“严管”监管机制的形成和信用体系建设的深化，确保改革稳步推进。一是明确部门职责，明确“谁许可、谁监管”原则，强化行业监管原则，强调权、责、利协调统一，从过往“重事前审批”向加强事中和事后监管转变，着力构建“宽进严管”的新制度体系，以实现登记监管整体效能的提升。二是充分利用信息化手段。利用信息技术更新商事主体登记注册和监管系统，加强主体准入与后续监管的过渡衔接。三是加大宣传力度。使社会明晰新制度下登记机关、监管部门与市场主体的权利、义务关系，建立审批与监管相统一、监管与自律相结合的新型市场主体准入制度和“协同善治”的市场监管格局。推动“信用政府”“信用企业”和“信用社会”的良性互动。

一、推进投融资体制改革，提高核心区产业发展能力

第一，成立中关村发展银行，重点支持中小企业。中小企业融资问题直接影响其生存与发展，可以借鉴上海浦东经验，成立中关村发展银行，支持中小企业发展。同时，为进一步放开金融管制，进行有益探索。设立上海自贸区的着眼点是金融领域。由于历史原因，偌大的中国市场，目前承接人民币的境外流通业务并为内地提供金融服务的只有香港地区独家，这显然是不够的。上海在历史上曾是一个私人银行发达的地区，所以在今天，上海自贸区放开了对私人成立银行的限制，简化银行注册流程，将银行作为一项普通业务对待。具体来说，就是允许成立民间银行，开放银行业，允许外国银行设立分支行，利率市场化，这些都是极其必要的。

第二，改进创业投资引导基金使用办法。截至 2012 年底，海淀区支持企业发展的创业投资引导基金已经达到 18 亿元。如何发挥其引领作用，实践中对奖励企业资金的恒量标准、基金使用效果等还需要进一步改进。通过产业引导基金或者其他方式给企业资金支持，对刚刚成长的企业来说十分必要，但对发展

到一定规模的企业就作用不够明显。

第三，支持区内金融机构开展跨境投融资业务，积极参与离岸业务。申请在海淀区建立离岸金融中心需要国家层面的政策审批，时限长、难度大，同时这一问题也是与人民币资本项目开放一脉相承的，因此短期内海淀区难以实现。但是在现阶段可以让海淀区金融机构大胆开展国际投融资业务，同时积极申请参与上海的离岸金融业务，进行练兵，为将来建立自己的离岸中心做准备。

第四，加大科技保险力度，支持保险公司拓展责任保险服务领域。科技型企业具有高投入、高风险的行业特征，为降低科技创新行为及其相关活动风险，减少损失，让更多的资金、更多的人才在发展我国科技事业中充分发挥作用，应该大力推广科技保险和信用保险服务。科技保险可以对科技企业或研发机构在研发、生产、销售、售后以及其他经营管理活动中，因各类现实面临的风险而导致科技企业或研发机构的财产损失、利润损失或科研经费损失等，以及其对股东、雇员或第三者的财产或人身造成现实伤害而应承担的各种民事赔偿责任给予保险赔偿，是一种分散企业科技创新风险的保险保障方式。结合科技金融创新中心建设，海淀区今后应深化科技保险试点，完善科技保险保费补贴机制，支持企业购买科技企业产品研发责任保险、关键研发设备保险、出口信用保险、员工忠诚险等科技保险产品和服务。研究发展科技再保险。研究推动保险资金参与中关村基础设施建设、战略性新兴产业培育和重大科技项目投资。同时完善创新信用保险服务，支持企业开拓国际市场。

二、加大技术成果转移的支持力度，提升核心区企业自主创新能力

一是出台支持技术转移的具体措施，促进科技成果转化应用。认真研究技术转移过程中税收、转移区域、收益分配等政策制度，打破传统体制和传统思维，支持创新成果在更大范围、更高层次进行技术转移，调动技术成果研发单位、参与人员和相关研究机构支持技术转移的积极性主动性。

二是建立政、产、学、研联席办公机制。统筹区域内的大学和科研院所建立技术转移办公室等专门从事知识产权管理和技术转移的机构。区政府可以在知识产权局基础上成立技术转移办公室进行统筹协调。从技术输出层面解决技术转移效率低下的问题。破除制约科技成果转移扩散的障碍，提升创新体系整体效能。海淀可以与其他产业园区合作组织高新技术产业有序转移，为更高的技术实现技术转移腾出空间。但由于现有的税收体系和考核机制制约了海淀组织高新技术产业有序转移的积极性。建议可以由海淀对现有的税收体系进行大胆突破，建立一个合理的高新技术产业有序转移的税收补偿机制。

三是培育具有核心区特色的知名品牌。认真研究“三山五园”历史文化、中关村文化、大学科技园区文化和海淀地域旅游生态文化，制订切实可行的发

展规划，从战略层面拿出措施，推进传统文化创新发展。要结合新的科技发展，加入科技元素，推陈出新，形成较高知名度的文化产业链。

三、充分利用先行先试优势，推动核心区政策持续创新和重点突破

研究特区、开发区发展的经验，提出核心区政策创新的具体方案。认真研究上海自贸区、深圳前海政策创新，由课题研究上升到国家战略的做法，针对核心区发展政策的改革、体制的创新突破等，推出相关研究项目，进而上升为国家层面的战略要求，形成中关村核心区特有政策创新体系。

建设地标性建筑，塑造核心区形象。研究中关村核心区发展规划的特点，吸取世界各国发展园区的成功做法，用三到五年时间，建成具有核心区特色的地标性建筑，全面提升核心区的自我形象。

研究出台支持新技术产业、新商业运营模式和总部经济落地海淀的办法。利用有限空间发展高科技产业，提升战略性新兴产业的聚集力度，不断加大企业转型升级力度。

四、把吸引高端人才、优秀人才作为核心区发展的重要战略

改进人才评价机制。按照业绩和工作能力，扩大实施人才职称评审便利化，解决职称评审条件与实际工作要求不相适应的矛盾。

加大人才培养力度。把企业家培训、优秀人才培育纳入政府人才培训工程，实施有计划、分批次重点培养和实践锻炼相结合，促进优秀创业人才脱颖而出。

改进人才引进措施。对做出突出贡献和有发展潜力的优秀人才，实施政策优惠，解决好生活、工作、创业环境问题，消除其后顾之忧。

五、进一步优化核心区创业环境

一是法制环境。中关村核心区担负着先行先试、制度创新的重任，应将多年来体制创新、职能转变的成果用法律法规的形式固定下来。遵循国际规则，建立受理、综合审批和高效运作的服务模式。充分履行公布法律法规、提供信息和通知的义务，体现符合国际规则的信息公开透明原则。建立知识产权纠纷调解、援助等多元化解决机制。

二是生态环境。实行最严格的生态保护措施，注重顶层设计，进一步改善道路、交通等基础设施，充分利用地下空间，科学布局消防等公共设施。建立可持续的绿化空间，改变种植草地、投入大、效果差的传统绿化模式。对落后产能实行关、停、并、转。

第七章　打造大众创业创新新引擎的战略思考

党的十八届五中全会提出创新是发展的第一动力，大众创业万众创新则是实现创新发展战略的重要途径。在传统增长动力减弱的条件下，要保持经济的中高速增长，必须在改造传统引擎的同时，通过大众创业、万众创新，打造新引擎，为我国经济爬坡过坎转型升级提供新动力。

第一节　推动大众创业创新的重大现实意义

海淀是全国科技创新中心核心区，推动大众创新创业，一方面，可以培育更多的市场主体，推动中关村核心区科技转化为生产力，带动更多的群众投入到高技术转化工作中，激发群众的智慧和无穷的创造力，从而为海淀和全国的经济发展提供新引擎，让千万个市场主体靠创业自立、凭创新出彩；另一方面，只有通过大众创新创业，才能使中关村核心区科技资源发挥应有的效益，不断创造出更多的新技术新产品新产业新模式和新市场，挖掘新的经济增长点，提高经济发展的质量和效益，促进经济转型升级。因此，大众创业万众创新符合时代潮流，也符合海淀当前实际需要，具有重大现实意义。

一、大众创业万众创新是推动海淀实施创新驱动发展战略的必然选择

海淀从中关村电子一条街发展到今天，正是靠创新发展才不断取得新的成绩。特别是近几年来，以全国科技创新中心核心区建设为统领，聚焦“减人、添秤、服务”重点工作，着力激发干事创业新状态，不断提升创新发展新能力，积极争创区域可持续发展新优势，以超常规的状态和举措，凝心聚力、攻坚克难、开拓进取，全区经济社会发展态势良好，创新创业取得新进展、新成效。一是区域创新环境进一步优化。深入落实《京津冀协同发展规划纲要》，非首都功能疏解向纵深推进。严格执行市级禁限目录，严把产业准入关，从源头严

控不符合区域功能定位的产业聚集。根据北京市统计局测算反馈，截至2017年5月，海淀区常住人口366.6万，较去年底减少2.8万，减人规模居城六区首位。二是创新发展质量效益进一步提升。把创新放在工作全局的首要位置，核心区的内涵、外延和工作标准逐渐明晰，创新引领发展的新态势进一步显现。2017年上半年地区生产总值2359.8亿元，总量居全市首位，不变价同比增长7.4%，高于全市0.7个百分点，增速居城六区首位。三是内生发展动力进一步增强。聚焦供给侧结构性改革，提升政府服务的质量和效率，以政府自身改革带动全区改革工作扎实推进。取消行政许可事项31项。在全国率先试点企业登记全程电子化。中关村外国人服务大厅投入使用，20项服务外籍人才出入境政策率先在海淀落地实施。四是生态宜居环境进一步改善。聚焦全区基本实现无煤化工作目标，制定总体方案。大力拓展绿色空间，启动实施25项重点绿化工程，不断改善区域交通环境。推进地铁16号线、翠湖东路等48项轨道及市政道路建设，推进10项疏堵工程建设及双清路等8条道路大修。五是服务创业水平进一步提高。推动教育优质均衡发展，新增4040个中小学学位，健全以医联体为核心的分级诊疗服务体系，海淀成为首批国家级医养结合试点单位。推进"三网"融合发展，整体提升城市管理精细化水平，加大"平安海淀"建设力度，开展市区挂账社会治安重点地区综合整治，加强矛盾纠纷排查化解，全力维护了社会和谐稳定。

在看到成绩的同时，我们也要清醒地认识到，当前大众创新创业仍然面临一些困难和挑战。一是在优化创新功能，实现海淀更高质量的发展方面有差距；二是推动创业发展提质升级上有差距；三是在加大供给侧结构性改革力度、补短板、培育新发展能力方面有差距。四是在改善生态环境、提升城市治理能力方面有差距。特别是面对新情况新任务新要求，我们还有很多不了解、不适应、不到位，急需加快学习、加快改变、加快提高。针对这些问题，我们要进一步加强前瞻性研究，进一步强化对全国科技创新中心核心区内涵外延、标准要求的认识，不断提高推动创新创业的能力水平。现代社会的创业创新活动，越来越普遍地转化成为知识化信息化无形化的产品和产业，其中知识专利品牌商标、概念、设计方案等精神产品所占比例迅速增大，价值与附加价值越来越高，这就使创新与创业之间越来越没有明晰的界限，尤其表现在微观层面上，创新与创业往往紧密结合或融为一体，科技创新、文化创新、制度创新、管理创新只有转化为全民的创业活动，转化为新创企业和再创业企业数量的增多和企业实力的快速增长，转化为各个领域创业活动的普遍化、密集化、高级化，才能形成推动经济社会健康发展的现实力量；而企业只有不断支持和强化以科技创新为主的全面创新，才能获得越来越深厚的创业发展源泉。实践证明，初次创业成功的企业必然延伸发展为再创业和持续创业；创新达到一定的成功度，就转化成为一种创业，所以创新型企业，往往同时也是具有创业特征的企业；创业型企业，其素质必然是创新型企业，千千万万创新 + 创业型企业汇聚起来形成的合力，必然成为宏观经济向创新驱动型经济转变的基础推动力。

二、大众创业万众创新是实现经济发展方式由粗放到集约的战略途径

从国际上看，创新发展已经成为各国经济发展的必然趋势，美国、日本等国都在技术上走创新发展之路，世界经济进入新发展阶段。从国内看，我国经济发展进入新常态，速度换挡、结构优化、动力转换是其基本特征。目前，人口红利、出口拉动、大规模高强度的投入条件已经发生变化，土地资源形势趋紧，环境硬约束进一步强化，综合生产成本快速提高，靠大规模的要素驱动投资驱动的模式难以持续，经济发展的关键是调结构、提升发展质量和效益，经济工作方式须从主要注重铺摊子转向主要注重上台阶，上台阶的关键是迈上创新的台阶。

让创新成为大众的共同行动，以大众创新创业促进发展质量的根本提升。首先，创新创业是海淀经济保持中高速的新动力。改革开放以来，当前要使经济增长克服下行压力，必须改变经济开发的对象和方式，开发利用那些储存丰富且相对开发不足的非常规资源，其中最重要的就是全民创造力资源，包括开发每个社会成员和社会组织、每种社会关系和社会生活领域中蕴含的创造潜力，把这种潜力转变为以全民创造性劳动为主导的先进生产力、优越的发展方式和高端产业快速发展的态势。应该承认，每个人都具有创造性的天赋、特质和潜力，而那些敢于和善于创新创业的企业家所具有的整合性创造力能力，对国家和区域经济社会发展具有非常重要的战略意义。这种创造力能够通过整合不同要素和不同组织的功能，将各种创造性和非创造性要素能力，整合转变为超个体的群体创造行为，使人的创造力不仅以几何级数的速度增长和扩大，而且发生质的飞跃和提高，形成企业财富增殖过程。所以推动大众创新创业，开发企业家的创业创新潜力，就能形成吸引全社会创新要素向创业企业聚集的磁极，把社会各领域分散分布的创新要素聚合为成千上万新创企业的集成创新，使大众创业万众创新最终转变为物质财富。大众创业万众创新是供给侧结构性改革的新动力。其次，从扩大消费看，创新创业有利于构建以市场需求为导向的创业生态随着消费结构的升级，创业者将以个性化绿色化多样化的高品质产品和服务满足消费者的需求，将充分激发和释放新的消费潜力，形成新的需求。比如，随着互联网的应用和普及，创业者可以通过大数据对消费者需求进行细分化个性化精准化动态化分析，可以精细掌握其需求行为，创新创业是产业迈向中高端的新路径，创新创业能在新兴产业及传统产业与新兴产业跨界融合的领域催生出新的产业形态，培育新的经济增长点，推动产业结构迈向中高端随着

互联网的发展，开放的社交网络使用户直接参与到生产环节，从产品设计加工制造到产品改进等环节，能够与创业者充分交流，使创业者充分吸收消费者的产品创意，满足其个性需求，按需生产正在变为现实而众筹众包众创等融资模式和生产方式，将打破原有封闭的产业资源组织方式，使全社会的产业资源智力资源更加自由充分的流动，不断催生出新的产业形态，推动产业迈向中高端。再次，推进供给侧结构性改革，是当前我国经济发展面临的重大任务。供给侧结构性改革主要是从要素端生产端改革入手，通过对结构的调整和优化，促进要素资源的合理配置，激发生产要素活力，提高全要素生产率，提升经济增长的质量和效益核心是通过推进要素端改革和生产端改革，创造出能够适应和激发消费者需求的产品与服务，创造新的需求，开拓新的市场鼓励创业创新本身是供给侧结构性改革的重要内容，通过创造环境，让广大的市场主体应用新技术、开发新产品、形成新模式、打造新业态、创造新需求、培育新市场，为经济发展注入新的动力和活力。

三、大众创业万众创新是动员激励群众推动改革形成合力的有力抓手

创业创新是亿万群众参与的伟大实践，在这一过程中必然会面对各种阻力，特别是体制机制的障碍藩篱，由此创业创新者也就成了改革的响应者推动者，进而还会让更多人成为改革的受益者，而这对于发动广大人民群众齐心协力推进改革，使改革获得不竭的力量源泉，显然具有重大意义。如当年实行联产承包制，极大调动了亿万农民的积极性和创造性，不仅创造出粮食生产的奇迹，而且迅速改变了我国的经济结构，加速了传统农业大国向现代化工业国家转变的进程，尤其是乡镇企业的异军突起，农村剩余劳动力的大量转移，极大推动了我国城镇化进程，使农村社会事业、社会风气和人的精神面貌都发生了翻天覆地的变化，如今大众创业万众创新热潮所孕育的奇迹已露端倪，只要进一步完善体制机制，放手让一切劳动、知识技术管理资本的活力竞相迸发，让一切创造社会财富的源泉充分涌流，定能开辟经济增长新天地，形成奋发进取的时代新风尚和经济社会繁荣发展新气象。

四、大众创业万众创新是推动社会进步的重要途径

大众创新创业有利于促进社会纵向流动，当前社会阶层固化，底层向中间阶层以及更上阶层的纵向流动动力不足，渠道变窄，成本提高，难度加大，特别是年轻人的发展仍面临许多体制性障碍。推进创新创业就是要消除各种体制机制障碍，让社会资源更加自由流动，社会财富更加自由分配，让每个有创业愿望的人都有自主创业的空间，让每个有梦想的人都有出彩的机会，特别是让年轻人和贫困家庭的孩子有更多上升空间，这不仅有利于社会的纵向流动，促

进社会公平正义，同时也有利于人的自我价值的实现，从而推动社会的发展与进步。社会进步需要科技引领，大众创业，万众创新是促进科技成果转化的重要突破口。近年来，我国科技投入不断加大，科研条件不断改善，创新能力不断增强，创新成果不断增加。资料显示，2016 年，我国研发经费达3000 多亿美元，研发人员达 400 多万人，发明专利申请量增长超过 10%，但是许多成果仍然沉淀在高校科研院所内，没有转化为实际的生产力。只有创业，才能将创新成果商业化或社会化，没有参与创业的创新只能停留在发明技术专利学术论文或理念阶段，创新就成为空谈。加快推进大众创业万众创新，在创业中创新，在创新中创业，有利于把科技创新的源头活水引入经济主战场，增强经济发展的动能。总之，创新的本质是全面推进改革，重新理顺市场和政府的关系，重塑个人价值和社会责任，再造资本与实体经济新格局。大众创业、万众创新不再是一句简单的口号，也不是要在社会上刮一阵风，而是要通过改革形成一系列制度供给，充分发挥市场在资源配置中的决定性作用，释放出新一轮改革红利，使创新创业从小众走向大众，从精英走向草根，使“双创”理念深入民心，成为经济发展的新引擎，成为推动社会发展进步的新动力。

第二节　科学把握创新创业的发展方向

一、指导思想

坚持以邓小平理论、“三个代表”重要思想和科学发展观为指导，全面贯彻党的十八大和十九大会议及中央经济工作会议精神，深入学习贯彻习近平总书记系列重要讲话精神，统筹推进“五位一体”总体布局，协调推进“四个全面”战略布局，自觉践行“五大发展理念”，落实国务院及市委市政府关于中关村核心区发展的一系列战略决策和要求，以建设世界一流科技园区为目标，走中关村特色自主创新之路，以推进全区“十三五”发展规划为切入点，加速产业结构优化升级，增强大众创新创业能力；以提高发展质量和效益为中心，以项目带动、创新驱动、产城联动、民生拉动、生态互动为着力点，抓住用好战略机遇，全力打好“出精品、出成果、出思路”攻坚战，再塑发展优势、再创特色品牌，奋力推进大众创新万众创业新局面，把海淀区建设成为“创新示范、强大引擎、服务平台、前沿阵地”四位一体的国家创新中心核心区，通过做优做强创业经济，带动海淀区及北京市经济社会又好又快发展。

在建设全国科技创新中心区核心区战略的指引下，要以中关村科技园区成立 30 周年为契机，贯彻落实“两个中心，两条主线，三大抓手”的战略思路，强化大众创新创业，围绕发展的重点方面制定“创新突破计划”，引领发展各项部署有序展开，尽快实现科技创新中心区核心区建设的战略目标。具体来说：

两个中心：建设首都城市中心区、全科技创新中心区核心区。

两条主线：一是坚定不移地推进中关村核心区特色自主创新体系建设，二是坚持不懈地探索和构建大众创新创业的工作机制。

四大抓手：一是围绕京津冀协同发展，进一步推进区域结构调整，把创新创业与协同发展融合起来，相互促进；二是深入推进与“创新创业”密切相关的新综合配套改革，加速向创新型经济转型；三是加快创新成果专业化产业集群建设，以产业集群为核心构筑区域创新网络；四是进一步优化创新创业环境，营造优良的创新创业氛围，使创新创业成为推动经济社会发展的源动力。

“大众创新提升计划”：树立以创新创业引领发展的理念，按照体系化创新的要求部署发展，在创业产业高端化发展、创业孵化体系建设、产学研协同创新、金融服务创新、国际化进程及政府管理服务创新等方面制定创新创业及服务计划，率先取得突破，引领创新创业各项工作部署的展开。

二、工作方针

推进海淀大众创新创业的工作方针是，树立创新创业理念、凝聚创新力量、完善创新机制、强化大众创新、引领产业发展。

树立创新创业理念。思想是行动的先导，着眼创新发展的需要强化创新知识的普及与学习，从认识源头深化对创新创业内涵的全面理解，自觉用创新的标准指导创业实践。

凝聚创新力量。充分挖掘海淀区域内各种创新资源，加强对区内创新资源的整合利用、及对区外创新资源的聚合吸引，提升吸引、集成、利用全球创新资源的能力，奠定创新创业者参与更大范围竞争的坚实基础。

完善创新体系。加强体制机制创新，充分释放企业、大学及科研机构创新能量，加强政产学研等各类创新主体间的合作，构建各类创新主体高度契合，创新要素资源能够高效流转，创新产出丰硕的区域特色大众创新体系。

强化大众创新。强化政府服务及政策引导，整合与集成各类创新资源，全面推进技术创新、知识创新、制度创新和服务创新，结合重点创新产业及重点领域的竞争需求，有侧重、有方向的加强对原始创新、集成创新及引进消化吸收再创新的引导和支持，增强大众创新能力。

引领产业发展。瞄准国际产业竞争的前沿和高端环节，集成创新资源，取得一大批关键技术突破，在产业链的高端环节及高端产业的重点领域形成创新竞争优势；加强创新成果产业化及辐射输出能力，强化海淀国家创新型城区龙头和创新成果辐射源泉地位，以高端创新引领创业者参与国际竞争，引领海淀区、北京市及国内其他区域创新创业发展。

三、发展目标

推进创新创业就是要提升发展的生产力竞争力，就是要保证创新发展的规模，做到质量和规模的统一，实际上是让创新成为全社会的共识，把创新要求体现到调结构、协同发展的全过程。

到2025年，海淀创新创业的总体目标是，深入贯彻国家创新发展战略，立足“园区创新、示范引领、技术转移、服务平台、前沿阵地”的基本定位，加快特色众创体系建设，组建一批前沿领域的大众创新产业技术联盟，制定一批众创体系的国内和国际标准，取得一批大众创新技术突破，推出一批大众创业品牌，培育一批具有国际视野的大众创新创业骨干，形成一批具有国际竞争力的众创企业，把海淀建设成为大众创新创业意识活跃、创新创业要素完备、创新创业能力强劲、创新创业环境优越的创新型城区，成为我国大众创新创业的核心引领区，成为全球重要的大众创新研发中心和领先科技成果的发源地，建成具有全球影响力的科技创新中心和首都城市中心区。

（一）具体发展目标

大众创业规模再上新台阶。通过大众创新创业，保持经济高速增长态势，提升总体经济实力。城区总收入年均增长18%以上；到2025年大众创新型企业30万家，千万元以上大众创新企业突破20万家，过亿元的企业突破3.5万家。

大众创业产业实现新提升。加快新兴、高附加值大众创业产业发展，加速产业结构的集约化转型，高增值、高技术含量的产业在创业中的比重持续上升。到2025年，大众创新文化创意产业总收入占全部收入的比重达到60%；信息服务业所占比重达到50%；生物医药产业保持年均15%以上的增速，新材料、新能源和环保产业保持年均25%以上的增速。

大众创新能力取得新突破。激发大众创新活力，加强体制机制创新，鼓励企业加大研发创新投入，进一步增强群体创新能力。到2025年研究与开发支出占总收入的比重超过13%；形成250个左右影响力较强的大众创新产业联盟，取得50～200项关键技术突破，形成10项以上具有国际领先水平的国际标准，形成10个以上有国际影响力的创新品牌。

创新环境实现新跨越。在金融体系建设、政府管理服务转型、产学研协同创新、创新型人才聚集等方面取得突破，数字化建设取得重大进展，电子政务水平明显提升，为企业服务的能力进一步增强，创新创业环境进一步完善；中关村核心区特色的大众创新体系较为成熟，整体步入集群创新阶段，创新要素高度聚集，创新创业异常活跃，成为我国大众创新的典范，成为全球重要的研发中心和领先科技成果的发源地。

（二）愿景描述

海淀特色大众创新创业体系高度完善，进入优势创新阶段，高端人才荟萃、创新创业成为常态、产业集群发达、新兴业态兴旺，大众创新能力强劲；政产学研各类创新主体高度契合，区域创新战略生态系统逐步形成，区域内外创新要素资源可以在创新网络内自由流动，实现高效配置和创新产出。

主导产业大众创新能力进入世界前列，拥有前沿领域的一大批知识产权和标准，在全球高技术产业领域有一定的发言权；国际化程度明显提升，创新品牌在国际上产生较大影响；拥有一批世界一流的科技企业，拥有一批世界一流的创新成果，拥有一批具有国际影响的知名品牌，成为机制、环境、要素、绩效明显领先的全球科技创新中心和全国科技创新中心区核心区。

第三节　推动大众创新创业的具体措施

一、社会驱动

双创大潮之所以风起云涌，是因为有两个重要支点：一是财富效应，二是价值实现。然而，创新创业本身有巨大风险，大浪淘沙，真正的创业成功者是少数。因此，要在全社会倡导一种鼓励创新、宽容失败的浓厚文化氛围，使一切有利于社会进步的创业创新愿望得到鼓励，行动得到支持，成果得到尊重，树立实业致富、创新创业致富的价值导向，摒弃投机炒作之风，引导全社会支持创业创新工作，引导各类劳动者转变观念，努力将新想法新创意转化为创业活动，使创新创业逐渐成为新的就业方式、新的风尚和价值导向，同时加大宣传力度，通过举办创新创业大赛、创新挑战赛、创业导师行等公益活动，重点推介一批创业创新的成功例子和先进人物，发挥榜样的示范激励和带动作用，激发出全民创新创业热情，营造人人支持创业、人人推动创新的浓厚文化氛围。

二、教育驱动

人才是创新的根本，没有创新的人才，就不可能有创业的成功。而教育又是人才培养的关键，没有创新的教育，不可能有创新的人才，要以教育的创新，提供创新的教育；以创新的教育，培养创新的人才；以创新的人才，产生创新的成果。所以，创新的根本是教育的创新。仅就高等教育来讲，为适应和促进大众创业万众创新，要将创新创业教育作为高等教育改革的突破口：一是创新人才培养机制。高校教育要把培养创新创业人才作为新的理念，人才培养要体现时代特征反映人才成长规律。具有院校专业特色，通过高校与高校之间的交流，高校与科研院所企业的协同，促进学科专业的融合、优质资源的开放、共享创新创业要素的整合，使人才培养更有针对性和质量。二是拓展实践教学平台建设实验教学示范中心。校外人才培养基地、校内创新实践基地，推动各类实践教学资源开放共享，不断完善实践教学支撑体系，增强学生的实践能力。三是加大创新创业投入。高校要建立分阶段多层次的支持体系，设立大学生创业专项资金，支持创业团队及创业实践项目，支持示范性创业中心建设，为大学生创业提供更多的支持与指导，着力打造高校大学生创业园孵化体系，为学生创业提供咨询辅导培训交流等服务。

三、政策驱动

首先，要加强政策引导农业部门。要把支持创业与培育新型职业农民相结合，通过创业培训产业扶持跟踪服务等方式，引导和支持农民创业，财政部门要通过贷款贴息补贴等方式，加大对创业创新载体的支持力度。如广东省拟在2015 年至 2018 年安排 25 亿元用于创业补贴项目支出；天津市设立专项资金，对认定的众创空间给予 100 万元至 500 万元的资金支持。创新创业将引导社会资本投向新领域新技术新产品，不断创新投融资方式，拓展新的投资空间。其次，要积极搭建平台。搭建开放式公共服务平台，政府可以以购买或奖励补助等方式，为创业者提供办公场地、宽带网络、创业导师、投资路演、研发设备等服务和设施，针对众包模式的发展面临的信任机制问题，政府既要支持大企业建立开放创新平台，为创业者提供诚信有保障的创新协作网络，还要积极探索通过 PPP 等模式建立高水平的创新众包平台，全面提高创新创业公共服务水平。一是互联网平台。信息化网络化是当今时代的突出特点，互联网已经成为人们生产和生活不可缺少的重要组成部分，互联网创新成果和经济社会各个领域深度融合，使互联网成为创新的基础平台，要制定国家互联网 + 发展战略，促进互联网与各产业的融合发展，实现互联网与传统行业的充分对接，开放公共数据，并将政府公共信息和数据率先向全社会开放，确保社会公众及时获取和使用公共信息，推动全社会对互联网平台的广泛应用，逐步建立数据安全保护体系，确保数据的有效使用和相关方权益。二是融资平台。建立中小企业发展基金和新兴产业创业投资引导基金，理顺基金的激励约束机制，使基金投资业绩更为公开透明；做好创客与天使投资的对接，推进创意成果资本化、产业化；进一步规范互联网金融的发展，积极探索网络金融服务小微企业的新模式，切实解决创业创新中融资难融资贵的问题。三是载体平台。充分利用现有园区平台，打造特色产业园，着力抓好高新区、经济园区、工业集中区、专业园区等各类园区平台建设，再造园区创新创业生态环境，在城市要着力鼓励科研成果向产业链条的高端转化，在农村要着重打造从低端到高端梯次发展的创业链条，因地制宜地选择合适区域，形成各具特色的创业街，开展众创空间示范工程，形成以点带面的效果。

四、体制驱动

一是要进一步深化行政体制改革。深化行政体制改革的核心是转变政府职能，把“简政放权、放管结合”作为重头戏，不断改善和健全政府服务，进一步拓宽投资空间，为资金向全民创业创新聚集创造良好的环境，让人们对投资创业创新有兴趣有信心，从而增强吸引力。长期以来，政府对微观经济运行干预过多、管得过死，重审批轻监管，不仅抑制经济发展活力，而且行政成本高，容易滋生腐败。近年来，国家取消或下放了大量的行政审批事项，但一些该放的权力还没有放，手伸得还是有些长，而且已出台的简政放权措施尚未完全落实到位，中梗阻现象大量存在，“最后一公里”还没有完全打通。因此，进一步深化体制机制改革，切实拆除旋转门玻璃门，给企业松绑，让位于市场，并自上而下真正落实到位，扫清创新创业中的一切障碍，通过政府在行政权力上做减法，在提供公共服务上做加法，营造公开透明、公平开放包容的创新创业生态环境，必将最大限度地释放人民群众的创造潜力，带来市场活力、充分释放的乘数效应。

二是要完善知识产权制度。充分保护创新成果、完善知识产权制度是激励大众开展创业创新活动的重要保障。要研究制订相应保护措施，探索建立诉前保护制度，完善知识产权快速维权与维权援助机制。加强知识产权综合行政执法，明确商业秘密和侵权行为界定，调整损害赔偿标准，探索实施惩罚性赔偿制度，加大对反复侵权、恶意侵权等行为的处罚力度，将恶意侵权纳入社会信用体系，建立知识产权第三方评估体系，为专利转让、知识产权质押等创造公平环境。

三是要制定负面清单和责任清单。清单本质上是厘清政府与市场的边界，充分发挥市场的决定作用，更好地发挥政府的作用，来激发全社会创新创业活力。目前在负面清单和责任清单方面，尽管有了“法无禁止即可为”的提法，但这种提法仍然笼统模糊，对于广大创业者来说，他们并不清楚哪些创业机会是法律禁止或允许的，哪些权利是可以维护的，遇到问题找谁解决。因此，要尽快制订明确的负面清单和责任清单，通过负面清单让创业者明白哪些是创业的雷区，哪些是可以把握的机会，通过责任清单明确政府部门哪些是份内事，尽可能减少踢皮球，各司其职，让责任体系对权力行使形成约束力。要通过科技要素集聚带动生产要素集聚，让技术持有者或中小企业低成本进入高新园区，实现平台集聚企业、集聚产业、集群品牌和集聚文化的发展新路径。要探索产前孵化、虚拟孵化、异地孵化、网络孵化等服务新业态新模式，通过创业孵化带动产业集聚，完善知识技术与产品产业服务链，形成创业孵化加速集群的内生增长模式。

四是深化财政税收金融体制改革，优化大众创业万众创新的外部环境。全民创业创新需要与财税政策调节相结合配套制度。与虚拟经济相比，创业创新往往投入大风险较高、成本较高、利润空间有限，更需要得到政府的重视和支持。因此，要充分利用财政税收等调节手段，确保创业创新的市场主体能感受到美好的市场前景。同时，要调整创业创新行业与投机性资本运作性行业的回报率，抑制某些领域利润非理性暴涨的状况。全民创业创新需要与激发各类社会金融主体的活力相结合，随着全民创业创新热潮的掀起，对金融的需求势必更加多元化，这就要求金融政策不断增强服务，创业创新的针对性和有效性要通过深化金融机构改革，鼓励、引导社会资本进入全民创业创新领域，实现全民创业创新与民间资本的良性互动。最后，全民创业创新需要与产业政策、产业结构调整相配合，要加大对创新能力强、技术水平高、发展前景好的高端制造业和战略性新兴产业，以及小微企业和三农企业创新活动的财税金融支持力度，要立足产业结构转型升级，大力发展战略性新兴产业，加快传统产业的技术改造，为全民创新创业适时提供科学的产业指导。

五、空间驱动

加大对众创空间的引导和支持力度。坚持政府引导、市场主导。众创空间的本质就是多方向的试错，不是政府领导决定的，而是创业者做出来的。保持众创空间建设的多样性，鼓励不同主体开办不同形式的众创空间。充分利用好现有平台资源，防止一哄而上，大兴土木，造成不必要的浪费。传统孵化器不要热衷于改名称，走形式主义，要鼓励有条件的传统孵化器，按照市场化机制搞好创新创业公共服务，转型升级为各具特色的众创空间载体。结合海淀产业发展需求，在互联网应用、工业设计、生物医药、智能制造等领域，构建影响力的众创空间示范基地，形成对一定范围众创空间建设的示范和带动效应。鼓励创新资源的开放共享，克服创新创业服务机构小散、信息不对称、单兵作战问题，组建众创空间联盟，围绕创新链和创新过程，提供增值服务，制定相关行业标准，加强行业监管和自律。政府要最大限度地激励高校、院所开放科研仪器设备和科技服务，建立大型仪器设备开放共享目录，对纳入目录的仪器设备开放共享进行后补助，充分利用现有的公共服务平台，整合资源，完善功能，搭建互联互通、资源共享的全方位的创业公共服务体系，为创业者提供政策咨询、创业辅导、项目推介、中试孵化、成果交易、认证检测、融资服务、补贴发放、专利保护等一站式创业服务。完善支持众创空间的支持政策。推动众创空间各项创新活动的有效开展，鼓励地方政府对众创空间等新型孵化机构的房租、宽带接入费用和用于创业服务的公共软件、开发工具给予适当补贴，鼓励众创空间为创业者提供免费的互联网接入，落实大规模走出去政策，支持创业者在世界各地创办企业，立足国际化经营，建设更多的跨国企业和世界一流的跨国公司。

创新无止境，创业无国界，要以创立知名品牌、掌握行业核心技术、造就世界级领军人才为主要目标，按照扩大产品市场服务、市场资本、市场的挺进序列，实施再创业和持续创业的经营战略，推动已经走出国门的企业，在品牌赢利能力和企业并购等方面不断取得新进展。要适应再创业和持续创业的需要，推动实力较强的国有控股企业将体制改革、机制创新与国际创业紧密结合，实施创新创业型发展战略，向大型高素质跨国公司发展。要针对在一些国家遇到的歧视性待遇、政治风险较高以及企业国际经营管理经验不足、跨文化整合能力较弱、社会责任意识相对薄弱、国际化人才缺乏等挑战和困难，强化国际创业的教育和培训，建立健全国际创业经营的支持体系，通过一系列创造性的体制机制、政策、战略管理等举措，尽快将国际经营中的弱项转变为强项，将强项转变为更大更全面的竞争优势，通过国际化的创新创业活动，为企业自身的更大发展开拓国际新领域。

第四节　拓展大众创新创业路径建议

一、进一步完善推进大众创新创业政策

建立和完善推进大众创新创业政策体制，需要从实际出发，在积极借鉴发达国家成功经验的同时，坚持地区特色。修订法规或制定条例，健全法律法规制度环境。通过法治实现各部门推进大众创新创业政策的高度统一，打破目前不同部门和区域自成体系局面。组建创新创业联盟，整合创新能力和科技资源。形成产、学、研、官、商及金融大联合，以推动公益性和共性技术，加强技术的集成和配套，推动区域与行业创新联盟的协调发展。设立创新创业促进资金，整合促进科技成果产业化的各种计划资源。按照公共财政的要求和科技成果产业化的需求，支持建立有利于创业的产学研联合机制和产学研联合开发项目，支持创新创业联盟和平台的建设，促进政府财政支持的重大创业项目的产业化。完善创业效率评价机制，跟踪创业绩效和措施。为制定和调整有关推进大众创新创业政策提供依据，有利于检验政府各部门合作水平，有利于改善创业计划和项目管理，全面提高创新创业水平。

（一）加快推进大众创新创业政策改革

在国家层面已经形成的支持创新创业的法律政策基础上，根据本地实际，适应本地创新服务管理工作的客观需要，有针对性地颁布、实施海淀区的相关政策、法规、措施。海淀相关创新创业政策、法规、措施不仅是我国科技法制

体系的重要组成部分，也是科技法制建设不可或缺的重要环节。区域政策、法规、措施的功能主要体现在国家支持创新创业相关政策、法规、措施还不成熟的情况下，由地方在条件成熟时率先制定地方性法规，可以为国家创新创业相关政策、法规、措施起到先行引导和示范作用，也可以满足地方的实际需要。同时为国家相关政策、法规、措施提供可借鉴的经验。国家制定的支持创新创业法律中，某些规定可能过于原则化或者不适应海淀的特殊情况，需要通过制定地方性法规来进一步细化并予以补充和完善，使之更具操作性和适应性．这也是为配合国家法律的实施而采取的必要措施。创新创业政策体系的完善通常涉及到多个层级、多个部门，仅凭一家之力难以推动和落实，必须依靠上级支持、同级配合、自身发力才能够使政策体系得以不断完善和改进。海淀区推进大众创业创新政策要尝试建立包含中央、北京市和大学科研院所在内的跨层级联动机制，以及各相关部门在内的跨部门协调机制，统筹资源，形成合力，提升政策改革效率。始终坚持高位推动，加强党的领导并将其列为政府的重点工作，在有条件战略性新兴企业、科研院所和高校建立支持创新创业机构．保障人员和经费，遵循市场规律和科技规律，组织实施创新项目。遴选构建创业创新高端智库，为政策改革提供建议。

创业创新者千差万别，不同主体政策需求不相同，对于政策制定者来说，既需要制定雨露均沾的普惠政策，更需要制定因需施策的滴灌政策；不仅需要解决燃眉之急的权宜之计，更需要涵盖全局的顶层设计。鼓励在海淀区的高校和科研院所等设立创业创新政策研究中心，支持企业协会、个人设立民间智库，选出一批叫得响、用得上的创业创新高端智库，为大众创业创新提供一批可运用能推广的智力成果。全面开展创业创新政策第三方评估。充分发挥各类智库独立客观公正的第三方评估优势，鼓励引导各类政策咨询研究机构积极参与第三方评估，培育一批有重要影响的专业评估机构，在创业创新政策领域试点全面推进第三方评估，创业创新政策在海淀的执行情况以及海淀区和各部门出台的创业创新政策落实情况进行事中评估和事后评估。政府应根据产业和区域发展需要，建立提供公益性服务的公共政策服务平台，提升创新创业服务业水平。建立规范有序的创业供给与需求政策数据库，建立海淀特色创新政策评价指标体系，并将其纳入考核体系之中。

（二）建立创新创业政策措施管理机构

推进创新创业政策管理体系建设是推进大众创新创业有效开展的重要保障。政策管理包括政策研究、制定、实施、修改等相关任务和与之相应的职能中心，可以借鉴国内外经验，设立创新创业政策协调管理中心，进一步提升推进大众创新创业管理质量。一是注重推进大众创新创业中心的人员队伍建设。创新创业政策管理是一个十分复杂的事务，它在专业知识和技能的需求上具有明显的跨学科性，不但要有较高的专业知识和技能、较强的组织管理能力，更要有良好的交际和谈判能力。因此，在人员组成上应该充分考虑复合型人才的选拔，形成复合专业管理团队，既要有企业家、工程师的参与，也要配备具有影响力高等教育领域的学者和专家作为顾问和成员。二是规范创新创业政策管理中心的工作流程。西方国家创新的管理经验告诉我们，成功的知识产权管理需要具备对复杂的知识产权、技术许可、合同法、企业现状的深度了解以及对市场新趋势的预测能力等相关知识。海淀区推进大众创新创业管理活动是十分复杂的，涉及到创新活动的各个方面，作为创新创业管理的一部分，政策管理中心必须加强创新成果数据库支持系统建设，熟悉大学科研院所整体政策环境，准确认识和有效解决创新创业活动各种利益冲突。政策管理机构在具体实施政府政策的同时，负责制定和实施相关规定，为创新者和各创业主体提供政策指导和咨询。海淀区推进大众创新创业的政策体系应成为科研、产业、政府和研究者之间的“创新集成者”，把创新创业过程中的各种不同元素整合在一起。实践证明，法律政策支持和政府推动是促进创新创业的关键。在实施创新驱动发展战略、加快建设创新型国家的新形势下，必须加强创新创业法律政策的权威性、连续性及协同性，在总结经验的基础上，加快制定统一政策，将其作为调整创新创业政策的重要依据，对创新创业的财政、税收、产业、金融、政府采购法规政策、成果界定、权利关系、利益分配、组织机构、公共服务、法律责任及争议救济等方面作出全面系统的规定。三是强化政策服务大众的实效性。推进大众创新创业体系实质上是一个由政府、产业和大学科研院所之间相互作用、相互协调的合作体系，需要有专门机构负责协调三者及其成员之间的关系。

改革开放以来，海淀以生产力促进中心、科技企业孵化器、科技咨询与评估机构、技术交易机构、创业投资服务机构为代表的科技中介机构迅速发展，在大众创新创业方面发挥了日益重要的作用。但从总体上看，海淀创新创业服务能力不足，与作为科技创新中心区核心区的要求还有差距，难以满足创新型城市建设的服务需求。虽然机构繁多，但多数机构由原来的各相关科技管理部门分离和衍生产生，缺乏合作和资源共享，造成极大的浪费；致力于服务大众创业的为数较少，且没有形成良好的品牌机构。要从根本上促进大众创新创业，提高核心竞争力，有必要成立专门的机构来协调企业和大学科研院所、政府与大学科研院所之间的关系，以此促进大众创新创业的需求并调整政策。

（三）完善技术转移保障政策

适应技术转移复杂性要求，政策的制定和执行要充分体现民主性。欧美国家在海淀区推进大众创新创业政策制定方面，有一系列的法律程序来保障其广泛的民主性。推进大众创新创业政策作为一项涉及面广的公共政策，其制定和执行要充分表达和满足公众的需要和利益，赋予利益主体表达自己需要和利益的权利、参与和监督决策活动和结果的权利，以此确保其民主性、科学性和有效性。因此，公共政策制定的民主性主要应体现在高校和海淀区推进大众创新创业中利益主体参与政策决策的过程。这种参与可以是直接的也可以是间接的。美国多项推进大众创新创业政策如《贝多法案》的制定过程，通过不同利益主体在国会多次对议案的讨论、听证，各利益相关者相互纷争和讨价还价，以“公共利益最大化”为政策形成的最终价值追求，这集中体现了美国推进大众创新创业政策制定和价值选择的民主性。由于海淀区推进大众创新创业活动牵涉到研究机构、产业界及其相关人员、政府及其相关人员等各利益主体的根本利益，他们之间由于自身文化和追求目标的差异，不可避免出现不同利益之争甚至冲突。为确保政策的民主性，政府理应成为国民公众利益的代言人，负责协调和平衡不同利益需求，根据现实国际国内政治经济环境，从国家公共利益的根本需求为出发点，确定高校推进大众创新创业政策价值取向。这一过程需要建立民主参与的决策制定，这一点也是我们民主政治制度的集中体现。技术转移保障要贯彻执行国家已经出台的法律法规和北京地区技术市场条例，使技术市场尽快走上法制化建设轨道，制定长期稳定的技术市场税收优惠政策，激励技术市场尽快发展，制定相关的平台管理制度。首先，完善市场环境政策，建立完善的知识产权保护制度。技术转移包括一系列技术研发、提供者与技术需求者之间开展的正式和非正式合作。技术转移的过程不是一个单纯的技术过程，而是一个涉及经济、政治、科学、文化等因素的复杂的社会过程。政策的形成需要科技、工商管理、税收、外贸、技术监督等部门共同实现。政府应努力完善市场制度，遵循市场经济规律，保护好技术的知识产权，建立良好的商业环境。完善技术转移地方法律法规体系，可以使技术转移规范化，有利于加强引进技术的吸引力，提高技术转移的效率。其次，在促进技术转移方面，政府最大的作用在于制定有利于发展的政策。目前，我国在促进技术转移方面的政策空白点很多，包括知识产权的归属，知识产权的分配，税收、金融等方面的政策都亟待制定。第三，提供专业服务。摸清区域创新资源底数，找准企业创新需求，以新型产业技术研究院为纽带，以网络化信息化综合服务平台为支撑，构建体系化、常态化的创新供求对接服务体系。支持各类新型孵化器系统梳理在孵项目和团队资源，构建全链条的创业服务体系，加速孕育原创思想、技术和商业模式。技术转移平台要深化服务能力和完善服务功能，实现为企业提供技术、人力资源、信息、管理等综合服务，并受企业委托，对科技成果的技术水平进行评估和对产业化前景进行评价。技术转移平台可以凭借信息资源和人才资源的优势，成立或指定有关部门对技术商品转化的成熟程度进行等级评价，并进行技术经济分析及市场前景评估，为企业判断提供依据。政府应制定出相关法规来鼓励和规范技术服务机构的发展，为技术交易提供全面服务。除了法律、科技成果的评估和对产业化前景进行评价的功能以外，包括交通通讯、金融、科技文化各种服务在内的技术市场基础设施也需要完善。技术转移平台需要在法律、法规、政策建设和科技成果评估、评价体系方面继续完善，形成技术成果在高校、企业和社会间转移的通畅信息平台。第四，建立政、产、学、研联席办公机制。统筹区域内的大学和科研院所建立技术转移办公室等专门从事知识产权管理和技术转移的机构。区政府可以成立技术转移办公室进行统筹协调。从技术输出层面解决技术转移效率低下的问题。破除制约科技成果转移扩散的障碍，提升创新体系整体效能。海淀可以与其他产业园区合作组织高新技术产业有序转移，为更高的技术实现技术转移腾出空间。但由于现有的税收体系和考核机制制约了海淀组织高新技术产业有序转移的积极性，建议可以由海淀对现有的税收体系进行大胆突破，建立一个合理的高新技术产业有序转移的税收补偿机制。

二、完善有利于大众创业万众创新的激励机制

当前我国经济已从高速增长进入到中高速增长的新常态，需要倒逼政府通过扶持小微企业创业创新进一步释放市场活力，增强经济转型发展的内生动力。由此，要通过体制创新，让每个有创业愿望的人都拥有自主创业的空间，让创新创造的血液在全社会自由流动，让自主发展的精神在全体人民中蔚然成风。

一是简政放权要落实到位。激发全民创业创新活力必须把政府与市场这个关系处理好，强调三个清单，即权力清单、负面清单和责任清单，分别从规范政府行政权力，明确企业经营界限、理清政府基本责任等方面进行明确。通过体制机制创新，加强政府在事中事后的监管能力，当好市场秩序的裁判员和改革创新的守护神，为全民创业创新保驾护航。取消和下放与促进创业密切相关的审批事项，降低市场准入门槛，简化行政审批手续，推进投资创业便利化，营造有利于创业的良好环境；加强事中事后监管，依法惩治违法行为，保护知识产权，建立诚信经营、公平竞争的市场环境，激发企业动力，鼓励创新创造。实施创业创新政策分级分类工程。探索制定创业创新政策分类地方标准，编制动态创业创新政策清单，并及时向社会公布，为政策受众提供路径清晰方便查找的政策地图。

二是探索设立创业创新券进行激励。设立创业创新券是发挥市场主体作用，充分调动社会资源为创业创新者提供精准创业创新服务的有效方式，创业创新者在创业创新过程中由于自身能力限制需要获取外界支持的一切服务项目均可纳入创业创新券使用范围，包括创业咨询、项目计划书、创业计划书可行性分析、市场调研、项目策划、创业测评、信息服务、开业筹办、初创经营初创管理、检验检测、软件开发、研发设计、科学仪器设施共享等。明确创业创新券使用主体。研究确定创业创新券申领标准，所有海淀区范围内具备申领条件无不良信用记录的创业创新者均可申领一定额度的创业创新券，研究确定创业创

新服务主体资格，所有符合条件无不良信用记录的服务机构和个人均可成为服务主体。明确创业创新券兑现方式。创业创新券可以兑换财政补助，可以用于购买创业创新服务，可以在履行相关手续后流通转让。运用互联网、大数据等现代信息技术手段简化创业创新券申领流程，扩大创业创新券覆盖面，由专门部门和人员管理监督创业创新券的运营和使用，由第三方评估机构对运营绩效进行监控和评估，杜绝红顶中介等机构和个人从中谋取私利益。

三是以政府采购支持创业创新发展。海淀区已经实施了政府采购促进中小企业发展的办法，下一步应进一步加大政府采购支持力度。增加创业创新政府采购项目，推进政府购买第三方服务加大创新产品和服务的采购力度，将好的创业创新项目和产品纳入政府采购目录，进行广泛推广。增加创业创新者政府采购比例，政府部门采购预算安排一定比例面向小微企业，鼓励联合体招标允许大企业对政府采购项目进行分包，对于小微企业注册资本，资产总经营业绩等投标资质或评估标准加分因素适当放宽，在生产经营许可、从业任职资格、行业资质等方面适当放松，相关部门应鼓励和协助小微企业获取相关资质，设立面向小微企业的评标加分项目，鼓励银行以中标通知书和政府采购合同作为抵押凭据，直接发放贷款，减轻小微企业融资成本，适当降低小微企业投标保证金和履约保证金。政府及相关机构要充分运用各种信息平台加大采购信息宣传，鼓励行业协会和中介组织在创业方面如降低准入门槛、贷款贴息免于办理工商登记、提供降低房租水电费减免补贴等一系列政策，支持高校大学生等群体开展创业，在创新方面出台技术中心奖励、新产品奖励、高新企业奖励、科技成果转换奖励、研究中心奖励等政策，鼓励创新打造各类新型创业空间，探索线上线下孵化模式，强化孵化器功能建设，营造创新创业氛围的同时，通过建设多个基地平台机构提供优质高效的公共服务，继续完善小微企业创业创新基地示范行动。

四是支持保险公司拓展责任保险服务创新创业。创业具有高风险的行业特征，为降低创新创业行为及其相关活动风险，减少损失，让更多的资金、更多的人才在发展创新创业中充分发挥作用，应该大力推广科技保险和信用保险服务。科技保险可以对科技企业或研发机构在研发、生产、销售、售后以及其他经营管理活动中，因各类现实面临的风险而导致科技企业或研发机构的财产损失、利润损失或科研经费损失以及其对股东、雇员或第三者的财产或人身造成现实伤害而应承担的各种民事赔偿责任给予保险赔偿，是一种分散企业科技创新风险的保险保障方式。结合科技金融创新中心建设，海淀区今后应深化科技保险试点，完善科技保险保费补贴机制，支持企业购买科技企业产品研发责任保险、关键研发设备保险、出口信用保险、员工忠诚险等科技保险产品和服务。研究发展科技再保险，研究推动保险资金参与中关村基础设施建设、战略性新兴产业培育和重大科技项目投资。同时完善创新信用保险服务，支持企业开拓国际市场。

三、有效引导创新创业取得重点突破

（一）引导创业者持续推进创新项目

适应新形势，结合实际积极探索宽入严管的企业登记管理新体系，降低市场准入成本。如十八届三中全会对工商登记制度改革作出明确规定，推进工商注册制度便利化信息化集中办理，完善一站式办理、网上自助办理，削减资质认定项目，由先证后照改为先照后证，把注册资本实缴登记制逐步改为认缴登记制。依据区域创新创业的需要，细化落实促进创新创业措施，变政府管理为上门服务和及时跟进服务。营造宽容失败的氛围，让创业者放心工作。让市场与政府各就各位。通过法治稳定预期，做到有恒产者有恒心。党的十八届三中全会指出，必须毫不动摇鼓励、支持、引导非公有制经济发展，激发非公有制经济活力，企业能做什么以及该做什么，可根据法律法规和市场实际，做出自己的判断，企业若触犯了法律和市场规则，政府出手治理。继续扩大或消化现有的产能过剩，很难再有新的重大机遇出现，必须通过企业的优胜劣汰持续创业，在转型转产多元化发展中获得新生。强化大众创新创业为主动力，制定实施适合企业行业实际的再创业、持续创业、深度创业、国际创业等创业带动发展的战略，研发和引进新技术新产品，以投资新业务、发展协作联合、收购新兴行业企业等途径，在传统产业中培植高加工度、高附加值、高科技环境友好型的新兴企业和行业，使传统行业主动与新兴产业实现融合，使一部分产能经过改造，一部分人员经过培训陆续转入到新的行业，继续创新创业。

（二）在新产品细分行业和新需求领域推进创新创业

促进新兴行业及其领头企业更快发展。基于经济发展不平衡不协调不可持续，以及产能结构性过剩与短缺并存的现状，通过政策引导和实质性的支持措施，推动社会各界的创业者和现有企业中有志于创业的人员在企业内部、企业之间和行业内外分工不发达甚至存在产品和服务空白的地方，瞄准分工和供给的空档或薄弱环节创办新企业，发展越来越多的新兴行业、细分行业，尤其要注重发展过分依赖进口的技术密集产业和有利于提高产业配套水平的高新技术细分行业，逐步实现高技术高知识产品的进口替代，占领重要产业的高端分工地位，发展有利于提高劳动力素质社会文明水平的现代服务业文化产业和创意性服务业，有效促进创业结构趋于合理均衡发展。

（三）鼓励创办技术密集型和高科技型新企业

以科技成果转化带动战略性新兴产业发展，科学技术是经济实力增长的主要源泉，必须成为大众创业万众创新最密集的领域。要重点支持和奖励研发与创业相结合的成果，加强对科技研发人员的创业教育和培训，在研发人员中培养专家型的创业人才，促进创业活动向科技创新活跃的大学和科研机构密集的地区聚集，要主动有效地开发物联网打印、云计算、互联网、移动通信、机器人、生物技术等产业的市场需求，及时将技术积累研发成果和人才配套优势转化成企业行业的创新发展。围绕创业需要推动技术研发并随时矫正科技创新的方向，以科技创新和技术研发为创业提供不断增多和不断提高的适用成果，建立健全以企业为主体的配套创新创业体系，尽早形成研发与创业紧密结合相互渗透快速转化的新型体制机制，促进科技型创业企业的发展与壮大。走开放发展之路，注重推进大众创新创业政策与国际接轨。美国相关推进大众创新创业政策发展和实施积累了诸多先进经验，这些经验包括创新成果所有权、专利保护与技术许可、大学与产业界合作研发以及技术信息与人员互动、产业界互动等。比如，1980 年《史蒂文森——威德勒技术创新法》出台后，1984 年《国家合作研究法》中又进行了补充，1989 年、1991 年、1999 年、2000 年又在相关法律政策中加以完善和补充。美国推进大众创新创业政策的成功经验也表明，创新创业过程是一个十分复杂的涉及到社会发展的各个方面以及各利益相关者的行为表现。我们在知识产权政策、税费政策、产业政策、高等教育学术发展政策、经济政策等并没有很好地集中围绕创新创业来统一和整合，一些相关的配套政策不够完善。这势必影响创新活动的开展，至少不能得到长期可持续发展。在经济全球化的时代里，经济发展和竞争力已经不是由自然资源的多少来决定，而主要取决于创新的水平和速率，而且这种创新的速率不仅来自于研发投资的数量所产生的技术，更重要的是来自于科技资源在能力上的汇集、共享和转移。科技资源在历史上由于劳动力的分工而被人为地划分为不同的部门，甚至是不同的国家。破解创新创业的制度障碍，需要从政策的调整上来解决。随着国际化的发展，不少国家近年来对其知识产权法进行修改，以便同国际接轨。在世界大潮的影响下，海淀在推进大众创新创业政策法规建设方面，不仅要以国家的相关法律法规政策为基础，针对地方的经济特点和实际需求，也要积借鉴国际惯例，吸收历史经验。一是建立与国际接轨的司法环境。结合知识产权法院设立，支持在海淀注册设立国际仲裁院，遴选境内外权威仲裁员，使核心区内外资企业及员工可通过国际仲裁院约定选用其他国家或地区的法律对劳务、知识产权等纠纷进行仲裁。二是借助专业知识产权服务机构、联盟或协会等市场化力量，搭建集创新创业成果展示、交易、专利战略布局、商业化和产业化的综合服务体系，提升在知识产权领域的国际影响力。三是搭建集成空间、政策、研发服务创新资源于一体的国际间创业协同服务体系，确保创新企业各方共赢。

四、加快转型升级，提高创新创业的核心竞争力

（一）加快构建以高新技术企业为主体的创新型企业集群

中小型科技企业的技术创新甚至比大企业更活跃，今天的小企业有可能是明天的大企业，必须把扶持科技企业上档升级作为推动创新创业发展的重要任务来抓。启动科技企业上档升级发展规划，支持中小微企业技术创新和成果转化，促进一批成长期小企业加速成为高新技术企业。一些企业原创性专利不足，而且大部分为组合发明专利和改进型发明专利，必须支持大型骨干企业建立国家级高水平研发机构，加快培育一批企业创新骨干，采取事后补助或奖励方式，广泛推动各类型企业设立研发机构，以此带动和促进大众创新创业，尽快形成创新创业集合式发展的新局面。

（二）促进前沿技术研发取得更大成效

瞄准国际技术前沿，聚焦地方重大需求，围绕产业链部署创新链，在基础研究和应用研究领域建好创新平台。以现有国家重点实验室和市级工程技术研究中心为基础，布局建设一批基础研究和原始创新的重大平台；围绕开展企业技术研发与升级改造战略性新兴产业关键技术攻关，通过市场化手段，建立产业技术研究院，统筹产业链和创新链研发力量，促进企业大学和科研机构等在战略层面的有机结合，实现创新资源的有效分工与合理衔接。

（三）优化产业布局和园区升级版建设

在国家级高新区和大学科技园启动共建科教结合产业创新基地试点，加快布局建设一批高新技术特色产业基地，采用先进技术和新材料提升产品品质和企业品牌，加快推进高新科技园区从以往的生产为主走向研发创意设计和商贸物流等服务业为主，推动园区真正成为高新技术特色产业基地。不断创新与国际组织技术转机构的交流合作机制，探索联合建设一批孵化中心、国际技术转移中心、联合研发中心，力争在原创性核心技术上取得突破，建设资源节约型环境友好型社会，推动经济持续健康稳定发展。把增强自主创新能力作为战略重点，贯穿到现代化建设全过程与各方面，激发全民族创新精神，培养高水平创新人才，形成有利于创新的体制机制，大力推进理论创新、制度创新、科技创新。当今世界新一轮科技革命和产业变革浪潮席卷而来，信息、能源、材料、医药、环保等领域技术不断取得重大突破，催生了一系列新产品、新技术、新业态、新模式，也催动着一场全人类走向智能生产、绿色生活的新迁徙，其中蕴含的诸多革命性变化，将对国家竞争力和世界经济格局产生巨大而深远的影响，顺应这一潮流，只有推动大众创业万众创新，才能助力建设创新型国家和创新型城区，扎实推进经济转型升级和提质增效。

（四）加快传统产业和农业的改造提质

传统工业企业从事市场经济学、企业管理、财政税收、三农问题等研究和创造力显然是市场经济发展的前提之一，是稳住企业家，发挥企业家的创造力和能动性因此，要通过法律意识和舆论引导，努力形成尊重创业创新的人文氛围。推动农业和农村生产经营迈入企业化现代化轨道，加强对农民和农村基层干部进行创业教育，并与职业教育、技术培训相结合，着力培育土生土长的农村创业队伍，使之成为农村创业的中坚力量。同时，鼓励支持外出打工的农民返乡创业，鼓励帮助大学生、复转退伍军人、城镇待业人员等到农村创业，引导城镇企业面向农业和农村进行再创业。当前农村创业的重点领域主要是，创办标准化的农场、农业示范基地、农产品加工企业以及龙头企业与农民合作组织密切相融合的经济组织；创办标准化的绿色农业、生态农业、观光农业、精细农业、创意农业等新兴农业企业；创办从事农业技术推广服务的企业和各种新型合作组织，适合农村发展的学校、托儿所、医疗服务、文化服务等社会事业组织。

（五）深化科技改革，调动创新创业者的积极性

推动科技创新是时代发展的永恒主题，世界经济发展史上的三次科技革命，实际上就是三次科技创新，每一次都引发经济发展趋势的整体向上。因此，当前要合理确定科技创新战略布局，瞄准国内外技术前沿，在基础研究和应用研究领域两头发力，积极作为，努力取得原创性突破，掌握关键和核心技术；同时，加快优质科技资源导入的步伐，大力促进科技成果转化为现实生产力，催生和壮大新兴业态，使有限的资源切切实实转变为更加丰富的创新成果。科技创新是实施创新驱动发展战略的核心，要通过深化改革，加大政府科技投入力度，让市场真正成为配置创新资源的力量，让企业真正成为技术创新的主体，进一步打通科技和经济社会发展之间的通道，消除科技创新中的孤岛现象，破除制约科技成果转移扩散的障碍，促使科技成果转化为现实生产力，推动创新产业跃上国际竞争的新制高点，使科技创新真正成为推动经济社会发展的新引擎。新型研发机构之所以能够迅速成长起来，得益于其大大缩短了科技成果到产品市场化的距离，不仅缓解了科技、经济两张皮的问题，对于促进成果转化，推动产业化发展也具有重要积极意义。

随着新型研发机构不断发展，结合科技、金融等创新资源，其优势功能也逐渐爆发出来，从深化改革的突破口到为海淀科技创新提供源源不断的新能源，从提供技术支撑到建设高水平孵化器，新型研发机构已成为创新孵化的重要方式和途径。应进一步明确新型研发机构创新育成孵化功能，梳理相关环节，清除不利于新型研发机构开展创新孵化的体制机制障碍，通过税收土地、资金以及科技专项等措施扶强、扶优新型研发机构创新孵化功能。调整利益分配，增

加技术转移的活力。采取更加灵活的方式支持新型研发机构的创新发展，通过更好地引导新型研发机构、支持具有重大科技需求的行业骨干企业，高校和科研院所建设的基础性、公益性重大研发平台、产业技术研究院等，积极打造国际一流水平研究院所。在具体的研发机构上，一方面大力支持研发服务业发展，另一方面引导和鼓励企业加强科技研究开发机构建设，从人才、设备、专项等方面给予支持，积极推进央属科研院所与本地开展战略合作，支持大学科技、科技型企业孵化器建设。在成果转化方面围绕着重点产业建立专门的中试基地，围绕主导产业建设国家级研发机构，积极收购境外相关研发机构，发展产业技术研究院。在支持方向上，侧重于支持重点行业、重点领域研发机构的发展，不分机构性质，鼓励百花齐放，集中在人才、设备、专项资金等方面，注重机构的成果转化和创新孵化方面的作用，集中主要力量，打造新型研发机构的“拳头产品”，形成带动和集群效应，同时注重扬长机构成果转化和创新孵化功能。目前区域新型研发机构个体间存在较大差异，有中科院系统牵头成立的，有大学设的分支机构，也有企业联合创办的；从研发机构所属性质上看，有事业单位、企业、民办、非企单位等。面对这些复杂的情况，对于如何科学管理和合理支持是当前工作所面临的一个极大挑战，应创新新型研发机构的管理办法，建立新型研发机构的负面清单，只要是不违反有关限制和禁止的，研发机构从事相关业务和活动都是允许的；同时，在制定相关扶持政策时，应细化具体的支持内容，按不同阶段、不同功能，多样式支持各发展阶段的新型研发机构建设与发展。

大学科研院所是科研创新的主力军，是实现技术转移的重要源泉。美国研究型大学推进大众创新创业政策的成功实施，技术转移活动的顺利开展，与其以高度学术自由和大学自治以及完善的竞争分配机制密切相关。这一点，我们需要以积极的态度适当学习借鉴美国高等教育管理体制的有利因素，为海淀区推进大众创新创业活动积极开展创造良好的学术环境。大学科研院所要解决长期以来普遍存在参与产学研合作内在动力不足的问题，应不断完善大学评价制度以及政府对大学的管理制度，通过调整现行资助、评价及奖励政策，引导和激励大学科研院所强化服务社会意识，才能为其参与产学研活动提供持久动力。一是明确和设立必要的实施机构及其相关责任和义务，高校技术转移管理机构的设立和责任，明确技术研究的资助办法，加大对原始创新的激励力度；二是明确管理机构、研究人员、研究机构对科研成果的分配制度，改变过去分配机制不够灵活的问题；三是健全技术转移利益分配政策体系促进企业之间、企业与大学和科研院所之间的知识流动和技术转移，着眼于国家创新系统的建设，着眼于全球环境下的自主创新，学习发达国家的一些经验，全面落实好各方面新的政策，通过不断完善技术转移利益分配政策，全力推进技术转移工作。

我国《专利法》规定：“执行本单位的任务或者主要是利用本单位的物质

条件所完成的职务发明创造，申请专利的权利属于该单位”“申请被批准后，全民所有制单位申请的，专利权归该单位持有”。中国教育部1999年4月8日颁布实施的《高等学校知识产权保护管理规定》第八条规定：“执行本校及其所属单位任务，或主要利用本校及其所属单位的物质技术条件所完成的发明创造或者其他技术成果，是高等学校职务发明创造或职务技术成果。职务发明创造申请专利的权利属于高等学校。专利权被依法授予后由高等学校持有。职务技术成果的使用权、转让权由高等学校享有。”在政府研究基金被视为一种专项拨款，政府资助项目又没有附加权利要求的情况下，所产生的成果及其专利事实上由所在大学科研院所持有。政府资助科研项目成果所有权归属大学科研院所所有，这是一项重要的激励措施，但是难免存在科研成果专利申请以及技术许可不力的问题，这些就需要政府干预，确保大学科研院所科研成果能够有效地向产业部门转移，并充分实现其产业化或商业化。2017年6月，国务院下发《国务院关于大力推进大众创业万众创新若干政策措施的意见》，已经明确了科研成果转化中利益分配的原则。因此，政府在制定相关政策时应充分考虑上述问题，积极从国家政策中汲取宝贵营养。完善激励政策，明确科研成果的所有权、处置权及收益权归大学科研院所院所、科研团队或科研人员所有，结合科研成果无形资产的内在特点，探索有别于固定资产、一般经营性资产的国有无形资产管理新模式。将科技成果入股奖励比例上限提高到50%以上。对科研人员从大学科研、科研院所职务科技成果转化中所获得的股权、期权等奖励，免征个人所得税。放宽股权奖励和股权出售的激励对象在本企业连续工作的年限限制。完善高新技术企业税收优惠政策。对被认定为高新技术企业后，将此前征收的企业所得税超过15%的部分返还，促进高新技术企业发展。

（六）强化人才在大众创业万众创新中的支撑作用

近年来，国家、北京市及海淀区密集出台了一系列鼓励创业创新的政策，但实践中仍然存在政策宣传解读不到位、受众知晓率低、政策执行不到位、层层递减和跑冒滴漏现象。一些创业创新者由于政策敏感性不强、缺乏政策阅读和政策搜寻意识。因此做好创业创新各项工作，离不开强大的价值引导力、精神推动力作支撑，更需要营造见贤思齐、和而不同的良好社会文化氛围。认真研究如何把中国特色社会主义理论体系社会主义核心价值观的宣传教育与大众创业万众创新的伟大实践紧密结合起来，成为引导和推动创业创新的重要精神力量。创业创新者所具有的强烈责任意识、参与意识、进取意识和家国情怀，是践行社会主义核心价值观的生动体现，是实现中华民族伟大复兴中国梦必备的中国精神。要通过教育引导树立典型、交流经验、组织比赛等措施，让创业创新深入人心，形成共识产生共鸣，通过打造鼓励创新、容忍失败的舆论环境，激励全社会奋发进取的开拓精神，使创业创新成为全社会共同的价值追求；培育大众创业万众创新的意识和能力，鼓励人们讲道德、重诚信，循法治、守契约，使创业创新成为人们普遍的生活方式，成为社会自由流动的强大动力。

加大创业创新人才支持，推进大众创业万众创新关键在人才、重点在教育培训。海淀应完善创业创新教育培训体系加大人才支持力度。一是设立海淀中小企业大学，中小企业是创业创新的主要载体，其人才素质能力和水平直接影响创业创新的效果，企业大学是在知识经济背景下适应终身学习需要的产物，但中小企业自身难以构建企业大学，应由政府主导建立中小企业大学，承担企业大学功能，扶持中小企业组织内学习，实现中小企业组织间学习。中小企业大学主要包括教学培训、科学研究管理咨询和决策咨询、社会化服务，以及网络联结等职能。二是建立创业导师库，吸纳有实践经验的知名企业家、天使投资人、专家学者等成为创业导师，鼓励高校教师参与创业创新培训和辅导，在职称评审等方面给予倾斜。三是建立海淀创业创新学习地图，加大创业创新课程开发和研究力度，整理汇编各种学习文献、学习案例，开发各类网络课程，针对不同阶段、不同行业、不同主体提供相应学习资源，做到学习有需求资源、有保障。四是构建立体交互式创业创新教育培训体系，在中学社会实践课程中可引入相关经济类课程，职业教育和大学阶段加强对学生创业就业知识的教育，在大中专院校普遍开设创业创新课程，鼓励高校人力资源部门、社会保障部门，包括社会各界组织充分利用各种培训设施面向各类创业创新主体开展相关培训。

（七）发挥文化创意产业的优势，推动创新创业走特色之路

《北京“十三五”时期加强全国文化中心建设规划》提出，发挥京津冀地域相近、文脉相亲的地缘优势，统筹推动三大文化带建设。这是落实首都“四个中心”城市战略定位、履行好首都职责的需要，也为大众创新万众创业指明了工作的着力点。海淀有丰富的文化资源，如：海淀三山五园历史文化景区、中关村文化、西山文化教育等，山、水、林、田、湖、草甸等自然资源丰富多样，数量多，质量高。海淀文化遗存历史悠久，类型多样，概括起来，海淀是以生态山水文化为骨架，以革命军事文化、民间民俗文化、特色物产文化、村落古道文化、宗教寺庙文化、园林古建文化、中外交流文化、名人文化、现代都市农业休闲健身文化为主要特色脉络的文化聚集发展带，是北京文化的重要组成部分和展示交流窗口。

发挥海淀区文化创意产业的优势，推动创新创业走特色之路。一是做好战略谋划，坚持有序发展。充分关注历史，统筹文化和经济社会发展的方方面面，使文化创新有章可循。海淀在不同历史时期扮演了农业时代、工矿时代、重化工时代和高科技时代北京产业发展的缩影。顺应新一代信息技术革命为产业相对分散布局提供的可能，加快疏解中心城区非首都功能的新要求，抓住文化带多元文化资源积淀和良好生态本底的独特优势，利用西山文化带毗邻海淀这个

科技创新中心核心区的有利条件，探索塑造以创意经济、特色小镇经济、高端总部经济和休闲体验经济为主导的西山文化带发展之路。借鉴杭州西湖综合保护工程、香港活化历史建筑伙伴计划、台湾公民美学运动等成功做法，以深化供给侧改革的角度和思路，坚持文化创新和科技创新双轮驱动，以增强文化自信为目标，以改革创新为动力，不断释放文化活力，从根上解决生态涵养区和文保区发展动力不足的问题。建议设立海淀文化智库，注重发现和培养一批保持“匠心”的研究人才，潜心研究，全面准确评估海淀文化的综合价值，找到海淀文化的比较优势。既要注重整理文物遗迹等有形文化遗产，又要系统整理史志、传说、非遗等无形文化遗产，让文化发展传承有序。

二是坚持质量第一，发挥空间效益。文化发展需要载体和空间，系统修缮各类文物建筑，有序推动各类主体占用的文物建筑向公众开放，规划建设一批标志性文化项目，推出一批兼具书店、图书馆、博物馆、咖啡馆、视听室、创意工作室等多重功能于一体的综合文化体验场所，推动特色文化小镇、旅游小镇建设，不断完善绿道系统，让区域文化有更多的文化承载空间。对文化区域的各类空间要区别对待、精准施策。对于文物古迹，要注重在保护基础上的创新利用；对于村庄市镇，要注重和原住民的互动交融；对于生态空间，要注重发挥其休闲游憩功能，推动文化与广大市民的共建共享共融。

三是着眼长远发展，强化文化创新。着眼首都发展大局，在系统梳理文脉基础上，智慧灵活、大气磅礴地加以文化创新，切实发挥好文化资源的生态功能、文化功能和休闲旅游功能。积极推进面向公众的环境宣传教育。研究出台环境教育地方法律法规，推动环境教育的规范化、法制化和全民化。建立完善的生态文明和生态道德教育机制，强化从家庭到学校再到社会的全方位生态教育体系，树立全民的生态文明观、道德观、价值观。创新开展丰富多彩的全民生态文明宣传教育活动，凝聚和营造有利于环境保护的社会意识和社会氛围。积极推动文化创新要素聚集。大力优化创新环境，积极营造“敢为人先、宽容失败”的创新文化氛围，吸引国内外创新要素向海淀文化聚集。大力引进国际一流的文化新技术、新产品、新项目，做实文化传承创新重点项目库。大力开展丰富多彩的人文、体育、旅游活动，增强海淀文化吸引力。

四是出台政策措施，确保发展制度保障。一要明确实施主体。成立联动的文化联席会议工作机制，探索政、产、学、研、金、媒各界一齐发力的工作机制，调动各类智库、社会企业、民间组织及文化志愿者积极性，最大范围发动群众参与。远期可考虑成立国有控股、民间资本参与的文化投资集团，将文化中权属清晰、特色鲜明、市场前景较好的文化资源打包注入，进行市场化运作。同时成立海淀文化公共文化发展基金，将政府关于公共文化注入基金，委托给文化投资集团管理运营。二要明确工作职责。借鉴意识形态工作责任制以及《党政领导干部生态环境损害责任追究办法》《开展领导干部自然资源资产离任审计试点方案》等做法，探索建立领导干部物质文化遗产资源离任审计制度，让《文物保护法》与领导干部物质文化遗产离任审计制度相互配合、国法与党纪双管齐下，守护好人民的精神家园、民族的历史记忆。三要明确规划引导。探索在文化建设项目中增加文化审核要点，确保文化整体风貌保护与文脉传承。文化已不仅仅是推动历史发展的软实力，也是推动经济社会发展的硬支撑，海淀文化也必将为实现中华民族伟大复兴的中国梦贡献新的文化智慧和发展动力。

（八）发展共享经济，推进大众创新创业

共享经济概念源于美国，1999 年第一家分享汽车公司 Zipcar 在美国成立后，打开了分享经济的先河，如今已成大势，Uber 和 Airbnb 两大独角兽的崛起，让共享经济概念横扫全球，在出行、住宿等领域培育出上百亿美元的“独角兽”企业。就国内而言，2016 年政府工作报告提出“分享经济”。国内有滴滴、小猪短租、蚂蚁短租等类似平台，因此共享经济“C2C”固有印象成型。然而以 Uber 和 Airbnb 代表的 C2C 模式才是真正的共享经济，摩拜、ofo 与各类共享 + 后起之秀们的 B2C 模式，从更广意义上讲也属于共享经济的一类。共享经济的使用者注重的是高质量低价格的服务，使用者更愿意只为资产使用的时间买单。从内涵上讲，C2C 还是 B2C 都不是重点，重点是“使用者更愿意只为资产使用的时间买单”，就是物权的拥有权和使用权的分离，只要符合这一标准，它就是共享经济。从这个角度出发，无论共享单车、共享充电宝、共享篮球还是共享雨伞，从类别上都可以归为共享经济。

在分享经济时代，通过经济资源的重新配置来刺激新的消费需求，在推进供给侧改革和化解产能过剩方面的作用日益明显。随着用户共享需求的增多，共享经济新业态不断产生，市场规模不断扩大，从而衍生出诸多细分领域。相关数据显示，2016 年第四季度主要网约车平台中，仅滴滴出行月活跃用户规模超过千万量级，达到 3723 万人。[①] 截至 2017 年 6 月，我国共享单车行业共计融资 100 多亿元人民币。共享生活服务的代表企业有“饿了么”“回家吃饭”“衣贝洁”等，共享知识服务企业有“知乎”“猪八戒网”等。未来分享经济将覆盖到人民群众生活的各个方面，构成一个物物可共享的全生态产业链。在全球经济下行和结构调整的双重压力下，分享经济显示出特有的优势，呈现出爆发增长趋势。共享充电宝方面，有数据显示截至目前包含腾讯、鼎辉资本、金沙江创投等超 20 家资本巨鳄机构对共享充电宝进行高达数亿规模的投资。另外，如共享篮球“猪了个球”近日也完成千万级 Pre – A 融资，共享雨伞也相继在广州、合肥等地出现。共享 + 火爆不是市场驱动，而是资本驱动，刚需市场被打开。盈动资本创始合伙人项建标认为，“规模租赁时代正在到来，使得物权和

① 数据来源：国内移动互联网大数据平台公司数据。

产权的重要性不断降低。共享单车、共享充电宝、共享篮球、共享雨伞等模式的B2C类共享经济，未来拥有资源的“使用权”比拥有“拥有权”更有价值，未来将会有更多东西被共享。而无论共享+后面是单车、充电宝还是雨伞，都符合凯文凯利所讲的趋势。理解共享经济模式和传统经济模式的最大区别，就是共享经济带来了物权的“拥有权”和“使用权”分离。传统经济模式中，想要使用一个物品，你要先购买获得了“拥有权”，然后才有使用权。在传统经济模式下，大量的购买行为是被浪费的。因此造成了两种困境，一是家里买来的“无用”物品越来越多，二是为了省钱只好放弃部分低频物品的“拥有权”，进而导致丧失“使用权”。共享经济的出现，简单来讲，最大的价值是让“使用权”的门槛降低。而且传统的使用权和拥有权的捆绑，还限制了人类所有物的使用范围。

去年，58同城发布了《2016上半年租房市场报告》，结果显示：64%的90后受访者表示，平均在家中（出租房）每天只能待少于10小时的时间，扣除睡眠时间，居家时长更是少之又少。这种居家时间变短的情况，导致即便我们有足够的钱购买很多产品，依然因为物理距离无法使用它们。那么，这就让“使用权”消费需求被激发，而唯一能够满足用户“使用权”消费只有共享经济，无论C2C还是B2C，满足用户需求才是唯一真理。但从效率上来讲，B2C远远高于C2C模式。所以说，如果不能认知使用权消费增长趋势，就完全无法理解共享+单车、充电宝、篮球、雨伞等的真正价值。我们可以说某些共享+企业的经营方式、理念、策略有问题，但不能彻底否定各类共享+模式的意义。

共享+的兴起并非偶然，是使用权消费趋势增长的必然。当然，也并不是说所有物品都可以共享+，太低频、维护费过高、用户随身携带（例如手机）的物品大多不适合去共享。共享+风口来了，“使用权”消费正在革命着这个世界旧有的经济秩序。近几年分享经济行业飞速发展对经济、社会、民生、城市管理和公共安全等领域的影响越来越广泛。2016年中国分享经济市场将交易34520亿元，比上年增长103%。融资规模约1710亿元，同比增长130%。共享经济改变了传统的就业模式，人们可以按时照自己的兴趣、时间及其他资源参与共享活动，实现灵活就业；促进生产要素的社会化使用更为便利，创业成本更小、速度更快。2016年我国参与分享经济活动的人数超过了6亿人，比上年增加1亿人。[①] 2017年1月，国务院办公厅发布《善于创新优化服务培育壮大经济发展新动能加快围护结构动能接续转换的意见》，明确提出“分享经济、信息经济、绿色经济、创意经济、智能制造经济为阶段性重点的新兴经济业态逐步成为新的增长引擎”。北京市也提出加快新兴业态和互联网产业发展，国家

① 数据来源：国家信息中心《中国分享经济报告2017》。

信息中心预测，未来几年分享经济仍将保持年均40%的增长，越来越多的企业和个人将成为分享经济的参与者与受益者。

“共享经济”的兴起，正好为大众创业提供了一种新思路，即充分利用自身资源，把“个人变成公司”。“共享经济”为草根创业者通过网络直接交易打开了大门，而且会不断降低经营成本，创新出更多新的经营模式和生活方式。

“共享与体验是电子商务的一大特点。”河南科技大学电子商务系主任郭献强表示，在如今的移动互联时代，随着微博、微信等应用平台的兴起，知识及信息的共享最为常见。而互联网作为一种沟通平台，其共享的内容将向更为宽泛的方向发展，比如实物共享等。例如在21世纪初，人们大多利用互联网来聊天或浏览网页，网购的人很少；而现在，人们对网购已习以为常。“共享经济”在创造一种新的商业模式的同时，也将释放新一代创业者的活力，人们可通过网络平台共享物品、时间和技能，利用自己的闲置资源创造更多的价值。

参考文献

[1] 马克思恩格斯全集 [M]. 北京：人民出版社，2003.
[2] 马克思恩格斯选集 [M]. 北京：人民出版社，1995.
[3] 列宁选集 [M]. 北京：人民出版社，1995.
[4] 毛泽东选集 [M]. 北京：人民出版社，1995.
[5] 邓小平文选 [M]. 北京：人民出版社，1993.
[6] 陈云文选 [M]. 北京：人民出版社，1995.
[7] 中共中央文献研究室. 建国以来重要文献选编 [Z]. 北京：中央文献出社，1992.
[8] 中共中央文献研究室. 十五大以来重要文献选编（上） [Z]. 北京：人民出版社，2000.
[9] 中共中央文献研究室. 十五大以来重要文献选编（中） [Z]. 北京：人民出版社，2001.
[10] 中共中央文献研究室. 十五大以来重要文献选编（下） [Z]. 北京：人民出版社，2003.
[11] 中共中央文献研究室. 十六大以来重要文献选编（上） [Z]. 北京：中央文献出版社，2005.
[12] 中共中央文献研究室. 十六大以来重要文献选编（中） [Z]. 北京：中央文献出版社，2006.
[13] 中共中央文献研究室. 十六大以来重要文献选编（下） [Z]. 北京：中央文献出版社，2008.
[14] 中共中央文献研究室. 十七大以来重要文献选编（上） [Z]. 北京：中央文献出版社，2009.
[15] 中共中央文献研究室. 十七大以来重要文献选编（中） [Z]. 北京：中央文献出版社，2011.
[16] 中国共产党第十七次全国代表大会文件汇编 [Z]. 北京：人民出版社，2007.
[17] 中国共产党第十八次全国代表大会文件汇编 [Z]. 北京：人民出版社，2012.
[18] 胡玮. 浅析西方各国施行通货膨胀目标制的原因 [J]. 江苏师范大学学报（教育科学版），2013（3）.
[19] 聂雪生. “后金融危机时期”的世界经济趋势与应对 [J]. 经营管理者，2015（2）.
[20] 李红锦，李胜会. 中国经济特区建立的理论背景及启示 [J]. 特区经济，2010（8）.
[21] 董振瑞. 邓小平与卡特时期的中美外交博弈 [J]. 党的文献，2012（3）.

［22］王缉思．中美外交决策的国内环境比较［J］．国际政治研究，2006（1）．
［23］江小涓．中国的外资经济对增长、结构升级和竞争力的贡献［M］．北京：中国人民大学出版社，2002.
［24］高汝伟．香港回归的历史启示——纪念香港回归十周年［J］．特区经济，2007（4）．
［25］中共海淀区委海淀区人民政府研究室．2014 海淀区调查研究关注课题选编．2014.
［26］海淀区统计局．2015 北京海淀统计年鉴．2015 年版。
［27］海淀区城乡一体化进程中的社会管理创新研究．北京市哲学自然科学“十二五”规划办课题成果，2013.
［28］瞿振元，王孝东主编．统筹城乡发展．北京：中国农业出版社，2005 年版.
［29］孙光德，董克用主编．社会保障概论．北京：中国人民大学出版社，2008 年版.
［30］孔祥利．中国大城市城乡结合部政府治理研究：以北京市为例．北京大学政府管理学院 2009 年博士学位论文.
［31］雷寰．北京市近郊区城市化进程中失地农民利益问题研究．中国农业大学经济管理学院 2005 年博士毕业论文.
［32］鲍海君，吴次芳．论失地农民生活保障体系建设．管理世界，2002 年第 10 期.
［33］段成荣，朱富言．以房管人：流动人口管理的基础．城市问题，2009 年第 4 期.
［34］冯晓英．北京市城乡结合部人口管理模式的制度选择．北京社会科学，2004 年第 1 期.
［35］冯晓英．城市人口规模调控政策的回顾与反思：以北京市为例．人口研究，2005 年第 5 期.
［36］黄公元．城乡结合部的流动人口．杭州师范学院学报，1998 年第 1 期.
［37］刘永法，王世斌．改善失地农民和进城农民社会保障的初步设想．山东劳动保障，2005 年第 6 期.
［38］罗彦，周春山．中国城乡边缘区研究的回顾和展望．城市发展研究，2005 年第 1 期.
［39］戚本超，周达．北京城乡结合部的发展演变与启示．城市问题，2007 年第 1 期.
［40］魏娜．城乡结合部管理体制改革：思路与对策建议：公共物品提供的主体、责任与机制．北京行政学院学报，2004 年第 3 期.
［41］许尔君等．城乡结合部失地农民安置及权益保护长效机制问题研究．小城镇建设，2008 年第 3 期.
［42］姚妮，谢宝富．北京市城乡结合部流动人口属地化管理服务问题研究．中国软科学，2009 年第 S1 期.
［43］周舟．国外失地农民补偿办法”．农村工作通讯，2007 年第 10 期.
［45］严宏，提高新社会组织党建工作的科学化水平［J］理论与改革 2010. 7.
［46］张圣友，创新社会组织党建思路探索［J］兰州学刊 2008. 7.
［47］黄建宏，加强新社会组织党建工作的若干思考［J］老区建设 2009. 5.
［48］刘勇进，社会组织党建问题研究［R］中国青年政治学院硕士论文 2011. 5.
［49］吴鹏森．“文化大革命”的潜在历史影响［J］．党史博览，2004（04）．
［50］王珉．在转方式调结构中加速振兴［J］．求是，2012（10）．
［51］唐亚敏．浅析深化经济改革必须注重的二个领域［J］．科技资讯，2013（27）．
［52］鲁兵，徐冰．从海南特区现状看经济特区的新定位［J］．经济前沿，2004（01）．

[53] 钟坚．大实验：跨世纪的中国经济特区［M］．湖北：武汉出版社，1995.
[54] 甄炳禧．世界经济走势与中国的政策选择［J］．国际问题研究，2015（1）.
[55] 臧旭恒，李扬，贺洋．中国崛起与世界经济版图的改变［J］．经济学家，2014（1）.
[56] 洪涛．论中美发展模式的比较及其趋势［J］．管理学刊，2010（1）.
[57] 孙剑，李惠斌．中国经济发展模式的演进与启示［J］．现代经济探讨，2010（2）.
[58] 石碧华．我国经济特区与开发区的发展趋势［J］．商业经济与管理，2007（10）.
[59] 张世鹏，殷叙彝．全球化时代的资本主义［M］．北京：中央编译出版社．1998.
[60] 阎金明．邓小平对外开放思想与中国开发区的实践［J］．港口经济，2004（5）.
[60] 中国社会科学院经济体制改革30年研究课题组．论中国特色经济体制改革道路（下）［J］．经济研究，2008（10）.
[61] 陈春华．渐进式转轨：中国特色经济体制改革的道路．学习月刊［J］，2008（11）.
[62] 朱军献．区域不平衡发展研究的区域史视角与经济学视角［J］．地域研究与开发，2011（3）.
[63] 王硕．深圳经济特区的建立（1979—1986）［J］．中国经济史研究，2006（3）.
[64] 黄景贵，高莹．经济特区的发展成就、主要挑战与改革新使命［J］．中共党史研究，2010（11）.
[65] 苏东斌，钟若愚．中国经济特区的时代使命［J］．深圳大学学报（人文社会科学版），2010（3）.
[66] 江泽民．全面建设小康社会，开创中国特色社会主义事业新局面—在中国共产党第十六次全国代表大会上的报告［M］．北京：人民出版社，2002.
[67] 胡锦涛．中共中央关于加强党的执政能力建设的决定［M］．北京：人民出版社，2004.
[68] 邓小平文选：第2卷［M］．北京：人民出版社，1994.333.
[69] ［英］约翰·阿克顿．自由与权力［M］．北京：商务印书馆，2001.342.
[70] 刘小．坚持与发展邓小平的对外开放理论［J］．社会主义研究，2004（6）.
[71] 杨宏雨．中国特色社会主义现代化的多维审视［M］．上海：学林出版社，2006.
[72] 崔朝东．邓小平对外开放思想及其实践［J］．外交学院学报，2001（1）.
[73] 李景治等．中国和平发展与构建和谐世界研究［M］．北京：中国人民大学出版社，2011.
[74] 高原，周诗．发达省份区域不平衡发展动因探析——以广东省为例［J］．生态经济，2014（6）.
[75] 魏后凯．区域经济学［M］．北京：经济管理出版社，2006.
[76] 王红．深圳特区新定位下服务经济发展的思考［J］．探求，2009（3）.
[77] 黄宗良，林勋健．经济全球化与中国特色社会主义［M］．北京：北京大学出版社，2005.
[78] 杨瑞芳．深圳产业结构现状及其发展对策［J］．特区经济，2003（2）.
[79] 严书翰等．经济全球化背景下社会主义与资本主义的关系［M］．北京：当代世界出版社，2001.
[80] 左连村，贾宁．中国经济特区的生命力在于不断创新［J］．创新，2010（6）.

[81] 陈述．改革开放重大事件和决策述实 [M]．北京：人民出版社，2008.
[82] 王明初，陈为毅．实现从经济特区到生态经济特区的跨越——对海南生态省建设的思考 [J]．当代经济研究，2007 (8).
[83] 李震．人才特区重在制度创新 [J]．中国人力资源开发，2011 (4).
[84] 中共厦门市委党史研究室．中国经济特区的建设与发展（厦门卷）[M]，北京：中共党史出版社，1996.
[85] 袁易明．中国经济特区研究 [M]．北京：社会科学文献出版社，2008.
[86] 马贵舫．试论人才特区建设人才政策创新 [J]．人事天地，2012 (10).
[87] 黄敬林．经济特区与自主创新综合配套改革试验区的比较 [J]．特区经济，2009 (10).
[88] 景俊海．特色产业集群构筑区域竞争新优势 [J]．中国高新区，2005 (5).
[89] 陈燕翎．厦门民营企业人才瓶颈以及对策浅析 [J]．经营管理者，2008 (11)
[90] 彭真真．浅议我国高端装备制造业发展现状 [J]．现代经济信息，2014 (4).
[91] 黄磊．中国高端装备制造业发展浅谈 [J]．新材料产业，2012 (2).
[92] 唐绍邦，宫力等．马克思主义国际战略理论 [M]．北京：九州出版社，2006
[93] 钟瑛．网络传播伦理 [M]．北京：清华大学出版社，2005.
[94] 袁峰．网络社会的政府与政治 [M]．北京：北京大学出版社，2006.
[95] 林尚立．制度创新与国家成长 [M]．天津：天津人民出版社，2005.
[96] 党秀云．公共管理中的公民参与 [J]．中国行政管理，2003，(10).
[97] 师泽生．社会公正与政府责任 [J]．政治学研究，2006，(4).
[98] 严书翰．中国特色社会主义史论研究·前沿问题卷 [M]．北京：中共中央党校出版社，2012.
[99] 杨宝盈．广东发展高端装备制造业的策略探析 [J]．经济师，2013 (3).
[100] 崔桂田．当代社会主义发展模式比较研究 [M]．济南：山东人民出版社，2005.
[101] 王伟光．中国特色社会主义理论体系研究 [M]．北京：人民出版社，2012.
[102] 左珺，王磊．深圳新能源标准与知识产权联盟专利现状 [J]．中国发明与专利，2012 (12).
[103] 俞可平等．改革开放与马克思主义中国化 [M]．重庆．重庆出版社，2009.
[104] 庄福龄，张新．马克思主义中国化研究（第二卷）[M]．北京：人民出版社，2009.
[105] 杨叔子，丁汉，李斌．高端制造装备关键技术的科学问题 [J]．机械制造与自动化，2011 (1).
[106] 黄叶微．优化厦门市知识产权管理的若干思考 [J]．厦门科技，2010 (3).
[107] 阳贤文．建立深圳知识产权交易平台之探析 [J]．特区实践与理论，2011 (3).
[108] 徐鼎诚．厦门市知识产权的保护和实施状况 [J]．厦门科技，2003 (6).
[109] 杜雁．深度城市化的机遇与挑战——深圳经济特区成立三十周年的思考 [J]．城市规划，2010 (8).
[110] 马克思恩格斯全集（第 1 卷）[M]．北京：人民出版社，1956.
[111] 毛泽东选集（第 2 卷）[M]．北京：人民出版社，1991.
[112] 邓小平文选（第 3 卷）[C]．北京：人民出版社，1993.

[113] 汪青松. 从马克思主义中国化到中国化马克思主义的跃迁 [J]. 科学社会主义，2005 (2).
[114] 王智永. 论毛泽东对马克思主义中国化的贡献 [J]. 经济与社会发展，2009 (7).
[115] 叶涛，史培军. 从深圳经济特区透视中国土地政策改革对土地利用效率与经济效益的影响 [J]. 自然资源学报，2007 (3).
[116] 付莹. 论深圳土地租赁制度的突破性贡献和土地资源短缺时期的创新实践 [J]. 特区经济，2014 (4).
[117] 樊纲等著. 中国经济特区研究——昨天和明天的理论与实践 [M]. 北京：中国经济出版社，2009.
[118] 王关义. 中国五大经济特区可持续发展战略研究 [M]. 北京：经济管理出版社，2004.
[119] 刘苍劲，吕志，陈松林. 中国特色社会主义理论与实践研究 [M]. 北京：中国大学人民出版社，2011.
[120] 高继文. 中国特色社会主义道路的历史地位 [J]. 山东师范大学学报（人文社会科学版），2009，54 (6).
[121] 新玉言. 新型城镇化——理论发展与前景透析 [M]. 北京：国家行政学院出版社，2013.
[122] 新玉言. 新型城镇化——格局规划与资源配置 [M]. 北京：国家行政学院出版社，2013.
[123] 新玉言. 新型城镇化——模式分析与实践路径 [M]. 北京：国家行政学院出版社，2013.
[124] 易鹏. 中国新路——新型城镇化路径 [M]. 四川：西南财经出版社，2014.
[125] 张宝秀，黄序. 城乡一体化蓝皮书·北京卷（2013—2014）[M]. 北京：社会科学出版社，2014.
[127] 张宝秀，黄序. 城乡一体化蓝皮书·北京卷（2011—2012）[M]. 北京：社会科学文献出版社，2012.
[128] 中共北京市委党史研究室，北京市海淀区党史区志办公室. 海淀改革开放 30 年 [M]. 北京：中央文献出版社，2008.
[129] 中共北京市委党史研究室，北京市海淀区党史区志办公室. 海淀建设史 [M]. 北京：北京出版社，2008.
[130] 郭光磊. 北京市新型城镇化问题研究——案例分析 [M]. 北京：中国社会科学出版社，2013.
[131] 陈加元. 新型城市化道路 [M]. 杭州：浙江人民出版社，2006.
[132] 朱铁臻. 中国特色的新型城市化道路 [J]. 北京规划建设，2008.
[133] 陈萍，徐秋实. 新型城镇化背景下乡镇特色产业园区建设实践探索 [J]. 小城镇建设，2012.
[134] 郝寿义，安虎森. 区域经济学 [M]. 北京：经济科学出版社，1999.
[135] 弗里德曼·约翰，顾朝林. 中国城市化研究中的四大论点 [J]. 城市与区域规划研究，2008.

[136] 刘荣增．城乡统筹理论的演进与展望 [J]．郑州大学学报（哲学社会科学版），2008.

[137] 马交国，杨永春．生态城市理论研究综述 [J]．兰州大学学报（社会科学版），2004，32（5）.

[138] 黄肇义，杨东援．国内外生态城市理论研究综述 [J]．城市规划，2001，25（1）.

[139] 闫梅，黄金川．国内外城市空间扩展研究评析 [J]．地理科学进展，2013，32（7）.

[140] 张占斌．新型城镇化的战略意义和改革难题 [A]．国家行政学院学报，2013（1）.

[141] 李万峰．新形势下城镇化投融资存在的问题与政策建议 [J]．中国经济时报，2013，第006版.

[142] 毕亮亮．区域创新系统研究述评与展望 [J]．中国科技论坛，2011（12）.

[27] 陈洪．珠三角自主创新的路径、特点及启示 [J]．科技管理研究，2010（9）.

[143] 黄欢．北京文化创意产业集群化现状及发展 [J]．重庆交通大学学报（社会科学版），2008（5）.

[144] 赵弘，常丰林，邓丽姝．构建中关村创新文化的构想 [J]．中关村创业投资与高科技，2003（3）.

[145] 白仲尧．透视中关村文化 [J]．中国经济快讯，2002（19）.

[146] 白仲尧．中关村文化的内涵和特征 [J]．北京科技报，2002.9.18.